Belas Letras.

MÚSICA CULTURA POP CINEMA

LONG ROAD

PEARL JAM

E A TRILHA SONORA DE UMA GERAÇÃO

STEVEN HYDEN

TRADUÇÃO
FERNANDO SCOCZYNSKI FILHO

Belas Letras

Título original: *Long Road: Pearl Jam and the Soundtrack of a Generation*

Publisher
Gustavo Guertler

Coordenador editorial
Germano Weirich

Supervisora comercial
Jéssica Ribeiro

Gerente de marketing
Jociele Muller

Supervisora de operações logísticas
Daniele Rodrigues

Supervisora de operações financeiras
Jéssica Alves

Edição
Tatiana Vieira Allegro

Tradução
Fernando Scoczynski Filho

Preparação
Tanara de Araújo

Revisão
Vivian Miwa Matsushita

Capa e projeto gráfico
Celso Orlandin Jr.

Fotos: Performing Arts Images MLO/Alamy Stock Photo [p. 59]; MediaPunch Inc/Alamy Stock Photo [p. 125]; ZUMA Press, Inc./Alamy Stock Photo [pp. 189 e 263]
Ilustração p. 6: baseada em cartaz de show do Pearl Jam realizado em Milwaukee, 2014
Foto de capa: MediaPunch Inc/Alamy Stock Photo

2025
Todos os direitos desta edição reservados à
Editora Belas Letras Ltda.
Rua Visconde de Mauá, 473/301 – Bairro São Pelegrino
CEP 95010-070 – Caxias do Sul – RS
www.belasletras.com.br

Dados Internacionais de Catalogação na Fonte (CIP)
Biblioteca Pública Municipal Dr. Demetrio Niederauer
Caxias do Sul, RS

H995L Hyden, Steven
Long Road: Pearl Jam e a trilha sonora de uma geração / Steven Hyden; tradutor: Fernando Scoczynski Filho. - Caxias do Sul, RS: Belas Letras, 2025.
272 p.

Título original: *Long Road: Pearl Jam and the Soundtrack of a Generation*
ISBN 978-65-5537-461-2 (capa dura)
ISBN 978-65-5537-462-9 (brochura)

1. Pearl Jam (Conjunto musical). 2. Músicos de rock - Estados Unidos – Biografia. 3. Rock (Música).
I. Scoczynski Filho, Fernando. II. Título.

25/3 CDU 784.4(73)

Catalogação elaborada por Vanessa Pinent, CRB-10/1297

Para Val, Hen, Ro, Lu, Jer e Sylvia – a banda grunge dos meus sonhos.

SUMÁRIO

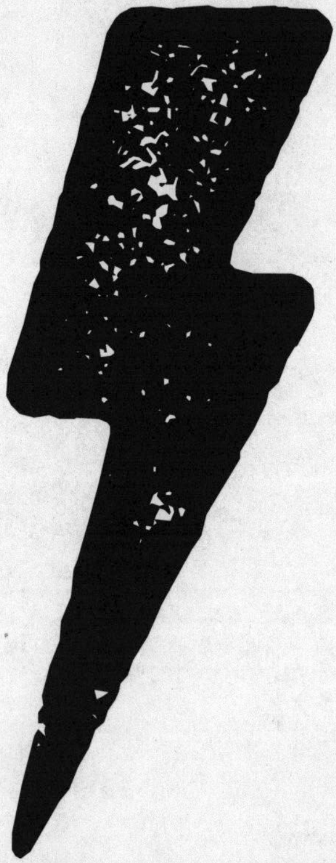

PREFÁCIO

Como crítico musical, o assunto que mais gera interesse em mim é a evolução da carreira de um artista. Como bandas começam e por que elas acabam? Por que algumas delas implodem após poucos anos, enquanto outras duram décadas? Qual é a dinâmica da interação entre o vocalista e os instrumentistas, ou entre os que compõem e os que não compõem? Como é o equilíbrio entre amizades e parcerias de negócios? Como se concilia o peso do passado com o ritmo constante do presente?

Se você prestar atenção, dá para perceber alguns padrões. Os grupos tendem a crescer e definhar pelos mesmos motivos. Toda banda de rock que já encerrou suas atividades acabou copiando, de alguma forma, a história dos Beatles, um fenômeno que foi sendo pouco a pouco corroído por relações interpessoais desgastadas, egos feridos e ambições artísticas não correspondidas. Os detalhes específicos da biografia da banda agora são clichês do rock: os empresários ardilosos; a divisão criativa e emocional entre a dupla central do grupo; o músico talentoso, porém inferior na hierarquia, com um acúmulo de canções que não consegue inserir nos discos; as mágoas que não são expressas; as namoradas; as drogas. Os Beatles não foram apenas uma influência essencial na ideia de montar uma banda, mas também na ideia de *desmontar* uma banda.

Enquanto isso, os Rolling Stones são o modelo para bandas que decidem não acabar, nunca. O valor de conhecer seu papel no grupo, o poder de admitir que seu vocalista é um ditador benevolente, a habilidade de saber lidar com suas decepções e seus ressentimentos em prol do bem comum, que é lucrar centenas de milhões de dólares em uma turnê – essas são as lições dos Stones.

Há outros exemplos. O U2 inventou a ideia de transformar uma banda europeia de pós-punk num grupo com influências estadunidenses que lota estádios, passando depois a tocar rock dançante pós-moderno. Esse molde foi adotado por diversas bandas candidatas a "maior do mundo" – Coldplay, The Killers, Arcade Fire, LCD Soundsystem – no século XXI. Também tem o caso do Grateful Dead, que provou ser possível encher arenas ao criar shows imprevisíveis e abordar seus discos de estúdio com uma indiferença absurda.

Aí temos o Pearl Jam. Qual é o molde do Pearl Jam? Você pode defini-lo como uma combinação dos moldes de bandas já mencionados aqui, mas os detalhes dessa mistura são confusos e nada intuitivos. O Pearl Jam dedicou-se a ficar junto por muito tempo, como os Stones, e seu vocalista poderia ser descrito como uma espécie de "ditador benevolente" em sua hierarquia interna. Mas também é um grupo em que todos os integrantes compõem músicas – até o baterista! –, o que lhes dá um grau de paridade incomum para uma banda dessa escala.

Desde a virada do século, o Pearl Jam tem sido constantemente comparado ao Grateful Dead, devido à comunidade próspera de fãs devotos que colecionam gravações de shows e dedicam tempo analisando tudo o que a banda faz no palco. Mas o Grateful Dead passou anos tocando nas margens da cultura dos Estados Unidos, sem nenhuma música onipresente nas rádios – foi só na última década da vida de Jerry Garcia que eles conseguiram um hit, "Touch of Grey", de 1987, composição que, para o desgosto dos fãs, tornou-os exponencialmente mais populares. Já o Pearl Jam teve muito sucesso nas rádios desde o *começo* de sua carreira. Ao longo dos três primeiros discos, eles eram mais como o U2 em termos de presença na mídia. *Depois* é que viraram uma banda cultuada e apoiada por uma contracultura de fãs apaixonados.

Imagine Bono virando Jerry Garcia. Não tem como. É um insulto à lógica. No entanto, essa é a comparação mais próxima ao que aconteceu com o Pearl Jam no decorrer de sua primeira década.

O fato é que o Pearl Jam é uma anomalia. A maioria das bandas começa pequena e conquista seu maior sucesso no terceiro ou quarto disco, e após isso passa a depender cada vez mais de revisitar, reembalar e relançar seus trabalhos

DESDE A VIRADA DO SÉCULO, O PEARL JAM TEM SIDO CONSTANTEMENTE COMPARADO AO GRATEFUL DEAD, DEVIDO À COMUNIDADE PRÓSPERA DE FÃS DEVOTOS QUE COLECIONAM GRAVAÇÕES DE SHOWS E DEDICAM TEMPO ANALISANDO TUDO O QUE A BANDA FAZ NO PALCO.

mais famosos. O Pearl Jam, no entanto, tornou-se a banda mais popular dos Estados Unidos dois anos após sua formação, em 1990, impulsionado pelas vendas numerosas e pelo impacto cultural de um dos discos de estreia mais vendidos da história, *Ten*. Então, lenta e voluntariamente, os integrantes se reinventaram, ao mesmo tempo que mantiveram o nível de sucesso. Só que esse sucesso – tanto comercial quanto artístico – seria medido principalmente por seus shows ao invés de por vendas de discos e singles.

O resultado é uma dualidade estranha e incomparável – uma banda que toca em estádios, mas quase não tem presença na mídia; um nome gigante que, durante a maior parte da carreira, ignorou e até atacou as rádios de rock corporativas; um grupo de superestrelas que funciona como uma banda independente; uma instituição famosa escondida à vista de todos. Como eu disse, uma anomalia.

Os Beatles são a banda de rock dos anos 1960 mais comumente associada à geração baby boomer. Posteriormente, eles seriam interessantes para *todas* as gerações, mas é inegável que os Beatles carregavam uma espécie de mitologia que enaltecia a grandiosidade dos boomers – sempre ouvimos que eles são a *melhor* banda de todos os tempos, e já faz 60 anos que figuram em narrativas da mídia sobre a história contemporânea (como boa parte da cultura boomer). O Pearl Jam, que voluntariamente se esquivou dos holofotes e agora parece um pouco subestimado nas conversas sobre as melhores bandas de rock dos Estados Unidos, tem uma importância similar para a geração X, o grupo demográfico equivalente ao "filho do meio", que *certamente* ficou esquecido nas infindáveis conversas sobre boomers, millennials e zoomers. Para as pessoas que eram adolescentes ou tinham 20 e poucos anos quando o Pearl Jam surgiu nos anos 1990, era uma banda que englobava muitos de nossos impulsos conflitantes: eles buscavam atenção, mas odiavam a superexposição; ansiavam por uma comunidade, mas também se sentiam sufocados por ela; desejavam ter a segurança de uma carreira, mas suspeitavam que isso poderia corrompê-los; acreditavam na possibilidade de mudança social, mas temiam que seus esforços seriam em vão.

Eu me interesso por tudo isso: o caminho tão único do Pearl Jam, sua improvável sobrevivência e evolução, e como tudo isso reflete – e é moldado por – sua geração e a época em que viveram. Devo acrescentar que esta jornada pela "longa estrada" da carreira da banda é pessoal. Não entrevistei os integrantes para esta empreitada, até porque já existe um livro com os pensamentos que o Pearl Jam tem sobre o Pearl Jam – chama-se *Pearl Jam Twenty* e foi lançado em 2011. E, como eu já disse, sou um crítico musical, e isso significa que tenho a arrogância irritante (porém, cativante, eu espero!) de ser um sabe-tudo que acredita que pode analisar e explicar o legado de uma banda melhor que os próprios membros dela. Suspeito que eu terei pelo menos mais *prazer* em analisar e explicar o legado do Pearl Jam do que os próprios integrantes teriam.

Para combinar com a natureza pessoal deste projeto, organizei o livro como uma playlist, com cada capítulo correspondendo a uma música. Os capítulos não são *apenas* sobre essas músicas – são simplesmente um ponto de partida para discutir um aspecto da história da banda. Em muitos casos, optei por focar em gravações não oficiais, pois acredito que as conquistas feitas pelo Pearl Jam no palco são a parte mais importante de seu trabalho, até mesmo maior que seus discos de estúdio.

Espero que essa estrutura de playlist transmita a forma como eu vejo este livro: uma demonstração de amor feita à mão. Como acontece com todos os fãs do Pearl Jam, a música deles faz parte da minha vida. Compreender essa banda é uma forma de compreender minha própria história e, eu acredito, *nós mesmos*.

LADO A

"Não deixem que ninguém chame vocês de geração X, isso é uma mentira. Melhor chamarem vocês de geração Y,[1] porque vocês fazem perguntas."

— Eddie Vedder, durante um show em Milwaukee, 1995

1. A pronúncia da letra "Y" em inglês é similar à da palavra "why", que significa "por quê". [N. E.]

CAPÍTULO 1
"FALLING DOWN"

(20/6/1995, Morrison, Colorado)

Uma linda noite em Red Rocks – O adesivo "Enjoy Cocaine" nas calças que Robert Plant usava em 1972 – Aquela matéria terrível da *Rolling Stone* sobre Eddie Vedder (1996) – Jordan Catalano – *Caindo na real* – *Geração X*, de Douglas Coupland – Um hit que nunca fez sucesso

Matt Chamberlain, o segundo dos cinco bateristas do Pearl Jam, disse que tocar com a banda era comparável a lutar boxe contra Mike Tyson.

Tamanha era a intensidade física de seus shows. Nas primeiras turnês, eles corriam loucamente pelo palco, como presidiários ensandecidos com a breve liberdade durante uma rebelião na prisão. Enquanto isso, seu vocalista, Eddie Vedder, arriscava-se a uma paralisia permanente ao se dependurar nas vigas a dezenas de metros acima do palco, como uma criança hiperativa reagindo contra pais que não conseguiam segurá-lo.

A estratégia de Mike Tyson era baseada na intimidação: ele era o cara mais malvado do pedaço, e essa reputação derrotava os oponentes antes mesmo de a luta começar. Quando chegava ao ringue, ele atacava rápido e com intensa violência, uma estratégia de choque para obter um nocaute logo no começo da luta. O Pearl Jam do início dos anos 1990 operava de forma similar, mas também tinha resistência. Se eles não surpreendiam a plateia de imediato, continuavam até vencê-la pelo cansaço.

Mas *aquele* Pearl Jam não é mais o grupo que está tocando hoje à noite no Red Rocks Amphitheater. Isso mesmo, Red Rocks. Um dos maiores templos do rock. Dizem que o povo Ute costumava fazer rituais espirituais lá, décadas antes da construção do teatro em junho de 1941. É um local que há muito tempo chama a atenção de bandas e fãs de rock que buscam uma experiência musical transcendental. Você fica no meio das montanhas, mais próximo das nuvens que do chão. Você já está nas alturas antes mesmo de qualquer nota ser tocada ou qualquer substância ser ingerida – algumas das quais já foram legalizadas no Colorado. É um lugar realmente especial. Para muitos, a peregrinação até Red Rocks é um rito de passagem. Para uma banda de rock, tocar lá é um sinal de que você alcançou um status elevado.

Para o Pearl Jam, no entanto, tocar no Red Rocks esta noite parece um fardo. Ao invés de entrarem correndo diante dos 9 mil fãs que esperam pacientemente, enquanto o fim da tarde vira o anoitecer, os integrantes da banda surgem apáticos, um a um, andando em ritmos diferentes, como se estivessem atordoados. A plateia grita de qualquer forma; estão preparados para dar tudo de si.

Cada integrante traz uma cadeira dobrável de metal e coloca-a ao lado das outras, em um semicírculo, perto da beirada do palco. Jeff Ament – o baixista com porte de atleta – é o primeiro a se sentar, com seu contrabaixo. Mike McCready – o brilhante e (no momento) perturbado guitarrista solo – vagarosamente se posiciona em seguida, acendendo um cigarro enquanto prepara sua guitarra. Do outro lado do semicírculo está o segundo guitarrista, o autodenominado advogado do diabo da banda, Stone Gossard, usando shorts que o fazem parecer um universitário que acabou de sair do centro acadêmico. Atrás deles está Jack Irons, o quarto baterista da banda, a poucos meses de completar seu primeiro ano como integrante do circo itinerante que é o Pearl Jam.

Finalmente, surge o vocalista, Eddie, que agora também toca guitarra. O propósito disso, ao que parece, é fazê-lo parecer "um dos caras". O que é algo estranho para o frontman mais magnético de sua geração. Ser "um dos caras" não é natural para Eddie Vedder.

Quando ele se senta, acaba esquecendo sua guitarra. Após pegá-la de um pedestal na frente da bateria, ele está pronto para dirigir-se à congregação grunge.

"Fiquem à vontade", diz ele, de modo pouco convidativo. "Nós vamos ficar aqui algum tempo."

Nesse momento, o Pearl Jam está em turnê divulgando *Vitalogy*, seu terceiro disco consecutivo a atingir status multiplatina. Mas não é um momento de triunfo. Isso porque o Pearl Jam não se parece com uma banda de rock pronta para conquistar o mundo. Ao invés disso, estão no palco como *"victims in demand for public show"* ["vítimas à procura de demonstração pública"] – para citar um verso de seu álbum mais recente na época.

Tendo em vista o local, é difícil não fazer comparações com o show icônico do U2, *Under a Blood Red Sky*, de 12 anos antes, no qual Bono adotou definitivamente a teatralidade messiânica típica de um vocalista de rock, muito similar aos modos de Eddie Vedder na época em que *Ten*, disco de estreia do Pearl Jam, de 1991, estava começando a vender bem. Quando alguém pensa em Red Rocks, geralmente vem à mente o clipe da versão ao vivo de "Sunday Bloody Sunday", que faz parte de *Under a Blood Red Sky*. A plateia coberta de chuva, as montanhas sombrias no horizonte, aquelas tochas incríveis que cercam o teatro, acima da plateia. Na verdade, Red Rocks não tem *exatamente* aquela aparência o tempo todo. Quantas bandas, após finalmente conseguirem a chance de tocar no Red Rocks, ficaram decepcionadas ao não ver aquelas tochas ao estilo *Game of Thrones*?

Under a Blood Red Sky também está na cabeça de Vedder. No show da noite anterior, no mesmo local, ele apresentou uma música nova e afiada, "Habit", com uma breve piada em referência ao U2, falando: "*This is not a rebel song*" ["Esta não é uma música de rebelião"].

Há mais fantasmas por ali. Quase 23 anos antes – mais precisamente em 21 de junho de 1972 –, o Led Zeppelin tinha passado pelo Colorado, lotando o Denver Coliseum, a cerca de 30 quilômetros do Red Rocks. Em meados dos anos 1990, qualquer um que tentasse ligar o Zeppelin ao Pearl Jam atrairia a ira dos boomers e da geração X – para os mais velhos, seria um escândalo ferir a santidade de seus heróis do rock clássico, e a geração mais jovem tinha ranço daquelas bandas que pareciam nunca sair das rádios FM.

Mas há paralelos essenciais entre o Pearl Jam e o Zeppelin, a começar pela altíssima popularidade de ambas as bandas. Observando apenas as estatísticas de venda, o Pearl Jam de 1995, na verdade, era *mais* popular que o Led Zeppelin de 1972. Antes do lançamento de *Vs.*, em 1993, nenhuma banda de rock tinha vendido quase 1 milhão de cópias de um disco em uma semana. No ano seguinte, seu terceiro álbum, *Vitalogy*, vendeu quase 900 mil unidades na semana de lançamento.

Ten ainda está entre os discos mais vendidos de uma era; de fato, foi um dos últimos álbuns de rock a conquistar tamanho sucesso, com mais de 13 milhões de cópias vendidas, um número impressionante que parece ainda mais astronômico com o passar do tempo. Hoje, a cultura da música popular é totalmente diferente daquela época, em que uma banda como o Pearl Jam conseguia lançar um álbum da envergadura de *Ten*, disco que, nos anos 1990, foi além de ser um mero fenômeno com diversos singles radiofônicos e passou a ser um gênero musical em si. *Ten* sem querer inventou dezenas de outras bandas, que também conquistaram discos de platina, apenas porque as pessoas realmente amavam o que o Pearl Jam fazia.

Naqueles anos, a música e a influência do Pearl Jam estavam por toda parte. Suas maiores canções definem o período – "Alive", "Even Flow", "Jeremy", "Daughter", "Rearviewmirror", "Better Man", "Corduroy", "Not For You". E aí temos Eddie Vedder, cuja fama como o vocalista de rock mais imitado do mundo chegou a ofuscar sua banda. O estilo visual pouco glamouroso dele – camisa parda, jaqueta de veludo marrom, shorts escuros, botas Dr. Martens – se tornou uma tendência na moda. Seus traços belos e sombrios, atrelados à sua personalidade enigmática, fizeram anti-heróis atraentes surgirem na TV (como Jordan Catalano, personagem de Jared Leto na série *Minha vida de cão*) e no cinema (o personagem de Ethan Hawke em *Caindo na real*). Sua persona confrontadora – que se opunha à indústria musical, à cultura de consumismo insípido e até mesmo a seu próprio estrelato – acabou colocando-o na capa da revista *Time*, um selo de aprovação institucional nos últimos dias da mídia pré-internet.

Diante desse sucesso sem precedentes, a reação do Pearl Jam foi se isolar da mídia e ficar fora da TV, uma política também seguida pelo Zeppelin em seu auge. Mas, no caso do Zeppelin, esse blecaute midiático criou uma mística indelével. As pessoas *gostavam* do fato de eles serem inacessíveis. Apreciavam que os integrantes da banda não pareciam pessoas normais. O Zeppelin era uma tela em branco enigmática sobre a qual o público projetava suas fantasias. Uma versão de *O senhor dos anéis* proibida para menores.

Veja, por exemplo, um trecho de uma resenha do show que o Led Zeppelin fez em Denver, em 1972, publicada em um semanário alternativo da cidade:

> O vocalista Robert Plant, alto, com a constituição de um nadador olímpico e a voz de uma sereia, é o *sex symbol* do Led Zeppelin. Ele veste calça jeans, sobre a qual há vários adesivos de tecido: um, sobre sua bunda, exibindo um avião a jato, outro com as palavras "Enjoy Cocaine" ["Aproveite a cocaína"] na sua coxa e uma lua crescente branca sobre a braguilha. No palco, ele corre de um lado para o outro, como um garanhão selvagem no cio, saltando e rodopiando, mas com a graça estilosa de um dançarino profissional.

Quando o Pearl Jam estourou, eles também tinham sua mística. Mas ninguém os chamava de garanhões no cio, porque a cultura do rock já tinha esgotado aquela conversa saturada de "deus do sexo". Na verdade, já fazia algum tempo que a cultura do rock vinha caminhando em direção a uma banda como o Pearl Jam. Eles foram a transição perfeita, o grupo capaz de combinar as duas metades do rock que, até então, eram incompatíveis: os dinossauros divinos dos anos 1960 e 1970, como o Led Zeppelin e o The Who, e as bandas independentes dos anos 1980, que haviam surgido em oposição ao Zeppelin e seus similares. Eles queriam fazer o que Matt Cameron, seu quinto baterista, posteriormente definiria como "punk rock para estádios", mais acessível que a típica banda punk e mais humano que os gigantes do rock clássico. Uma banda que pudesse ser "alternativa" e também vender tantos discos quanto os nomes pop. Em retrospecto, foi um fenômeno que só poderia ter existido nos anos 1990, uma década em que o século XX chegou ao auge e começou a sumir.

A carreira do Pearl Jam é definida pelas maneiras como eles triunfaram e fracassaram em ser essa banda de transição, tanto nos anos 1990 quanto depois. No começo da década, eles tiveram um *timing* perfeito, criando o tipo de música – hinos gigantes e pulsantes, que pareciam cartas intensamente pessoais de um homem comum, porém muito atraente – de que o público do rock precisava naquele exato momento. E o público não queria apenas o Pearl Jam, mas muitos outros grupos que faziam a mesma coisa, só que de uma forma mais burra e menos inspirada.[2]

Em 1995, no entanto, o destino aparentemente se voltava contra eles. Três anos antes, o Pearl Jam era a banda certa para aquele momento. Mas os tempos tinham mudado. Agora, enfrentavam críticas, graças às insatisfações de duas gerações diferentes.

Dos baby boomers vieram as inevitáveis acusações de que o Pearl Jam estava apenas copiando o que as bandas *deles* tinham feito 20 anos antes, o que significava que jamais poderiam ser autênticos. "Ele deveria simbolizar o antiestrelato, o cara que é contra o tratamento privilegiado", disse Jann Wenner, editor da revista *Rolling Stone*, sobre Eddie Vedder. "Bem, na minha opinião, ele é apenas um cara muito, muito rico e mimado."

Em 1996, a revista de Wenner publicou um famoso artigo difamatório contra Vedder, justamente quando a sorte comercial da banda tinha começado

2. Obviamente estou me referido às bandas "pós-grunge", como Creed, Nickelback e Fuel, que são, em sua maioria, horríveis. Mas isso também poderia se aplicar ao Stone Temple Pilots, uma banda muito boa e injustamente atacada que será discutida em outro momento neste livro.

a diminuir, na época do lançamento de seu quarto álbum, *No Code*. O texto era baseado apenas em fontes secundárias, um perfil escrito sem a participação de Vedder. Nesse caso, a revista focou bem no cerne dessa falta de envolvimento – em todas as palavras daquela matéria de capa, dava para sentir uma clara hostilidade em relação à hostilidade antimídia do cantor. Segundo a *Rolling Stone*, Eddie Vedder, na verdade, não era o porta-voz de uma geração, mas um charlatão oportunista, tendo em vista que, em sua adolescência, era um rapaz animado e (o pior pecado de todos) que fazia teatro.[3]

Estava bem claro o que o artigo da *Rolling Stone* queria dizer: *Este cara é um farsante*. Não importava que Wenner tivesse feito a fama de sua revista às custas de outras "fraudes" de sua geração. Bob Dylan, o espírito livre influenciado por Woody Guthrie, era, na verdade, só um bom rapaz judeu de Minnesota chamado Robert Zimmerman. Mick Jagger, o deus do sexo, do blues e do rock, estudava economia. John Lennon, herói da classe trabalhadora, teve uma infância relativamente segura em termos financeiros. Jim Morrison, o fora da lei que abanava o pênis ao ar livre, era filho de um almirante da marinha. Neil Young reclamava frequentemente de seu sucesso, mas sempre voltava ao CSNY na hora certa para ganhar uma grana. De maneira similar, Pete Townshend, Roger Waters e Bruce Springsteen fizeram canções que deixavam claro o quanto não gostavam da própria popularidade, enquanto continuavam a lucrar milhões.

Sim, Eddie Vedder tinha suas contradições, mas elas não eram novidade para uma pessoa na sua posição. Eram inerentes ao superestrelato no rock bem antes do Pearl Jam.[4]

---

3. A revelação mais interessante da matéria da *Rolling Stone* é que Vedder cresceu idolatrando Dustin Hoffman. Eddie já confirmou isso, sutilmente, durante um show em 2016, no Madison Square Garden, quando dedicou a música "Rats" a Enrico Salvatore Rizzo, nome do personagem de Hoffman no filme *Perdidos na noite*, de 1969.

4. Jann Wenner é claramente um homem cheio de inconsistências. A afirmação de que ele rejeitou o pedido de Vedder para escolher seu próprio escritor para a matéria, além de outras demandas de tratamento especial, é fascinante, tendo em vista que Wenner escreveu a resenha mais infame da história da revista, a ridícula crítica de cinco estrelas para *Goddess in the Doorway* (2001), de seu amiguinho Mick Jagger.

Mas, por mais irritantes que os boomers fossem, o Pearl Jam tinha ainda mais dificuldade com seu público principal, a geração X. Eles eram a maior banda da geração X, especialmente porque muitas pessoas dessa geração tiveram problemas com eles.[5] Desde o princípio, o Pearl Jam foi detonado pelos críticos musicais da geração X, que os chamavam de vendidos, aproveitadores, roqueiros de arena requentados e farsantes irremediavelmente medíocres. Mesmo quando eles eram, sem dúvida, a banda mais popular do mundo, foram considerados rasos e irrelevantes, uma modinha prestes a passar.

A maioria das gerações é extremamente paroquial: tende a acreditar que sua cultura – a música, os filmes, os péssimos programas infantis na TV – é a melhor de todos os tempos. Mas muita gente da geração X parecia crer que sua cultura era a *pior*, assim como muitos outros aspectos de suas vidas. Parte disso era condicionado pelos boomers, que nunca se cansavam de repetir que os filhos tinham perdido aquela época de rock'n'roll, amor livre, drogas divertidas e todos os outros prazeres de sua juventude. Por outro lado, a saturação midiática profunda que permeava as vidas da geração X desde o berço tornava-os propensos a refletir excessivamente sobre quase tudo. Eles – *nós* – são pessoas que duvidam de si próprios a todo instante. Esse impulso é saudável? É saudável que eu esteja *analisando* esse impulso? Se estou *ciente* de que estou *analisando* o que *deveria ser* uma sensação natural, será que é natural mesmo? *Alguma coisa* pode ser natural? Será que tudo isso é de mentira? Esses jogos mentais eram infinitos nos anos 1990.

O livro seminal de Douglas Coupland, *Geração X: contos para uma cultura acelerada*, lançado em 1991 – e que deu esse nome às pessoas nascidas entre os meados dos anos 1960 até o início dos anos 1980 –, está cheio de termos diretos e um tanto irônicos que descrevem a mesma coisa: *subdosagem histórica*, *sucessofobia*, *coitadismo*, *inquietude crônica*. Para essa geração, o conceito de "sucesso" era visto com ceticismo, como se não pudesse ser equiparado à felicidade real. Mas, ao

5. Tecnicamente, Vedder, nascido em 1964, e Ament, de 1963, são boomers. Mas ninguém dos Beach Boys, exceto Dennis Wilson, surfava. O que importa é a iconografia. Vedder e Ament são da geração X.

mesmo tempo, a geração X desejava ter a segurança e o status dos boomers. Era uma mentalidade feita para garantir insatisfação e ansiedade.

Eles – *nós* – instintivamente se identificavam com o competidor que estava por baixo, ao mesmo tempo que reconheciam que perder de propósito só funcionaria para um rico à toa. A geração X queria tudo, mas não confiava nesses desejos, levando-nos a criticar quem conseguia conquistar qualquer coisa. Esse ponto de vista, pelo menos na imprensa, acabou com o Pearl Jam. E também colocou um de seus integrantes *contra* a banda, já que ele tinha essa mesma mentalidade.

Eddie Vedder sofria em dobro – tanto com as contradições de um astro do rock quanto com as de sua própria geração. Na primavera de 1995 – talvez como um ato de penitência e, certamente, com a intenção de se "esconder", ao mesmo tempo que chamava a atenção para o ato de se esconder –, ele saiu em turnê com Mike Watt, ex-integrante da irrefutável banda indie dos anos 1980, Minutemen.[6] Todas as noites, Vedder cantava "Against the 70's", um alerta sobre os perigos da nostalgia sem fim e um sermão para os jovens que se deixavam abalar pelo discurso "você tinha de estar lá!" de seus pais. Eddie cantava: "*Baby boomers selling you rumors of their history/ Forcing youth away from the truth of what's real today*" ["Baby boomers vendem boatos do próprio passado/ Afastando à força a juventude da verdade real de hoje"].

Mas muitas pessoas nas plateias de Watt não viam Vedder como "real". Isso fez da turnê uma experiência ocasionalmente dolorosa para ele. "Foi ótimo até a metade, aí acho que não consegui mais lidar com aquilo", ele refletiu anos depois. "Tinha pessoas jogando moedas em Chicago – fãs do Minutemen que não queriam ver um cara do rock corporativo no mesmo palco que Watt. E eu fiquei frustrado. Eu pensava: 'Estou aqui apoiando esse cara; ele também é meu herói'. Que merda."

6. Essa turnê também incluía outro astro do rock "escondido", em meio a um período intenso de caos pessoal e profissional: Dave Grohl.

Sim, Vedder ficou frustrado, mas não conseguiu evitar um adendo tipicamente autodepreciativo da geração X. "Eu entendo o ponto de vista deles. Talvez eu mesmo jogasse uma moeda em mim."

Quando chegou o momento dos shows no Red Rocks, o Pearl Jam havia atingido um ponto de ruptura. Sua vida como banda tinha ficado cada vez mais caótica e incompreensível, com triunfos se misturando a tragédias. Em 1994, eles visitaram a Casa Branca um dia após o corpo de Kurt Cobain ser encontrado. Depois, naquele mesmo ano, lançaram um de seus melhores e mais famosos discos, *Vitalogy*, e quase se separaram em meio ao processo. Dave Abbruzzese, seu terceiro baterista, foi demitido em agosto; Stone Gossard deu a notícia, embora a maior parte da tensão fosse entre Abbruzzese e Vedder. Aparentemente, ele odiou que Abbruzzese tivesse topado aparecer na capa da revista *Modern Drummer* durante o blecaute midiático que ele havia imposto sobre a banda. É o detalhe mais Spinal Tap desse momento tão Spinal Tap na história do Pearl Jam.

O outro grande conflito na banda envolvia Gossard, cujas demos originais haviam sido o pilar do disco de estreia do grupo, *Ten*, que basicamente definiu a carreira deles, e Vedder, o cantor e líder insubstituível. O equilíbrio de poder no Pearl Jam mudou de forma inevitável e irrevogável devido a um golpe de estado interno. Stone precisou abrir mão do controle para que a banda pudesse sobreviver. O fato de McCready estar atolado em problemas com bebida e cocaína, a ponto de precisar fazer reabilitação, estava entre as menores preocupações deles.

Sem a banda saber, outras forças invisíveis estavam a caminho para conspirar contra eles. Um mês antes de *Vitalogy* sair, um grupo chamado Korn, composto de esquisitões que vestiam Adidas e tocavam funk-metal, lançou seu álbum de estreia homônimo, que demorou mais de dois anos para conquistar o status de disco de platina – ao contrário de *Vitalogy*, que levou duas semanas. No entanto, o movimento nu-metal que o Korn liderava já tinha dominado o rock por completo, passando por cima do grunge, do pós-grunge e de qualquer pessoa com uma camisa de flanela ou barbicha. Além disso, perto do lançamento de *Vitalogy*, um golpista de esquemas de pirâmide chamado Lou Pearlman levou os jovens músicos que ele tutelava para um estúdio pela primeira vez – eram os Backstreet Boys, que então gravaram o que seria seu bombástico disco de estreia homônimo, de 1996. Esse álbum lançou a moda do pop adolescente, que ajudou a matar o rock alternativo de forma rápida e sem velório no fim dos anos 1990.

Aí teve todo o fiasco com a Ticketmaster. Em 1995, o Pearl Jam se colocou na posição impossível de tentar provar que ela era um monopólio e tentou fazer uma turnê sem a empresa. O que conseguiram atestar é que era realmente inviável para uma banda grande – a *maior* banda – fazer uma turnê sem a gigantesca agência de bilheteria, e nesse processo acabaram prejudicando seriamente sua carreira, quando deveriam estar em seu ápice comercial. Duas grandes apresentações em San Diego, agendadas para 26 e 27 de junho, foram canceladas após a casa de shows alternativa que haviam escolhido para o evento – a única opção não afiliada à Ticketmaster – ser reprovada pela delegacia local devido a riscos de segurança. Os fãs do Pearl Jam não gostaram dos sacrifícios financeiros da banda em prol do público. Pelo contrário, estavam ficando cada vez mais irritados com seus heróis.

Naquele verão, Vedder viajava de van para todos os shows, enquanto os demais membros do Pearl Jam seguiam de avião. *Isso vai manter meus pés no chão*, ele raciocinou. O resultado, porém, foi sua exaustão e o isolamento do restante da banda.

Sempre que jornalistas e críticos falam da carreira do Pearl Jam durante aquele verão de 1995, tendem a focar no desastroso show de 24 de junho, em São Francisco, quando Vedder passou mal e teve de sair do palco após apenas sete músicas. Neil Young o substituiu, e o restante da banda tocou prévias do projeto entre o cantor e o Pearl Jam, *Mirror Ball*, que estava prestes a ser lançado, além de alguns clássicos de Young, como "Rockin' in the Free World", que foi tocado duas vezes. A recompensa veio num coro de vaias de 50 mil pessoas furiosas.

No dia seguinte, depois de uma longa reunião, decidiram cancelar os próximos sete shows da agenda. Na época, McCready achou que talvez seu vocalista estivesse com vergonha de cantar no Pearl Jam. Vedder agia como se quisesse estar no Fugazi. Os caras do Pearl Jam gostavam e respeitavam a banda indie de Washington, D.C., mas, sejamos honestos, o Pearl Jam nunca seria o Fugazi, o melhor exemplo de virtude independente, famoso por não vender material de merchandise e cobrar apenas cinco dólares por show. Esse fato era evidente para todo mundo, exceto para o líder do Pearl Jam. Sua conduta não deixava claro se ele ainda queria estar em uma das maiores bandas do mundo.

Após o cancelamento dos shows, a *Rolling Stone* torceu a faca e fez um ataque cirúrgico, estimando que o Pearl Jam havia perdido 30 milhões de dólares ao se recusar a tocar no verão de 1995, como se esses dados interessassem a qualquer pessoa que não fosse do grupo. Mais tarde, a biografia cheia de fofocas chamada *Five Against One*, de Kim Neely, outra jornalista da *Rolling Stone*, usaria o show de São Francisco para forjar um panorama. De certa forma, os jornalistas de rock já estavam escrevendo o obituário do Pearl Jam no final dos anos 1990, contextualizando o episódio em São Francisco como o início do fim.

Entretanto, como sabemos hoje, o Pearl Jam é a única banda da época que *não* morreu. Enquanto contemporâneos como Nirvana, Soundgarden e Alice in Chains implodiram em circunstâncias trágicas, o Pearl Jam encontrou uma forma de perseverar. Portanto, como esta não é uma história sobre morte prematura, e sim sobre sobrevivência a longo prazo, o incidente em São Francisco tornou-se apenas uma nota de rodapé interessante, em vez de um evento que norteou a carreira da banda. O que importa mesmo é aquele segundo show em Red Rocks, no dia 20 de junho.

Kim Gordon explicou de forma muito perspicaz o que há de tão fascinante nos astros do rock: "As pessoas pagam dinheiro para ver alguém acreditando em si próprio". Certamente era esse o atrativo para ver o Led Zeppelin em 1972. No entanto, por mais que o Pearl Jam já tivesse uma dimensão similar à do Zeppelin no rock dos anos 1990, ainda não tinha a mesma confiança. Em 1995, a banda ainda não estava ciente de quem era de verdade.

Tudo havia acontecido rápido demais. Gossard, Ament e McCready mal haviam conhecido Vedder, no outono de 1990, quando começaram a compor juntos. Mal tinham músicas, já conseguiram um contrato com uma gravadora. Mal tinham um contrato, já gravaram um disco de estreia. Mal tinham um disco de estreia, já estavam em turnê. Mal saíram em turnê, já haviam conquistado um público fiel. Houve a questão dos vários bateristas pelo caminho, é claro, mas o Pearl Jam do início dos anos 1990 nunca se movia mais devagar do que a velocidade da luz.

Eles tinham chegado extremamente longe em um período extremamente curto, impulsionados pela energia ilimitada que cada integrante trazia ao grupo: os riffs magnéticos de Gossard, os solos impiedosos de McCready, o baixo robusto de Ament, os ritmos maquinários de Abbruzzese e o talento único que Vedder tinha de atingir diretamente o coração de milhões de adolescentes com sua voz e suas letras.

No entanto, se você não sabe quem é – somos Fugazi ou Aerosmith, ou Fugazi *no corpo* do Aerosmith? –, acabará se perdendo. E foi isso que houve com o Pearl Jam.

A emoção de escutar a gravação do show de 20 de junho de 1995 está em testemunhar essa tentativa do Pearl Jam de finalmente descobrir "quem diabos nós somos?" de uma vez por todas, em tempo real. Eles começam com uma música que haviam estreado ao vivo apenas quatro dias antes, em 16 de junho, em Casper, Wyoming: "Long Road". Vedder a havia apresentado no fim das sessões para o disco *Mirror Ball*, no início de 1995, época em que ele estava evitando aparecer muito devido a problemas com um *stalker*. A música foi inspirada na morte de Clayton Liggett, seu professor de teatro no ensino médio, que assumira a posição de figura paterna substituta enquanto a família de Vedder se despedaçava durante o amargo divórcio de seus pais. Essa fase dolorosa – porém formativa – de sua vida acabou sendo mitificada

ELES TINHAM CHEGADO EXTREMAMENTE LONGE EM UM PERÍODO EXTREMAMENTE CURTO, IMPULSIONADOS PELA ENERGIA ILIMITADA QUE CADA INTEGRANTE TRAZIA AO GRUPO.

em algumas das primeiras canções do Pearl Jam e foi analisada de perto por jornalistas – algo que causou profundo desconforto em Vedder.

Além de "Long Road" não ser conhecida pelo público em Red Rocks, sua introspecção melancólica e espiritualmente questionadora era o oposto do que a plateia, pronta para pular, queria ouvir. E o Pearl Jam arrisca ainda mais com a música seguinte, uma reinvenção radical de seu maior sucesso na MTV, "Jeremy", minimizando suas características de hino do rock e deixando o refrão de fora.

Se a plateia está ficando inquieta, essa sensação começa a chegar à banda. Gossard levanta-se brevemente de sua cadeira durante "Long Road" e faz isso de novo ao longo da versão nova de "Jeremy". A música cresce, acumulando tensão por meio de seu ritmo inicial exausto. Eddie, no entanto, continua sabotando a música. A parte catártica em que canta "*Try to forget this/ try to erase this*" ["Tente esquecer isso/ tente apagar isso"] também é removida. Ele arrisca um "*whoaaaa*" climático no encerramento, mas, novamente, a ideia é subverter o melodrama, tirando-o do ensino médio e trazendo-o para um presente cansado e arrasado.

"Então, obviamente, estamos improvisando esta noite", Vedder diz. "Temos a noite toda, porra, vai ser tipo o Grateful Dead ou algo assim."

Só que não é como o Grateful Dead, uma banda que improvisava dentro dos parâmetros de músicas conhecidas de uma maneira que fosse compreendida e aceita por seus fãs. Os shows do Dead eram imprevisíveis, mas geralmente parecia haver alguma espécie de plano. O Dead sabia o que era. Já o Pearl Jam, nessa noite, está atirando para *todo lado*, esperando que os acertos construam uma identidade para eles.

Isso é, de certa forma, tão excitante quanto ouvir o Zeppelin em seu ápice, que simbolizava o perigo sexy e arrogante de sua música sem correr riscos no palco, como o Pearl Jam está fazendo agora. A música seguinte é um cover de "The Ship Song", de Nick Cave, abortada após cerca de 90 segundos porque a banda não sabe tocá-la. "Precisamos aprender essa um pouco melhor", diz Vedder, tímido. "Soou ótima nos bastidores..."

"Footsteps" vem em seguida. Para uma banda qualquer, seria uma faixa obscura, um lado B gravado durante uma entrevista de rádio em 1992, a última peça da mitológica trilogia "Momma-Son" (com "Alive" e "Once"), deixada de fora do disco *Ten*. Mas os fãs a recebem calorosamente, como se fosse um amigo que estava desaparecido, após o confuso trio de músicas que abriu o show.

Na sequência, outra canção nova, que imediatamente acaba soando como a música mais acolhedora da noite até então. Chama-se "Falling Down", e é a única vez que será tocada em público. A letra de Vedder é uma mistura de gemidos e frases pela metade, mas não configura uma das espontâneas "improvisações" ao vivo que diversas vezes aparecem nas gravações não oficiais de seus shows. Embora o arranjo musical seja apenas um rascunho, a melodia cadenciada é indiscutivelmente bela, remetendo à clássica balada "Black", do disco *Ten*, mas com uma pitada da incrível "Immortality", de *Vitalogy*.

Quando é possível compreender a letra, soa como uma despedida de alguém que não tem certeza se quer que os outros percebam sua ausência. "*Oh something to remember me by/ oh something to place in your hand*" ["Ah, algo para lembrar de mim/ algo para colocar em sua mão"], Vedder canta (eu acho). "*Oh, something so you will feel all grown up when you call my name*" ["Ah, algo para você se sentir adulto quando disser meu nome"]. Não há o típico vocal grunge de Vedder aqui; sua voz é suave e soa incrivelmente triste. "*Can't feel the heat/ of something fresh coming*" ["Não dá para sentir o calor/ de algo novo chegando"], ele canta. "*Can somebody hide me?*" ["Alguém pode me esconder?"]

A canção chega a seu ápice durante o solo de guitarra, feito por Gossard, que novamente fica em pé e executa as notas com perfeição. Logo após, a canção não acaba, mas lentamente vai parando. Vedder soa como um homem se afastando da luz para que a escuridão possa lentamente envolvê-lo. Ele canta "*I cannot apologize*" ["Não posso me desculpar"] e o verso fica brevemente no ar, até o pulso da música subitamente parar.

Após essa abertura incrível, o show de 20 de junho de 1995 decai para uma ótima apresentação "normal" do Pearl Jam. E é por isso que, por melhor que seja o restante da gravação, eu geralmente paro de escutar após "Falling Down". Dá para ouvir algo mudar, ou até morrer, dentro da banda durante essa música. Toda vez que a escuto, sinto que poderia ter sido o sucesso que o disco seguinte do Pearl Jam, *No Code*, não necessariamente *precisava*, mas que certamente teria ajudado nas vendas decepcionantes do álbum no fim do verão de 1996.

"Falling Down", no entanto, não apareceu em *No Code*, nem em qualquer outro álbum do Pearl Jam. Após quase se autodestruir durante o fiasco em São Francisco, a banda retornou para shows excelentes em Milwaukee e Chicago, em julho. Sentindo-se repentinamente revitalizados, os integrantes entraram em estúdio em Chicago – um dia depois de terem tocado para 47 mil fãs no estádio Soldier Field – e começaram a trabalhar em músicas para seu quarto álbum.

Posteriormente, "Falling Down" surgiria em dois lugares improváveis: primeiro como a base musical da canção "Distress", do disco de estreia homônimo de 1999 da banda Rockfords, projeto paralelo de Mike McCready; depois, em um compacto do fã-clube do Pearl Jam em 2010 (também contendo a versão alternativa de "Jeremy" tocada em 20 de junho de 1995). Com exceção disso, "Falling Down" surgiu e desapareceu naquela noite em Red Rocks. É um clássico do Pearl Jam em potencial que nunca se tornou realidade.

Para algumas pessoas, a decisão do Pearl Jam de transformar "Falling Down" em uma música raríssima e venerada por fãs, ao invés da balada de sucesso que poderia ter sido, pode parecer uma oportunidade perdida, ou mais um exemplo da autossabotagem de sua geração. Mas, se algo morreu naquela noite, também teve um aspecto do Pearl Jam que renasceu.

Afinal de contas, esta é uma história de sobrevivência, e "Falling Down" me soa como um caminho que foi considerado e deixado de lado em favor de um destino diferente, que levaria a banda ainda mais longe do que poderia imaginar durante os piores momentos de seu conturbado verão de 1995.

O futuro não seria baseado em hits, mas em viver no presente e criar momentos especiais justamente por serem efêmeros. Talvez Eddie Vedder não precisasse andar de van para fingir ser um músico indie. Assim como o Pearl Jam não precisava ser o Led Zeppelin. Poderia ser um grupo que toca nos maiores palcos do mundo, mas que não age como os outros que tocam nesses lugares. Poderia sair desse sistema rígido que mantém as bandas de arenas e estádios presas a padrões previsíveis e sufocantes. Acima de tudo, poderia se aproveitar do poder do "não", ao decidir criar algo e depois se afastar disso, para então fazer uma coisa diferente na noite seguinte, em outra cidade. Desse modo, as pessoas te seguirão até essa outra cidade, só para descobrir o que você fará em seguida.

Ali estava uma identidade. Uma identidade *Pearl Jam*. Naquela noite em Red Rocks, eles começaram a descobrir como podiam apenas *ser*.

CAPÍTULO 2
"FOOTSTEPS"

(11/5/1992, *Rockline*)

Incesto – Assassinato – Lados B – Surfe – The Who – Talk shows das rádios FM – *Liberdade condicional*

Qual é a data do aniversário de uma banda? Seria o dia do lançamento de seu primeiro álbum? Ou o dia de seu primeiro show? Ou você precisa voltar até o dia do primeiro ensaio, se é que alguma das pessoas envolvidas consegue lembrar quando ele aconteceu?

No caso do Pearl Jam, minha opinião é que o nascimento da banda ocorreu em 21 de novembro de 1989. Na verdade, para sermos técnicos, seria mais como um momento de concepção. Mas, ainda assim, foi um marco importante que catalisou tudo o que viria depois.

Como é o caso de tantas coisas envolvendo Eddie Vedder, essa história começa com Joe Strummer.

Aos 24 anos, Eddie trabalhava como frentista em um posto de gasolina e morava em San Diego. Detalhe importante: ele era funcionário desse posto para também poder se dar ao luxo de trabalhar de graça em um clube de rock de sua cidade. Informalmente localizado em um shopping na Clairemont Mesa Boulevard, o Bacchanal não era, como seu nome sugere, um antro de decadência e autoindulgência para ricos opulentos. Era, na verdade, um buraco conhecido por seu teto baixo e sua música alta, o tipo de casa de shows que, como Vedder posteriormente mencionou, recebia bandas jovens em ascendência ou grupos veteranos que já tinham passado de seu ápice e estavam indo ladeira abaixo.

Quem administrava o Bacchanal aparentemente não tinha dinheiro para pagar as pessoas que cuidavam do palco. Mas Eddie não se importava. Como fazia o turno da madrugada no posto de gasolina, ele trabalhava de graça no clube carregando equipamentos e comodidades para as futuras estrelas e as bandas quase falidas que tocavam lá. Ele adorava a oportunidade de estar perto de músicos e absorver a atmosfera que acompanhava a experiência de um show de rock. Ele romantizava tudo aquilo, inclusive as passagens de som. *Especialmente* as passagens de som. Às vezes, a passagem de som era até melhor que o próprio show. Era o momento de uma relativa calma antes da tempestade que a plateia trazia. Aquela hora reservada apenas para a banda e a equipe que trabalhava para fazer os shows acontecerem. Mesmo naquela época, Eddie parecia não curtir muito as multidões.

Como bom fã do Clash, Eddie estava animado para ver Joe Strummer naquela noite – o show fazia parte da turnê de divulgação de seu primeiro disco solo de verdade, *Earthquake Weather*, lançado dois meses antes. Strummer não estava em ascensão, mas também não era um artista decadente. Ele era o motor do Clash, o padrinho do punk rock de estádio, um verdadeiro herói. Bonito como um ator de Hollywood, poderia ter estrelado filmes *noir* clássicos se tivesse nascido em outra época. Mas, naquele momento, ele surgia na hora exata para Vedder, que era apaixonado pelos hinos politizados do Clash desde adolescente e viria a emular o humanismo profundamente moral e incorruptível de Strummer.

Joe Strummer não apareceu para a passagem de som, nem a maioria de sua banda. Apenas o baterista, Jack Irons, deu as caras. Sendo ele outro de seus heróis, Eddie aproveitou a oportunidade. Irons tinha recentemente saído de sua banda anterior, o Red Hot Chili Peppers, após a trágica morte de Hillel Slovak, o brilhante guitarrista da banda. Slovak, de apenas 26 anos, havia voltado de uma complicada turnê pela Europa com o grupo e veio a morrer sozinho em seu apartamento devido a uma overdose de heroína. Irons ficou tão arrasado com a morte de Slovak que não conseguiu mais tocar com o Chili Peppers. A banda continuou e, em 1989, lançou *Mother's Milk*, seu primeiro disco com o novo guitarrista, John Frusciante, e o novo baterista, Chad Smith. Irons, por sua vez, optou por gravar e sair em turnê com Strummer.

Agora lá estava um roadie pedindo a Irons que confirmasse se era ele que tinha tocado bateria na gravação pirata de um show (que, no momento, estava numa fita no som de seu carro) ou se tinha sido seu antecessor no Chili Peppers, Cliff Martinez.[7] Irons topou ir com aquele cara até seu Toyota Corolla para uma audição surpresa, desde que ele lhe arranjasse algumas bananas.

A partir dali, uma amizade se formou. Pouco depois do show de Joe Strummer, Jack deu uma fita cassete para Eddie. Era uma demo gravada por uns caras de Seattle que estavam procurando um vocalista. Jack queria saber se Eddie estava interessado.

Ele estava. E considerou a fita um projeto artístico. Mas era, obviamente, mais do que isso. Era um momento capaz de mudar vidas. Para Eddie. Para Jack. Para os caras que haviam gravado a demo. Para milhões de pessoas que finalmente ouviriam aquelas músicas. Era o começo do Pearl Jam.

A fita "Momma-Son"[8] está para o Pearl Jam assim como o assassinato dos pais de Bruce Wayne está para o Batman. É a história de origem, a fonte da mitologia como um todo, o núcleo de seu estrondoso disco de estreia, *Ten*, um conto tão antigo quanto o tempo, que é recontado infinitamente.

---

7. Na verdade, na complexa linha do tempo do Chili Peppers, Irons veio antes de Martinez, pois foi um integrante fundador da banda. Mas só gravaria com o grupo em seu terceiro álbum, *The Uplift Mofo Party Plan*, de 1987. Seria o único disco do Chili Peppers a trazer Irons na bateria.

8. Por muitos anos, essa fita foi conhecida pelos fãs do Pearl Jam como "Mamasan", mas comunicados oficiais da banda, inclusive o livro *Pearl Jam Twenty*, já ressaltaram qual é a grafia "correta".

Se você é fã do Pearl Jam, certamente já ouviu essa história. No entanto, toda vez que há uma nova versão do Batman, precisam mostrar novamente a cena dos pais de Bruce Wayne sendo assassinados em um beco. Portanto, lá vamos nós.

A história começa na primavera de 1990 – quase quatro meses após Eddie Vedder conhecer Jack Irons –, com a morte de Andrew Wood e o fim do Mother Love Bone, a banda bizarra e vibrante em que Stone Gossard e Jeff Ament tocavam antes do Pearl Jam. Wood morreu em 19 de março de 1990, três dias depois de ter uma overdose de heroína. O único álbum do Mother Love Bone, *Apple*, foi lançado exatamente quatro meses mais tarde, quando a banda nem existia mais.

De repente à deriva, após aparentemente estar à beira da fama e do sucesso, Gossard começou de imediato a compor músicas novas. Em seis meses, ele escreveu a parte instrumental de algumas canções que se tornariam as mais icônicas do Pearl Jam. Ele também recrutou dois caras para tocar com ele: Jeff Ament, seu parceiro do Mother Love Bone, e um guitarrista chamado Mike McCready, que antes tocava hair metal, mas tinha migrado para o blues.[9] Matt Cameron, naquele momento um integrante do Soundgarden, foi recrutado para gravar a bateria da demo. Agora só precisavam de um vocalista.

Vamos pular para a parte em que a fita com diversas dessas demos acaba nas mãos do frentista de San Diego. Eddie a toca e fica interessado em três faixas: "Dollar Short", que soa como Ian MacKaye tentando compor "Free Bird"; "Agyptian Cave", que lembra o Jane's Addiction, mas sem o vício em heroína; e "Times of Trouble", que reinterpreta a música do delta do Mississippi como se tivesse surgido às margens de Elliott Bay, em Seattle.

Nesse ponto, a história toma seu rumo mítico: Eddie vai surfar e escuta em sua mente algumas das melodias e letras em contraste ao som das ondas. Então volta para casa e, ainda com areia nos pés, começa a gravar. É bem espiritual. (Nesse momento, imagino-o como Patrick Swayze em *Caçadores de emoção*.) Eddie grava os vocais das músicas – agora conhecidas como "Alive", "Once" e

9. Nos primeiros clipes do Pearl Jam, Mike McCready veste-se como Stevie Ray Vaughan, que morreu em 27 de agosto de 1990, exatamente um ano antes do lançamento de *Ten*.

"Footsteps" – por cima de uma fita cassete promocional dos anos 1980, originalmente feita para divulgar um álbum dos maiores sucessos de Merle Haggard.[10] Ele dá o título de "Momma-Son" à fita, por motivos que ainda não são óbvios, mas que serão devidamente explicados quando o Pearl Jam ficar famoso.

E o sucesso vem em meados de 1992, cerca de dois anos após Stone, Jeff e Mike receberem a fita de Eddie e convidarem o surfista filósofo a visitar Seattle. Na sequência, eles passam a compor mais músicas e tornam-se uma banda ao vivo altamente eficiente. No meio de 1992, o Pearl Jam já está explodindo nos Estados Unidos e na Europa. É quando a mitologia "Momma-Son" começa a se enraizar na história da banda.

Numa turnê pela Europa, em junho, o Pearl Jam toca em ordem as músicas da trilogia "Momma-Son" pela primeira vez, durante quatro shows consecutivos em Milão, Zurique, Viena e Paris. Em Zurique, no dia 18 de junho, Vedder diz à plateia que as três canções são ligadas por uma narrativa maior que, de acordo com ele, nunca foi divulgada publicamente. "Não quero estragar as eventuais interpretações delas que vocês possam ter", diz ele, "mas é sobre incesto, assassinato e todas essas coisas legais."

Para os suíços na plateia – ou para os fãs ao redor do mundo que tenham ouvido uma gravação pirata do show –, deve ter sido pelo menos um pouco surpreendente, tendo em vista que as músicas não tinham sido apresentadas nessa sequência até então. "Alive" foi a primeira canção do álbum de estreia do Pearl Jam, *Ten*, a tocar no rádio e na MTV, cerca de sete semanas antes de o disco ser lançado, em 27 de agosto de 1991. No álbum, é a terceira faixa, após "Once", embora venha *antes* de "Once" na trilogia "Momma-Son". Aí temos "Footsteps", que nem aparece em *Ten* e era mais conhecida pelos fãs como a base de uma faixa do Temple of the Dog, "Times of Trouble", com melodia vocal e letras diferentes.

Mais de um ano depois, a narrativa "Momma-Son" finalmente foi explicada com mais detalhes (e para um público bem maior) num artigo escrito por

10. Uma das músicas de Merle Haggard nessa fita, "A Place to Fall Apart", resume o tom emocional das letras de Eddie.

Cameron Crowe para a *Rolling Stone*, no outono de 1993. Vedder – que pelo visto não estava mais preocupado em arruinar interpretações pessoais de fãs – falou extensivamente a respeito da conexão entre as músicas. "Alive" é sobre uma mãe que tenta ter uma relação incestuosa com o filho após o pai do menino morrer. "Once" é sobre como esse rapaz ficou permanentemente traumatizado pelo abuso sexual e acabou se tornando um *serial killer*. E "Footsteps" é sobre como ele recebe a pena de morte e termina executado.

Pouco tempo após esse perfil ser publicado na *Rolling Stone*, o Pearl Jam tocou "Momma-Son" pela primeira vez nos Estados Unidos, durante um show particularmente agressivo na cidade natal da banda, Seattle, em 8 de dezembro de 1993. Na apresentação de Zurique, Vedder havia falado sobre a história da trilogia a ponto de explicá-la excessivamente. Já em Seattle, ele foi mais contido, brincando sobre como a sequência de músicas era como *O quebra-nozes* do Pearl Jam. Ele também usou um termo definitivamente nada punk, que já tinha dito na Europa, para descrever "Momma-Son": miniópera.

Ali, naquele exato instante, caso ainda não estivesse óbvio, Eddie Vedder revelava a fidelidade à sua mais profunda influência no rock'n'roll: The Who.

A inspiração para a "miniópera" do Pearl Jam viera claramente da banda mais comumente associada a óperas rock. O elemento de abuso sexual de "Alive" é emprestado de *Tommy*; os problemas de saúde mental que aparecem em "Once" remetem a *Quadrophenia*. E o vocal apaixonado de Vedder – caricaturado no fim da década de 1990 como o "*yarl*" do pós-grunge, nome dado por Jack Endino, músico e produtor do rock independente de Seattle – é fortemente inspirado no estilo machão que Roger Daltrey adotou em sua era pós-*Tommy*.[11]

11. Também tem um toque menos significativo, porém não *insignificante*, do Doors, tanto pelo melodrama edípico de "The End" quanto pelo *yarl* libidinoso de Jim Morrison.

Vedder não fez grande esforço para esconder essas influências. Muito pelo contrário. Ele fala sobre o Who com o mesmo tipo de respeito e admiração que recebia dos fãs nos anos 1990 e que quase o levou à loucura. Segundo Vedder, foi uma babá que o apresentou ao disco *Who's Next*, quando ele tinha 9 anos. "Meus pais não estavam em casa. As janelas tremeram. As prateleiras estavam chacoalhando", ele relembrou em 2016. "Isso me levou a explorar músicas quem tinham alma, rebelião, agressão, afeto."

Mais do que isso, o Who oferecia um manual para a estética "punk rock de arena" que Vedder e seus colegas tentariam criar com o Pearl Jam. "Era uma banda incrível, cujo compositor principal estava buscando sentido e harmonia em sua vida", Vedder comentou sobre o Who e seu líder, Pete Townshend. "Ele compartilhava essa jornada com o ouvinte, tornando-se uma inspiração para outros irem atrás do próprio caminho. E fizeram tudo isso enquanto também entravam para o *Guinness World Records* como a banda com som mais alto do mundo."

Quando Eddie Vedder fala sobre o Who, muitas vezes soa como se estivesse falando de sua própria banda. Certamente, a trajetória do Pearl Jam ao longo de várias décadas pode ser descrita como a busca de Vedder por "sentido e harmonia em sua vida".

Ao contrário de seus contemporâneos dos anos 1970 – Led Zeppelin, Rolling Stones, Queen, Black Sabbath –, o Who mesclava um ataque musical bombástico com um ponto de vista único e sensível. Enquanto as outras bandas se deleitavam com o puro espetáculo do rock para grandes públicos, o Who operava como a banda de som mais alto do mundo que acompanhava um cantor-compositor. Era possível conceituar o Who como uma entidade de quatro cabeças em que cada integrante tinha uma função essencial, mas, no fim das contas, tudo era a serviço das canções compostas por um cara que expressava pensamentos, preocupações, paixões e decepções específicas dele – e apenas dele. Pete Townshend egoisticamente detinha os temas principais das músicas de sua banda. Não importava para ele se John Entwistle também achava Meher Baba transcendente; o colega só precisava tocar aquelas linhas de baixo fluidas e complexas de forma a transmitir o castigo que era ter uma vida desprovida de satisfação espiritual. Essa era a dinâmica do Who, que se repetiria com o Pearl Jam. Ambas as bandas eram compostas de iguais, mas um cara era sempre um pouco mais igual que os outros.

A tensão no Who vinha do fato de Townshend, na maioria das vezes, não cantar suas próprias letras, cabendo a Daltrey vender versos como "*Goodbye all you punks/ stay young and stay high/ hand me my checkbook/ and I'll crawl off to die*" ["Adeus, punks/ fiquem jovens e chapados/ me dê meu talão de cheques/ e vou ali num canto morrer"]. Não importava que essa canção, "They Are All in Love", do disco *The Who by Numbers*, de 1975, não se alinhava com o ponto de vista de Daltrey. Ao contrário de Townshend, ele sempre esteve à vontade com quem era. O vocalista não dava a mínima para a geração punk emergente e certamente não era o tipo de pessoa que saía de fininho, derrotado e com pena de si próprio. Ele era, sem a menor culpa, um deus do rock. E era justamente essa confiança que lhe permitia deixar seus sentimentos de lado e comunicar a verdade emocional das confissões de Pete Townshend.

O Pearl Jam, sobretudo no início da carreira, tinha uma tensão inversa: Stone Gossard compunha os riffs pegajosos (e inspirados no AOR[12]) que Vedder utilizava como veículos para expressar suas neuroses internalizadas. O que Townshend e Vedder compartilham enquanto compositores é uma preferência por escrever sobre personagens que podem (ou não) ser versões deles mesmos. Townshend fez *Tommy*, enquanto Vedder fez "Jeremy", que não é cantada da perspectiva do personagem titular, mas de uma pessoa que fazia *bullying* com ele.[13]

Independentemente do conceito de "Momma-Son", fica claro que Vedder não escreveu sobre si próprio em "Alive" ou "Once", do mesmo modo que não o fez em "Jeremy", em "Dirty Frank" (o irônico lado B sobre um *serial killer*), em "Why Go" (uma das primeiras canções do Pearl Jam cantadas sob a perspectiva

---

12. O AOR (Album-Oriented-Rock) foi um formato adotado por muitas rádios nos anos 1970, que, em vez de tocarem os singles das paradas de sucesso, tocavam faixas específicas de grandes álbuns de rock. [N. P.]

13. Nesse sentido, "Jeremy" assemelha-se ao ponto de vista do vilão usado na canção "Behind Blue Eyes", de *Who's Next*. Talvez o Eddie Vedder de 9 anos já estivesse guardando essas informações em sua mente.

feminina, tendência que ganharia mais espaço em seu segundo disco, *Vs.*) ou na análise de um viciado em drogas que é "Deep". Elementos da infância de Vedder podem ter sido exagerados nessas canções, mas ele certamente não transou com a mãe e nunca assassinou ninguém.

Ao recorrer a Daltrey para expor suas canções mais mordazes e vulneráveis, Townshend conseguia se ocultar, mas o mesmo não aconteceu com Vedder na época em que *Ten* virou um sucesso gigantesco. Anos depois, quando estava se debatendo com as adversidades da fama adquirida no início dos anos 1990, Vedder foi se aconselhar com Townshend, pedindo dicas de como sobreviver. "Eu forneci a ele minha filosofia", Townshend escreveu em sua ríspida autobiografia de 2012, *Who I Am*. "Não fazemos a escolha; é o público que faz. Somos eleitos por eles, mesmo sem sermos candidatos a nada. Aceite."

Mas Townshend era menos articulado no início da década de 1970, quando estava na mesma posição que Vedder ocuparia 20 anos depois. Naquele período, Townshend tinha uma obsessão similar por sua própria infância e pela crise de identidade causada pelo estrondoso sucesso do Who após *Tommy*. Em seu disco seguinte, ele compôs canções que tratavam exclusivamente de seu desejo de reduzir o espaço entre sua banda e o público, que parecia cada vez mais distante. Ele visualizou o rock'n'roll além do show business, como um meio para destruir hierarquias sociais e, usando uma terminologia típica dos anos 1960, para permitir que todas as pessoas "vivessem como uma só". Ele idealizou um disco conceitual de ficção científica altamente ambicioso chamado *Lifehouse*, que ninguém além do próprio Townshend entendia, no qual comparava a sensação extática do público durante um show de rock a uma versão primitiva da internet. No começo dos anos 1970, era uma forma imaginária de tecnologia que conectava milhões de pessoas, algo nunca visto antes.

Parte do conceito de *Lifehouse* envolvia fazer shows de rock experimental durante a composição do disco. Townshend queria colocar 2 mil pessoas no Young Vic Theatre, em Londres, que morariam lá com a banda ao longo de uns seis meses. "O grupo iria tocar à medida que personagens fossem surgindo deles, levando a banda a ter um papel diminuto", ele teorizou. "Talvez 500 das 2 mil pessoas ficassem durante os seis meses, e aí filmaríamos tudo o que acontecesse."

Essa ideia claramente insana não funcionou, o que não surpreendeu ninguém, exceto Pete Townshend. O Who fez alguns shows no Young Vic em fevereiro e abril de 1971 e acabou frustrado porque a plateia só queria ouvir "My Generation" e ver a banda destruir seus instrumentos. Townshend, porém, não estava interessado em repetir o que já tinha sido feito. Ele pressionou o Who para tocar músicas que buscassem espiritualidade e que abertamente expressassem sua alienação em relação ao estrelato.

Os títulos das canções novas de Townshend – que receberam reações variáveis de um público que ainda não as conhecia – contam a história: "Getting in Tune" ["Afinando"], "Too Much of Anything" ["Qualquer coisa em excesso"], "I Don't Even Know Myself" ["Nem me conheço"], "Won't Get Fooled Again" ["Não me enganarão de novo"]. Após um tempo, Townshend ficou desiludido e cancelou o restante dos shows no Young Vic. Esse fracasso o deixou à beira de um colapso nervoso, e Daltrey até achou que eles iriam se separar. Mas o Who não implodiu. Eles sobreviveram. Eles pegaram as canções de *Lifehouse* e as transformaram em *Who's Next*, um álbum cujo único conceito é: "Aqui estão as músicas de rock mais perfeitas de todos os tempos para serem tocadas em um estádio". Foi o disco que acabou abrindo a mente de Eddie Vedder.

Os shows do Who no Young Vic foram uma versão mais extrema do que o Pearl Jam faria no Red Rocks em 1995, onde se via uma banda se esforçando para criar uma nova relação com os fãs, mas descobrindo que eles só queriam ouvir os hits de sempre. Mas esse não é o caso de *todos* os fãs do Who – alguns são como Vedder, que será eternamente atraído pela banda porque ela personifica uma contradição impossível que só se encontra em pouquíssimos grupos de rock, a que diz respeito à busca por aquela comunidade que só pode existir em um show de rock, com o propósito de atingir uma paz interior tão pessoal que você "não consegue explicar" sem usar uma canção grandiosa.

Vedder certa vez disse que *Quadrophenia* foi o disco que "salvou minha vida" quando tinha 13 ou 14 anos, no pior momento da dissolução de sua família. Por volta dessa época, ele viu o Who ao vivo pela primeira vez, na San Diego Sports Arena, em 18 de junho de 1980. Não era um período particularmente bom para a banda favorita de Vedder – tinham acabado de voltar à estrada pela primeira vez após a morte de Keith Moon, em 1978, e estavam divulgando seu pior disco, *Who Are You*. Em dezembro de 1979, 11 fãs haviam morrido esmagados numa apresentação do Who em Cincinnati. Três anos depois, eles fariam performances meramente protocolares em sua turnê de "despedida" de 1982 – era um grupo de homens de quase 40 anos, porém vestidos como as bandas do movimento "New Romantic", que tinham metade de sua idade e eram a moda da temporada –, tocando de qualquer jeito para lucrar com o dinheiro do patrocínio de empresas de cerveja.

Mas Eddie não viu o Who com olhos cínicos, nem como uma banda falida. "Na primeira metade do show, eu não conseguia ignorar o fato de que aqueles quatro caras estavam no mesmo lugar que eu, em San Diego", lembrou. "E foi lá que os deuses do rock desceram e nos abençoaram. Sério, foi muito emocionante vê-los pela primeira vez."

Anos depois, em uma entrevista para a revista *The Believer*, Carrie Brownstein, da banda Sleater-Kinney, perguntou a Vedder se ele chegou a se envolver com a cena punk do Sul da Califórnia que estava florescendo durante sua adolescência. No começo dos anos 1980, bandas icônicas como Black Flag, Circle Jerks e Fear tocavam frequentemente na região. O Black Flag, por exemplo, fez apresentações em San Diego pelo menos quatro vezes em 1980, em locais como o Roxy e o North Park Lions Club.

Mas Eddie não conhecia essas bandas punk locais. "Eu sempre estava em algum tipo de subúrbio, e as ondas não chegavam tão longe ou algo assim. Além disso, meus pais se separaram quando eu era adolescente, e eu tinha um emprego, então não podia ter um moicano", disse. Vedder acrescentou, com pesar: "Sabe, eu gostaria de ter participado disso. Teria sido legal. E é bem provável que isso teria me mudado musicalmente um pouco".

O que não foi dito é que a imaginação do Eddie de 1980 estava ligada ao oposto do Black Flag. Ele não buscava bandas agressivas e velozes que tocavam em clubes de veteranos. Ao contrário, ele queria rock de estádio, tocado por britânicos de quase 40 anos. Mesmo um grupo como o Clash, influência essencial de todos os punks, estava mais próximo do Who – tendo, inclusive, aberto os shows da turnê de "despedida" de 1982 – que do Black Flag.

Como fazia com certa frequência durante sua juventude nos anos 1980, Vedder levou um gravador de fita escondido à San Diego Sports Arena para captar um registro excessivamente distorcido e quase inaudível de seus deuses do rock ao vivo. Mais tarde, afirmou ter ouvido a fita pelo menos umas 350 vezes, tocando-a em seus fones de ouvido e preenchendo as lacunas sonoras da gravação ruim com suas memórias do show e com o que ele imaginava que tudo aquilo significava.

Procurei em todos os cantos da internet uma gravação desse show do Who que Vedder viu em 1980, mas não encontrei nada. No entanto, tenho diversos registros de outras apresentações dessa mesma turnê. Como Eddie, também escuto essas fitas com fones de ouvido e aumento o volume o máximo possível, pois é assim que a música soa melhor. Além disso, na maioria dos casos, as gravações são tão ruins que você não consegue realmente discernir as músicas se ouvi-las baixinho.

Faço isso porque amo o Who, e também porque essas fitas ocultam o suficiente para me forçar a projetar meus próprios sonhos e desejos nelas. Ouço uma banda brilhante que, de certa forma, recriei em minha mente, uma mistura de realidade e fantasia. E tenho certeza de que Eddie Vedder também fazia isso, assim como todos os fãs fazem com seus antigos heróis do rock que já não são mais os mesmos dos tempos áureos. Nesses momentos, Eddie também devia estar imaginando a *sua* banda, e como ela poderia existir um dia.

Minha parte favorita da trilogia "Momma-Son" – e uma canção tão comovente quanto qualquer outra do Pearl Jam – é justamente a faixa que não aparece em *Ten*. A explicação mais lógica para a ausência da peça final, "Footsteps", é que "Times of Trouble", do Temple of the Dog, fora lançada cerca de cinco meses antes da estreia fonográfica do Pearl Jam. Mas também acredito que "Footsteps" teria alterado o arco emocional de *Ten*, sobretudo se imaginarmos o disco (como eu imagino) como uma narrativa própria.

Na história de "Momma-Son", "Footsteps" é como a música melancólica que acompanha o fim de um filme dos anos 1970, a parte em que o protagonista – que foi injustiçado e abusado pelos pais – lentamente se perde em um abismo sombrio, sem nenhuma possibilidade de redenção. Desde seu início, a canção não traz esperança: "*Don't even think about reaching me/ I won't be home*" ["Nem pense em me procurar/ não estarei em casa"]. Subentende-se que ele já tenha perdido completamente a cabeça, de modo que a execução de seu corpo é apenas um epílogo anticlimático de uma morte espiritual e mental mais profunda. O abuso físico não é sentido aqui; ele só indica a maneira como a alma foi danificada: "*I've got scratches all over my arms/ one for each day that I fell apart*" ["Tenho arranhões nos meus braços/ um para cada dia que eu perdi o controle"].

Ten, por sua vez, não tem o arco de "Momma-Son". Não tem um final depressivo. É uma obra catártica e revigorante, o que tem muito a ver com a sequência das faixas. No disco, a chacina de "Once" é colocada antes da menos abertamente violenta "Alive", alterando de modo sutil, mas decisivo, a progressão de uma música para a outra. Ao contrário da trajetória de "Momma-Son", em *Ten* os personagens lentamente flutuam da condenação à redenção. E foi esse arco que ajudou a fazer do álbum um fenômeno que marcou uma era.

O assassino de "Once" torna-se a vítima de "Alive", que vira a presa de "Why Go" e, então, a pessoa apaixonada e solitária que busca um relacionamento perdido em "Black". Após conhecermos o adolescente mártir de "Jeremy", há "Porch", uma fuga triunfante, ao estilo Bruce Springsteen, das circunstâncias da adolescência, levando a um confronto em relação a realidades do universo adulto, como a morte ("Garden") e a total rejeição do niilismo púbere ("Deep"). Quando *Ten* chega ao seu clímax com "Release", já está totalmente afastado do ar sombrio de "Momma-Son". É mais similar ao encerramento de *Quadrophenia*, em que o protagonista Jimmy, com problemas mentais, ouve a chuva colidindo com as ondas do mar em "Love Reign o'er Me" e imagina seus medos e pecados sendo purificados. Enquanto isso, Eddie Vedder, o surfista, encontra alívio ao seguir "*the wave where it takes me*" ["a onda até onde ela me levar"] em "Release".

Não há espaço para "Footsteps" nessa história. É uma canção que deve ficar isolada, em sua própria atmosfera assombrada e envenenada.

A propósito, quero deixar claro que qualquer referência que eu faça a "Footsteps" diz respeito à versão que aparece no single "Jeremy", lançado em 1992. *Não* estou me referindo à versão inferior presente na coletânea de "raridades" *Lost Dogs*, lançada em 2003, na qual uma gaita cafona é tocada durante toda a canção. A "Footsteps" *de verdade* vem de uma sessão de rádio, gravada durante o programa de talk show *Rockline*, realizado em 11 de maio de 1992, pouco antes da turnê pela Europa em que a trilogia "Momma-Son" finalmente estreou ao vivo.

Após ter ouvido "Footsteps" tantas vezes fora do contexto do programa *Rockline*, foi muito esquisito ouvi-la *dentro* desse contexto. Vista isoladamente, "Footsteps" é tão crua e emocionalmente devastada que beira o blues – não aquele tocado por brancos em bares, mas a música que transmite uma solidão tão profunda e impiedosa que a morte parece preferível. Ela me faz pensar no protagonista de um de meus filmes favoritos dos anos 1970 com final depressivo, o suspense *Liberdade condicional*, de 1978, no qual Dustin Hoffman, o herói da juventude de Vedder, interpreta um ex-presidiário chamado Max Dembo.

No filme, o personagem de Hoffman tenta, mas não consegue se livrar da vida de criminoso. No fim, ele estraga um assalto a uma joalheria que causa a morte de seu melhor amigo e acaba matando outro de seus parceiros próximos por vingança. Então ele foge com a namorada (Theresa Russell), mas acaba colocando-a num ônibus de volta para casa.

"Por que não posso ir com você?", ela pergunta.

"Porque eu quero ser pego", Max responde, friamente.

Esse é o cara de "Footsteps", cuja essência Vedder captura perfeitamente. E isso, volto a mencionar, é *esquisito* quando você escuta a entrevista inteira, pois ela é divertida e descontraída, longe do limite entre a vida e a morte onde "Footsteps" habita. É uma *performance*, assim como o retrato duro e sério de Max Dembo feito por Dustin Hoffman.

O *Rockline*, que ficou no ar durante 33 anos e contou com 1.650 episódios, era um programa de rádio transmitido para todo o país pelo lendário estúdio Sunset Sound, em Hollywood. Era veiculado duas vezes por semana e apresentado, na maior parte do tempo, por Bob Coburn, uma figura carismática das rádios rock de Los Angeles, que trabalhou na KLOS 95.5 de 1980 até sua morte, em 2016. Numa época em que ainda era raro ouvir seus músicos de rock favoritos falarem longamente sobre suas obras, o *Rockline* era um programa obrigatório para os nerds musicais. Como o restante do mundo do rock, ele também estava em um período de transição em 1992.

O mito dessa era é que assim que "Smells Like Teen Spirit" começou a passar com frequência na MTV, as bandas de hair metal e os dinossauros do rock que reinavam até então foram automaticamente extintos. No entanto, a lista de convidados do programa *Rockline* em 1992 derruba essa tese. É um retrato fascinante do mundo do rock mainstream tal como ele existia na época. Sim, as coisas estavam mudando com uma nova geração de bandas, mas não isso significava que os grupos antigos tinham desaparecido.

O Pearl Jam sequer foi a atração principal de seu episódio; essa função coube a Gary Moore, ex-guitarrista do Thin Lizzy, que havia se tornado um astro do blues rock e estava no programa para divulgar seu nono álbum, *After Hours*. Geddy Lee, do Rush, foi o convidado na semana seguinte. Um episódio especial em 1º de junho sobre a cena musical de Seattle contou com a participação do Heart (a banda de rock de estádio dos anos 1970 que virou banda de baladas nos anos 1980) e do grupo de metal progressivo Queensrÿche, além do Nirvana e do Alice in Chains. Nos meses seguintes, alguns episódios contaram com bandas de rock alternativo, como R.E.M. e Red Hot Chili Peppers, mas em quantidade muito menor que aqueles que traziam grupos como Def Leppard, Slaughter e Great White.

No segundo trimestre de 1992, o Pearl Jam já tinha estabelecido seu espaço na MTV e estava conquistando um exército cada vez maior de adolescentes. Mas eles ainda eram vistos como uma banda "intrusa" pelas diversas rádios rock que levavam o programa *Rockline* ao ar. Os diretores de programa que trabalhavam nessas estações, determinando o que milhões de ouvintes escutariam diariamente naquela distante era pré-internet, estavam mais propensos a ver o Queensrÿche como a banda de rock que mudaria o mundo.

Fundado em Bellevue, um subúrbio de Seattle, o Queensrÿche teve uma trajetória mais linear que a do Pearl Jam. Eles só alcançaram o ápice em 1990, com seu quarto disco de estúdio, *Empire*, cuja balada em estilo Pink Floyd, intitulada "Silent Lucidity", ajudaria o álbum a chegar à platina tripla. Quando lançou seu disco seguinte, *Promised Land*, de 1994, o Queensrÿche seria visto como um grupo pomposo e ultrapassado à luz da revolução grunge. Entretanto, nesse pequeno espaço de tempo que antecedeu os anos 1990 e a ascensão do Pearl Jam, um álbum como *Empire* realmente oferecia uma "alternativa" ao Mötley Crüe, o maior exemplo do hair metal hedonista, cuja única semelhança com os caras sisudos do Queensrÿche era uma fraqueza por tremas. Eu até poderia dizer que o Queensrÿche marcou uma transição no mundo das bandas: da lycra e da maquiagem dos anos 1980 para os jeans e camisetas típicos dos anos 1990. Uma música como "Black" pode não soar tão parecida com "Silent Lucidity" numa primeira audição, mas tem mais a ver com o maior sucesso do Queensrÿche do que com a balada mais popular do Mötley Crüe, "Home Sweet Home".

Apesar de sua banda ainda ser uma novidade nesse contexto, Eddie Vedder era um daqueles nerds do rock que acompanhava o *Rockline* toda semana. No começo da entrevista, ele comenta já ter ouvido dois de seus heróis, Pete Townshend e Joe Strummer, no programa. Agora era a sua vez de aparecer no *Rockline*. Dá para perceber que aquela não era uma entrevista qualquer para ele. Vedder tinha motivos de sobra para torná-la especial ao fazer uma performance transcendental de uma canção "perdida".

Ten tornou-se um fenômeno porque tinha fúria e energia selvagem, características que o deixavam com cara de novo e excitante, além de um domínio dos elementos essenciais do rock'n'roll, tornando-o familiar e confortável. Era simultaneamente íntimo e grandioso, controverso e acolhedor, jovial e tradicional. "Footsteps" não se encaixa nesse paradigma. *Ten* é um disco de rock mainstream disfarçado de manifesto underground, no qual "Footsteps" fica *realmente* de fora ao ser o retrato de uma pessoa solitária e enigmática que ninguém consegue conhecer de verdade. Apesar de sua posição na miniópera do Pearl Jam, não há nada de grandioso nela.

O que atrai os ouvintes a "Footsteps" – da mesma forma que certamente atraiu Stone, Jeff e Mike quando ouviram a fita "Momma-Son" pela primeira vez – é a voz de Vedder. Após *Ten*, surgiu uma abundância de Vedders falsos no rock alternativo, que copiaram e exageraram os tons mais graves e masculinos de sua voz, culminando com os palhaços do pós-grunge chamados Creed e Nickelback.

Mas esses farsantes, que faziam uma caricatura de Eddie Vedder como se ele fosse o He-Man sem camisa, nunca entenderam o que o tornava um vocalista tão interessante e emocional. É um clichê elogiar Vedder como aquele tipo de vocalista que soa como se estivesse cantando só para você. No caso de "Footsteps", nem acho que isso seja verdade – é como se você tivesse permissão para ouvi-lo cantar apenas para si próprio, no pior momento da vida dele. Como quando uma criança perde os pais repentinamente. Ou mata-os.

CAPÍTULO 3
"PORCH"

(16/3/1992, Nova York)

A trilha sonora de *Vida de solteiro* – "Hunger Strike" – Lollapalooza – Bruce Springsteen – "Yarl" – O melhor "Heyyyyyy!" na história do rock

Quando Eddie Vedder tinha 15 anos, ele sonhava em fazer parte de uma cena musical mundialmente famosa. Como tantos ouvintes de rock da geração X, ele lia sobre suas bandas favoritas da era boomer e desejava demais *ter nascido antes*. Ele imaginava estar em Londres, em 1967, e assistir ao Who ou Hendrix no palco do Marquee, enquanto dividia a plateia com McCartney, Jagger e Keith Richards. E amaldiçoava seus pais por, de alguma forma, não o terem concebido 20 anos mais cedo.

Então, no começo dos anos 1990, ele *fez* parte de uma cena musical mundialmente famosa, talvez a última cena de fato icônica do rock'n'roll. Só que, agora que estava dentro dela, Vedder percebia que não gostava de ser o objeto de tantas fantasias aspiracionais por parte da última geração de roqueiros desajustados de 15 anos de idade.

Quando você ouve gravações piratas da turnê que o Pearl Jam fez pela Europa na primavera de 1992 – época em que a banda ainda não era muito famosa, mas rapidamente estava chegando lá –, já é possível ouvir Vedder se queixando do fato de seu grupo ser enfiado no *hype* de um suposto "som de Seattle". Às vezes, ele até conseguia ser engraçado ao falar disso. Em um show no início de fevereiro, em Paris, Eddie fez uma pausa após "Alive" para comentar sobre "o boato" que estavam espalhando sobre a banda: "Não somos de Seattle", disse ironicamente. "Eu precisava falar isso, pois, se mais alguém me perguntar de novo sobre a cena de Seattle, acho que vou vomitar, mijar e cagar ao mesmo tempo."

Mas, conforme a fama do Pearl Jam crescia, também aumentava o desconforto de Eddie em relação a todo o alvoroço em torno de Seattle. Um mês depois, durante um show em Berlim, ele declarou: "Nós não somos *o* som de Seattle. Há muitos sons de Seattle".

Eu me pergunto até que ponto Vedder – o fã devoto de rock clássico que realizou seus sonhos de infância, embora de uma forma amaldiçoada, do tipo "cuidado com o que você deseja" – foi influenciado pelas críticas de alguns dos integrantes mais descolados (e de menos sucesso) da comunidade musical de Seattle. A partir do momento em que a cidade começou a ser mencionada nas principais conversas sobre rock no início dos anos 1990, uma parcela expressiva dessa cena musical insistia em chamar esse fenômeno cultural de fraude. Não houve fase de lua de mel para Seattle na mídia nacional, nenhum momento específico em que a cidade tenha encorajado jovens a irem para essa meca chuvosa, como havia acontecido com São Francisco nos anos 1960, quando a música "San Francisco", de Scott McKenzie, implorava aos jovens para se mudarem para lá com flores nos cabelos. O *hype* com a cena de Seattle chegou com uma boa dose de cinismo no pacote.

Isso teve a ver com a influência política do purismo punk que reinava na época, é claro. Mas também foi um reflexo do isolamento de Seattle – geográfico, cultural e até meteorológico, tendo em vista o clima notoriamente chuvoso da cidade, que mantém seus habitantes dentro de casa cerca de um terço do ano. Ninguém migrava para lá para se tornar um astro do rock. Pelo menos não antes dos anos 1990. Na era pré-grunge, Seattle era um lugar para o qual você voltava, com o rabo entre as pernas, depois de ter fracassado na tentativa de construir uma carreira em Los Angeles (como foi o caso de Mike McCready); ou um ímã regional que atraía jovens da zona rural que nem conseguiam imaginar (ou ter dinheiro para) morar em Nova York ou Los Angeles (o caso de Jeff Ament). De qualquer forma, morar em Seattle significava – por escolha ou derrota – aceitar que você não iria (e, mais importante, não *poderia*) ser famoso. Portanto, foi uma surpresa naturalmente desagradável para algumas pessoas da comunidade local quando alguém conseguiu, de fato, ficar em Seattle e também dominar o mundo. O sucesso do Pearl Jam agora poderia ser também interpretado como o fracasso de seus contemporâneos locais.

De todos os relatos que já li a respeito do grunge, uma citação de Robert Roth, da banda Truly, ficou gravada na minha mente: "Não quero parecer esnobe, mas eu *era* esnobe na época, então tanto faz – não era punk rock, não era underground, não era rebelde para mim. Eu via aquilo como algo muito popular. Mas, se eu estivesse vivendo no Centro-Oeste, entediado com tudo o que passava na MTV, e não percebesse que tinha um monte de outras coisas legais rolando, talvez eu também me animasse com aquilo".

Roth estava falando especificamente sobre o Pearl Jam. E tenho certeza de que seus sentimentos eram compartilhados por muitos da cena local quando viam *Ten* ganhar múltiplos discos de platina. Mas o motivo para essa citação ser tão memorável para mim é que Roth está basicamente descrevendo minha experiência na época, em termos que acho extremamente irritantes, mas, em última análise, irrefutáveis.

Sim, eu era um adolescente que morava no Centro-Oeste dos Estados Unidos em 1992. E, é claro, eu estava entediado com tudo o que passava na MTV. E, sinto muito, mas eu não percebi que tinha um monte de outras coisas legais rolando. A chegada do Nirvana, seguido do Pearl Jam, praticamente explodiu meu mundo no início dos anos 1990. As bandas de rock alternativo eram como portais para outra forma de vivenciar a vida e a cultura. Eu estava vivendo na escuridão, e aquelas bandas foram uma luz. Desculpem se pareço um entrevistado em um documentário sobre a década de 1990, mas o fato de um sentimento ser repetido a ponto de se tornar clichê não tira sua validade. Na verdade, significa o oposto – é um clichê justamente por ser *universal*. O rock alternativo era importante para milhões de jovens que viviam em cidades sem o privilégio de estações de rádio universitárias ou lojas de discos independentes – em um mundo pré-internet, isso significava que não conseguiam ouvir música que se afastasse um milímetro sequer da cultura mais opressiva e controlada por corporações.

A mídia era tão limitada na época que é quase impossível de descrever agora. Mas foi ela que amplificou o impacto de *Ten*, *Nevermind*, *Badmotorfinger* e dezenas de outros discos que repentinamente surgiram em contextos nos quais jamais seriam bem-vindos antes. A geração X tinha um pé no passado pré-histórico e outro em nosso mundo atual de interconexões onipresentes. Mas até a geração X se esquece de como era viver naquela época. As coisas podiam te surpreender de verdade. Você podia descobrir um novo fragmento da civilização que existia havia anos, ou até décadas, sem você nunca ter ouvido falar dele antes, e então aquilo passava a ficar disponível para você e o transformava.

O modo como o Pearl Jam era percebido no início dos anos 1990, ou seja, como uma banda que mudou o paradigma – ou como um fac-símile imaturo de bandas genuinamente subversivas que ainda não tinham saído do underground –, foi moldado por fatores que iam além da mídia ou da idade de quem ouvia. Também foi influenciado pela classe. Como Roth sugere, o Pearl Jam se conectou mais profundamente com jovens que "moravam no Centro-Oeste", que tinham pouco, ou nenhum, conhecimento prévio de cenas musicais indie. Não era o público descolado que sabia de tudo. Eles eram, na perspectiva de pessoas como Roth, caipiras comuns com mau gosto. E essa associação acabava respingando no Pearl Jam. Aos olhos de artistas independentes, o Pearl Jam era interessante para o público errado.

Esse insulto não era *totalmente* equivocado – talvez a banda fosse mais aceita nas universidades públicas do que nas particulares –, mas isso não o tornava menos ofensivo ou pernicioso. Certamente piorou a forma como os críticos musicais viam o Pearl Jam, sobretudo os jornalistas de Nova York que já tendiam a fazer cara feia para bandas que ousassem criar cenas musicais fora da Costa Leste. O autoproclamado "decano" dos críticos musicais estadunidenses, Robert Christgau, usou o púlpito tirânico que tinha no semanário alternativo mais prestigiado do país, *The Village Voice*, para fazer pouco-caso da banda indie definitiva dos anos 1980, o R.E.M. – que era orgulhosamente do Sul, longe dos centros urbanos –, chamando-os de "uma bandinha talentosa" que "valoriza o passado de forma óbvia". Em uma coluna publicada em 1991, ele comparou o quarteto de Athens a um grupo similar chamado Feelies, de Nova Jersey, que ele considerava superior, e ainda acrescentou que o R.E.M. tinha apenas "sua cota de caipirice", enquanto os Feelies traziam a "velocidade de 'Passaic County'"[14] e "um ar descolado do centro da cidade". Como Christgau veio a declarar na sequência, "não havia dúvidas quanto à estética que era mais apropriada, satisfatória e poderosa".

Não havia dúvidas para *ele*, de qualquer forma. A questão é que Christgau sempre foi consistente em seu provincianismo. De seu posto privilegiado em Manhattan, Seattle era apenas outra cidade de caipiras, distante, uma Athens dos anos 1990. No *Voice*, ele amplamente rejeitou a geração emergente de bandas de rock que estava aparecendo na cidade, do "som arrastado do Alice in Chains" ao "simples e pesado Temple of the Dog", sem esquecer a "imitação psicodélica de Stooges que é o Mudhoney". Segundo Christgau, ele corria o risco de entrar em "*déjà entendu*" ao ouvir "todos esses homens brancos de cabelo comprido tocando suas guitarras por tempo demais, e não muito bem". Com sua nota "B menos" para *Ten*, cuja resenha aparece na coluna "Turkey Shoot", de "discos que vão do questionável ao terrível", ele atacou o Pearl Jam com base nos mesmos critérios que tinha utilizado para o R.E.M. – música de "hippie", sem o ar sofisticado e descolado da cidade. E foi ainda além, comparando-os a grupos dos anos 1960, como o Blue Cheer e o Quicksilver Messenger Service, que chamavam a atenção dos adolescentes maconheiros e de olhos vermelhos de algumas gerações atrás.

As verdadeiras raízes do Pearl Jam estão nas bandas de rock de arena dos anos 1970 que vieram depois dos grupos da era Woodstock mencionados por Christgau – Led Zeppelin, Kiss, Cheap Trick, Aerosmith, Van Halen, Iron

14. Passaic County é um dos 21 condados do estado de Nova Jersey. [N. E.]

Maiden –, todos igualmente descartados pelo crítico ao longo dos anos como (citando sua breve resenha de *Led Zeppelin II*) "maneiristas do wah-wah, tão sujos que conseguem babar sob demanda". Ou seja, ele achava que o Pearl Jam e os grupos que o haviam influenciado eram estúpidos. Ele concluiu a crítica de *Ten* reduzindo o público do Pearl Jam a "chapado", para quem "as drogas certas" são necessárias "para ter tempo de achar alguns atributos que diferenciem o som".[15]

Em retrospecto, é fácil ter um olhar cínico sobre isso tudo. Eu poderia simular uma distância irônica em relação ao garoto de cidade pequena que eu costumava ser e tirar sarro da minha própria ignorância. Talvez fingir ser mais como Robert Christgau ou como o cantor de rock independente da cidade grande que sempre desprezou o grunge por não ser punk o suficiente. Mas isso seria uma mentira. Prefiro seguir o caminho muito mais difícil, através da memória e da experiência, que leva de volta à inocência, a uma época em que eu era mais aberto a mudanças e mais disposto a admitir o que eu não sabia. Quero recuperar minha ingenuidade perdida, ainda que por apenas um momento.

Quando faço isso, sinto o mesmo tipo de raiva pura e sem limites que somente um adolescente pode sentir enquanto lê uma crítica desdenhosa de um disco que ama. Aqueles caras estavam errados naquela época. E continuam errados agora.

O rock alternativo explodiu quando eu tinha 14 anos, quase a mesma idade de Eddie Vedder quando ele fantasiava em ver o Who em um clube. Assim como ele, eu era obcecado pelo rock clássico e pelos anos 1960, e certamente também tinha meus próprios ressentimentos de não ter nascido durante aquele período. Mas, em 1992, eu comecei a acreditar que os anos 1990 poderiam ser os *meus* anos 1960.

Se você colocar os anos 1990 num contínuo, é uma jornada do idealismo ao niilismo. Sem dúvida existia um senso de niilismo no começo da década –

15. Mas, sendo justo, Christgau acabou dando um "A menos" para *Vitalogy* e *Yield*.

não se chega ao suicídio de Kurt Cobain sem algum sentimento subjacente de desesperança. Mas também havia uma sensação real, durante alguns anos, de que talvez as coisas melhorassem. A era Reagan-Bush – que havia ocupado boa parte da vida de todos os adolescentes no início dos anos 1990 – já era coisa do passado. Havia um novo presidente – mais progressista – na Casa Branca.[16] Na cultura pop, astros do rock defendiam causas como o feminismo, o antirracismo, o direito ao aborto e outros princípios progressistas. Havia a ideia de que o rock e o hip-hop podiam destruir, ou ao menos subverter, o controle das corporações sobre a cultura. Havia uma consciência política que levava as pessoas a se envolverem porque achavam que isso faria a diferença.

Olhando para trás, dá para ver como e quando a desilusão se instalou. Essa nova subcultura insurgente que tomou conta da cultura pop foi comercializada e corporativizada. De repente, o mercado estava inundado de várias bandas insossas que apenas copiavam e, inevitavelmente, diminuíam a qualidade do que os inovadores originais haviam criado. O que era legal e revolucionário agora parecia tedioso. Então, em abril de 1994, Kurt Cobain morreu, acabando de vez com o fôlego do grunge. Já o Pearl Jam passou vários anos perambulando por terras novas, tentando descobrir uma forma de sobreviver em uma época mais hostil.

Mas, antes de *tudo isso* acontecer, havia esperança, com Seattle sendo o símbolo desse sentimento e o Pearl Jam assumindo a liderança da cena. Talvez isso não fosse *tecnicamente* verdadeiro para as pessoas que moravam em Seattle. É certo que o Pearl Jam não tinha a mesma credibilidade de banda independente da qual desfrutavam o Mudhoney ou o Nirvana. Mas o Pearl Jam era muito mais famoso que o Mudhoney, além de ser mais apropriado para esse papel que o Nirvana.

Estou apenas afirmando de forma franca o que foi subliminarmente comunicado aos jovens que moravam nos subúrbios, como eu, por meio do que viam na MTV em 1992. O Nirvana era fora da curva, o grupo para os impertinentes que não gostavam de participar, o trio de esquisitões cabeludos com

16. O autor se refere a Bill Clinton, 42º presidente dos Estados Unidos, que governou entre 1993 e 2001. [N. E.]

seus discursos demoníacos no infernal ginásio da escola que incentivavam os adolescentes tatuados a queimá-la. Isso tinha seu próprio poder, mas estava predestinado a se esgotar muito rápido. O Pearl Jam, por sua vez, oferecia uma comunidade. A banda te convidava a fazer parte, apesar das ocasionais reclamações de Eddie que indicavam o contrário.

No outono de 1992, quando comecei o oitavo ano, parecia que o Pearl Jam era a maior banda do mundo. *Ten* já tinha conquistado o status de disco de platina em maio, chegando à segunda posição nas paradas da *Billboard* e permanecendo no Top 10 por meses. Mas a fama do grupo ia além de apenas um disco. Seu alcance havia explodido naquele verão graças a uma confluência de três fenômenos separados que coletivamente havia fixado a identidade do Pearl Jam em uma comunidade maior: o Lollapalooza; a canção "Hunger Strike", do Temple of the Dog; e a trilha sonora de *Vida de solteiro*.

Lançada no fim de junho daquele ano, a trilha sonora de *Vida de solteiro* embalava a comédia romântica de Cameron Crowe sobre um grupo de jovens de 20 e poucos anos (que pareciam ter 30 e poucos) tentando encontrar amor e felicidade em Seattle.[17] Mas, na verdade, o público só ligou para a trilha sonora. *Vida de solteiro* ajudou a impulsionar algumas das melhores e mais importantes bandas de rock de Seattle à época, incluindo Soundgarden, Alice in Chains, Mudhoney e, é claro, Pearl Jam, que recebeu o privilégio de ter duas músicas na trilha sonora: "Breath" e "State of Love and Trust", que logo se tornou uma das favoritas dos fãs no início de sua carreira.

Foi também nesse período que o clipe de "Hunger Strike" entrou em alta rotação na MTV, mais de um ano após seu lançamento. Quando o disco homônimo do Temple of the Dog chegou às lojas, em março de 1991, *Ten* ainda estava a cinco meses de ser lançado. Para o clipe original, os integrantes do Pearl Jam foram contra o desejo de Chris Cornell de fazer algo artístico, com

---

17. Eddie Vedder, Jeff Ament e Stone Gossard aparecem brevemente no filme como os músicos da banda grunge fictícia Citizen Dick, da qual o personagem de Matt Dillon era o vocalista. Curiosamente, eles interpretam personagens chamados "Eddie Vedder", "Jeff Ament" e "Stone Gossard", mas o Pearl Jam não existe no universo do filme, e Eddie é um baterista, apesar de ser mais bonito e carismático que o personagem de Dillon.

pouquíssimas imagens dos músicos. Eles queriam e precisavam da exposição que seria garantida por um clipe na MTV. Isso também valia para a modesta publicidade feita para o lançamento do álbum *Temple of the Dog*. Os membros do Pearl Jam buscavam exibir seus rostos sempre que possível. Ao ver as fotos feitas pelo grupo para divulgar o trabalho, um publicitário da A&M Records teria dito: "Quem diabos é Eddie Vedder e por que ele está na minha foto?".

Quando a maioria do público finalmente teve a chance de ver o clipe de "Hunger Strike" no verão de 1992, o vídeo já tinha sido reeditado para incluir ainda mais imagens de Vedder. Seattle também aparecia com destaque – a filmagem aconteceu em Discovery Park, uma área rural da cidade que fornecia diversos cenários belos, rústicos e úmidos. No clipe, Seattle é exibida como um lugar isolado, escuro e repleto de natureza, marcado por áreas cheias de mato e florestas ocupadas por caras mal-humorados que usam cuecas compridas debaixo de seus shorts folgados, além de botas Dr. Martens.

Na época em que "Hunger Strike" foi lançada, no início de 1991, Cornell era a estrela do clipe, um líder bonitão lamentando a perda de seu amigo, Andrew Wood, vocalista do Mother Love Bone. No entanto, a fama subsequente do Pearl Jam acabou mudando a perspectiva do clipe. Ao vê-lo no verão de 1992, ficava evidente a entrada dramática de Eddie Vedder aos 72 segundos do vídeo. Lá estava ele, cercado pelo mato, de couro preto e camisa de flanela marrom, com as maçãs do rosto tão afiadas que pareciam cortar a tela.

Eddie não estava tentando ofuscar Cornell – na verdade, o fato de ele *não tentar* chamar atenção é o que mais chama atenção. Ele é como Jack Nicholson em *Sem destino*, o ator que faz uma ponta, mas acaba cativando o público porque simplesmente era para ser assim. Um astro em estado bruto. Dizer que o visual de Vedder em "Hunger Strike" era *instantaneamente* icônico seria um exagero, mas ele rapidamente ocupou a mente dos espectadores da MTV durante as semanas em que o clipe ficou passando naquele verão.

Não era somente o visual de Eddie Vedder, é claro, mas a ressonância emocional de sua voz. Ele já soava muito como *ele mesmo*. O verso "*I'm goin' hungryyyy*" – assim como os maiores sucessos de *Ten* – tornou-se a fonte de todas as imitações ruins de Vedder que acabariam virando o centro do rock alternativo. Um ouvinte mais crítico poderia até citar essa música como um exemplo do "*yarl*", o termo pejorativo criado por Jack Endino para descrever "uma afetação vocal irritante e exagerada" de cantores de rock que, nas palavras dele, "cantam de uma forma melodramática com um som de 'r' mal suprimido por trás de quase todas as sílabas".

Endino, porém, não citou Vedder como um exemplo negativo do *yarl*, insistindo que ele "quase não fez esse som após *Ten*". Mas *Ten* certamente foi um divisor de águas na história do *yarl*, um modelo não intencional para incontáveis bandas péssimas dos anos 1990.

Segundo Endino, a origem do *yarl* remete aos cantores de grandes bandas de rock dos anos 1970, mas, no caso de Eddie Vedder, o antecedente vocal mais claro é Bruce Springsteen. Estou me referindo especificamente aos discos *Born to Run* e *Darkness on the Edge of Town*, nos quais Springsteen compôs canções grandiosas e bombásticas, inspiradas na dificuldade de conciliar a energia jovial com a pressão da vida adulta. (Springsteen e Vedder também são ligados pela raiva que têm de suas figuras paternas disfuncionais, sempre presentes nas primeiras letras que compuseram.) Springsteen, nessa época, estava apto a ir além das letras e expressar o discurso inarticulado de seu coração ferido com sua voz expressiva e potente. Dá para ouvir isso no clímax de "Backstreets", de *Born to Run*, e durante momentos cruciais de "Something in the Night" e "Adam Raised a Cain", de *Darkness on the Edge of Town*. Um uivo gutural e sofrido que pode facilmente virar um *yarl* petulante, caso executado de forma menos cuidadosa.

No livro *Pearl Jam Twenty*, Springsteen fornece a mais perspicaz descrição da potência vocal de Vedder que eu já li. "Eddie tinha uma voz incomum para um cantor de hard rock", Springsteen comentou ao ouvir músicas do início do Pearl Jam, como "Alive" e "Jeremy". Ele descreve a voz de Vedder como "um *tremolo* ao estilo folk" que "cria uma intimidade em meio ao que poderia ser um som violento que alcança seu coração".

Ao escutar "Hunger Strike" com os ouvidos de Springsteen, dá quase para ouvi-la como uma canção folk, com Vedder operando na mesma linhagem dos cantores de *revival* dos anos 1960, como Odetta e os Clancy Brothers. Esses artistas eram especialistas em baladas trêmulas e apaixonadas, e cantavam como se acreditassem que elas realmente poderiam ser as últimas canções de suas vidas.

Esse é o nível de intimidade intensa que o próprio Springsteen desejava ter, e foi isso que lhe permitiu reconhecer tal qualidade em Vedder.

Nem todo mundo estava empolgado com a febre grunge no verão de 1992. Mesmo com o Pearl Jam florescendo por meio de múltiplos discos nas paradas, o álbum mais vendido foi, durante meses, o quase clássico *Some Gave All*, do caipira bonitão Billy Ray Cyrus. Para milhões de ouvintes, "Achy Breaky Heart" definiu aquele ano. Entretanto, se você era jovem, amava rock'n'roll, morava no interior do país e assistia à MTV constantemente, seu mundo era dominado pelo Pearl Jam.

É difícil determinar o quão importante foi o momento em que a trilha sonora de *Vida de solteiro*, o álbum *Temple of the Dog* e os sucessos de *Ten* coincidiram com a turnê do festival Lollapalooza – que incluía o Pearl Jam e o Soundgarden, trazendo aquela comunidade que você sempre via na MTV até sua cidade. Assim que a turnê começou em julho, no ápice comercial daqueles três discos, ficou claro como o Pearl Jam estava sendo divulgado de maneira inovadora.

Além de sua posição como líderes de Seattle, também havia uma ênfase especial em sua potência como atração ao vivo. Seus dois primeiros clipes, "Alive" e "Even Flow", eram representações relativamente cruas de um típico show do Pearl Jam, nos quais a plateia tem quase tanta importância quanto a banda. No palco, dá para vê-los evitando o visual exagerado que tinha se espalhado pelo rock logo antes da cena alternativa crescer – não havia nenhuma pirotecnia, nem lycra, eram só cinco caras de camisetas regata e shorts largos. (Exceto Mike McCready, que fazia uma homenagem visual a Stevie Ray Vaughan, é claro.)

A banda parece ser idêntica à plateia, ou seja, um típico grupo de adolescentes e jovens de 20 e poucos anos do começo dos anos 1990, só que *mais livres*. Qualquer um preso em casa assistindo aos clipes do Pearl Jam se deparava com seus semelhantes atingindo uma catarse na tela, algo que não estava disponível na escola, em casa ou em qualquer outro lugar dentro de suas comunidades fechadas e sufocantes. Em um show do Pearl Jam, você podia gritar, pular, fazer *crowd surfing* ou qualquer outra coisa que finalmente (*finalmente!*) expressasse o que realmente acontecia dentro de você. Aqueles clipes vendiam o Pearl Jam como uma das melhores bandas ao vivo de sua geração. Mas também vendiam um senso de união, o que era muito difícil de encontrar em qualquer outro lugar da cultura popular.

Quem não conseguiu ver o Pearl Jam na turnê do Lollapalooza teve de se contentar com o *MTV Unplugged* da banda, que naquele verão passava no canal quase tanto quanto "Hunger Strike". Na hierarquia do programa de acústicos da MTV, o Pearl Jam não é mencionado com tanta frequência quanto o Nirvana. Isso faz sentido, tendo em vista que o *MTV Unplugged* do Nirvana foi lançado como um álbum após a morte de Kurt Cobain e era comumente interpretado como uma indicação iminente de sua morte. Já o *MTV Unplugged* do Pearl Jam só saiu como disco oficial em 2019 – embora gravações piratas tivessem sido amplamente distribuídas antes disso – e não contava com o subtexto psicodramático da gravação do Nirvana, que remete a um homem apresentando seu próprio velório.

O poder do *MTV Unplugged* do Pearl Jam está no fato de ter sido feito no início da carreira da banda, não no fim, o que acabou funcionando como uma propaganda da vida ao invés de um lamento sobre a morte. Isso é comunicado sutilmente pela forma como cada performance é apresentada. Quando você assiste ao episódio do Nirvana, Cobain parece ficar menor e mais distante conforme o show se desenrola, o que dá muito mais impacto a seus gritos no fim da última canção, o cover de "Where Did You Sleep Last Night", do Lead Belly. Já no episódio do Pearl Jam, Eddie Vedder cresce em estatura, à maneira de todos os grandes cantores de rock, mesmo que seja só uma ilusão de óptica.[18]

Quando o show abre com "Oceans", Vedder está usando um boné e mantém os braços perto do corpo. Ele está quase agachado em um banco, enfatizando sua estatura diminuta. (É sua pose Clark Kent.) Na canção seguinte,

---

18. Com 1,70 metro, Eddie Vedder é dois centímetros mais alto que Bono e oito centímetros mais baixo que Mick Jagger.

"State of Love and Trust" – que, na época, ainda não tinha sido lançada na trilha sonora de *Vida de solteiro* –, ele canta mais alto e furiosamente bate o pé direito. Então vem "Alive", o primeiro "hit" da performance, e o boné sai, expondo a característica juba de Vedder dos anos 1990, que acrescenta vários centímetros à sua estatura. No final da música, ele pega o pedestal do microfone e finge batê-lo nos pratos da bateria de Dave Abbruzzese. Então vêm "Black" e "Jeremy", que também ainda não eram sucessos. Vedder uiva com seus trejeitos característicos – olhos esbugalhados, maçãs do rosto evidentes, cabelos longos ao ar. (Essa é sua postura de Super-Homem do rock.)

A parte mais memorável da performance do Pearl Jam no *MTV Unplugged* é a última música, "Porch". Em *Ten*, "Porch" é o som da fuga – de sua cidade, de suas circunstâncias, de seus próprios medos e inseguranças. Eu imagino que a cena se passa na mesma varanda de "Thunder Road", de Bruce Springsteen, em que Mary dança como uma visão enquanto o rádio toca. Como Mary, a protagonista da canção do Pearl Jam ouve pedidos insistentes para que deixe a varanda e siga um companheiro que está determinado a transcender todos os limites, sejam eles físicos ou espirituais: "*This could be the day/ Hold my hand, walk beside me*" ["Hoje pode ser o dia/ Pegue minha mão, ande comigo"].

Durante um show típico do Pearl Jam em 1992, "Porch" vinha no final da parte principal do setlist, logo antes do bis. Mas era a grande música da noite, e contava ainda com uma jam instrumental no meio, destacando os excelentes solos de Mike McCready, nos quais ele frequentemente inseria o riff de "Voodoo Child (Slight Return)", de Jimi Hendrix. Enquanto isso, Vedder escalava a estrutura lateral do palco ou atravessava os camarotes acima da plateia, antes de se jogar, de vários metros de altura, *sobre* o público. Para Vedder, essas acrobacias teatrais extremamente perigosas no palco eram uma forma de trazer à vida o significado de "Porch", uma canção *carpe diem* que extrapolava sua entrega vocal, como se estivesse entre a vida e a morte, enquanto ficava literalmente entre a vida e a morte.

Ao escutar gravações piratas de shows desse período, é incrível como essas jams de "Porch" soam coerentes, se comparadas ao visual anárquico que elas têm no formato de vídeo. Não apenas por causa das acrobacias de Vedder, mas também devido ao pandemônio entre os músicos temporariamente deixados para trás no palco. A histórica performance do Pearl Jam no Pinkpop Festival, na Holanda, em junho de 1992, é provavelmente o exemplo mais notável de Ament, Gossard e McCready correndo loucamente pelo palco e quase batendo uns nos outros com seus instrumentos. E ainda assim, quando você ouve a gravação, eles parecem tocar quase todas as notas corretamente. (As notas *mais importantes*, pelo menos.)

No *MTV Unplugged*, "Porch" aparece no fim do episódio, logo após o hit do momento, "Even Flow". No entanto, "Porch" foi tocada *antes* de "Even Flow" durante a gravação, o que é perceptível se você assistir atentamente à performance. Por exemplo, a parte mais famosa de "Porch" no *MTV Unplugged* ocorre quando Vedder – após cair de seu banquinho e surfar sobre ele como se fosse uma prancha – pega uma canetinha e escreve "PRO-CHOICE!!!" ["PRÓ-ESCOLHA!!!"] em seu braço esquerdo. Se você observa a mão esquerda dele durante "Even Flow", dá para ver os pontos de exclamação *que ele ainda não* tinha escrito, se considerarmos a versão editada do show.

Deixando de lado esse *minúsculo* erro de continuidade, a MTV acertou em cheio ao reeditar o episódio para deixar "Porch" por último. Para qualquer purista que acredita que a sequência de músicas deveria ser mantida como na versão original, ofereço a seguinte réplica: *"HEYYYYYYYYYYYYYYYY HEYYYYYYYYYYYYYY HEYYYYYYYYYYYYY YEAHHHH YEAHHH YEAH YEAH YEAH YEAH WOW!"*.

Estou me referindo a uma das vocalizações mais magníficas da história do Pearl Jam, que ocorre ao fim da jam de "Porch" no *MTV Unplugged*. Ao longo de incríveis 25 segundos, Eddie vai, e vai, e *vai*, e *VAI* até cada pessoa ali ficar arrepiada. É uma expressão de total euforia, uma manifestação musical de um carro despencando de um penhasco em alta velocidade e que, de alguma forma, contra todas as probabilidades, nunca atinge o chão. Uma incrível exibição de força, no mesmo nível das manobras temerárias de Vedder no palco, mas utilizando apenas o poder da voz. É "Thunder Road" transformada em "Born to Run".

Você não precisa de mais nada depois disso. Outra música seria redundante. É a declaração final perfeita de uma banda tentando eternizar sua excelência para os espectadores de um programa de TV que passava no país inteiro. Não é só um cantor de rock conseguindo animar uma plateia. É uma incitação ao estilo *Coração valente* ("sigam-me até as profundezas do inferno!"). Para incontáveis espectadores, assistir ao *MTV Unplugged* foi um convite para virar fã do Pearl Jam e seguir a banda aonde ela fosse.

CAPÍTULO 4
"JEREMY"

(Do álbum *Ten*)

John Entwistle *versus* Gene Simmons – Gorros rastafári – O baixo de 12 cordas de Tom Petersson – Como clipes estragam músicas (só que não) – *Alvo do ódio*

Antes de examinarmos "Jeremy" – sem sombra de dúvida uma das canções mais famosas e icônicas do Pearl Jam – como uma música, um clipe e um símbolo de problemas sociais, devemos primeiro discuti-la como uma metáfora para as mudanças na dinâmica de poder dentro do Pearl Jam no início dos anos 1990.

Naturalmente, começaremos abordando a coleção de chapéus de Jeff Ament.

Quando o baixista do Pearl Jam começou a tocar seu instrumento em 1981, aos 18 anos, seus exemplos musicais eram John Entwistle, do Who, e Gene Simmons, do Kiss. À primeira vista, parece difícil imaginar dois músicos – um silencioso e estoico no palco, o outro exagerado e cuspidor de sangue – mais diferentes. Entwistle talvez seja o baixista com mais dotes técnicos na história do rock; já Gene Simmons, não.

Ao observarmos mais de perto, porém, há uma característica essencial que liga Simmons e Entwistle a Ament: todos eles exigem a atenção da plateia, o que não é algo típico de baixistas. Simmons fazia isso com seus trajes escandalosos e arrojados, enquanto Entwistle fazia isso com seus tons de baixo escandalosos e arrojados. Ament, no começo dos anos 1990, decidiu adotar *ambas* as estratégias.

Seguindo o exemplo de Simmons, Ament passou a usar gorros ao estilo rastafári durante os shows. Acrescentando esses adornos à sua presença de palco empolgante e atlética, era impossível ignorar Ament nos primeiros clipes do Pearl Jam, e ele se diferenciava imediatamente de pelo menos 90% dos baixistas na história do rock. É claro que Eddie Vedder atraía a maioria da atenção, mas Ament era o segundo integrante mais reconhecível do Pearl Jam naquela época. Essencialmente, ele assumiu à força uma posição de "segundo em comando", que costuma ficar a cargo do guitarrista solo – e fez isso enquanto se vestia como o personagem de Gary Oldman em *Amor à queima-roupa*.

Mas Ament também lembrava Entwistle ao evidenciar seu baixo na música do Pearl Jam. Em *Ten*, conseguiu isso ao usar instrumentos incomuns para um baixista de rock na época – baixos sem trastes e de 12 cordas. Era o que garantia que seus tons se destacassem de uma maneira que não ocorria na maioria das bandas de rock alternativo.

A primeira vez que Ament usou o baixo de 12 cordas foi em duas canções do Mother Love Bone, "Stardog Champion" e "Holy Roller", inclusas no único álbum de estúdio do grupo, *Apple*, de 1990. Ele pegou o instrumento emprestado de Tom Petersson, do Cheap Trick, um pioneiro do baixo de 12 cordas, cuja forma melódica e metálica de tocar em músicas como "Gonna Raise Hell" e "Need Your Love" chamaram a atenção de Ament na adolescência.

Naquele tempo, Ament frequentemente descrevia as músicas que amava do Kiss, do Cheap Trick ou do Aerosmith cantarolando a linha de baixo ao invés do riff de guitarra ou da melodia vocal. Quando ele compôs suas primeiras canções para o Pearl Jam, estava determinado a colocar seu baixo no centro da música. Era, de certo modo, uma jogada estratégica. Mas também refletia genuinamente sua forma de ouvir música.

O baixo de 12 cordas de Ament aparece de modo mais evidente em duas faixas de *Ten*: "Why Go" e "Jeremy". Na segunda, em especial, o baixo é a parte mais notável da canção. Além do riff principal ser tocado por Ament, mal dá para ouvir as guitarras. (O segundo instrumento mais audível é o violoncelo.) Qualquer um que tente cantarolar "Jeremy" *precisa* repetir a linha de baixo. Era como se o Ament adolescente tivesse conquistado uma vitória para todos os jovens obcecados pelo baixo no mundo.

Nos discos posteriores do Pearl Jam, no entanto, Ament descobriu que precisava moderar seu uso do baixo de 12 cordas por uma questão de necessidade musical. Na época do terceiro álbum, *Vitalogy*, Vedder já estava tocando guitarra – ou seja, havia três guitarristas disputando espaço nos sons mais agudos. Tendo em vista que o tinido metálico do baixo de 12 cordas ocupava esse mesmo espaço sônico, Ament percebeu que "já tinha muita coisa acontecendo naquela frequência", como disse em uma entrevista tempos depois, e recuou para um papel de apoio mais convencional.

Mas essa nova postura não decorreu apenas de preocupações musicais. Também era o resultado de lutas pelo poder criativo e de uma mudança na hierarquia da banda. Quando o Pearl Jam começou, Ament e Stone Gossard eram reconhecidos como os líderes – os músicos com mais experiência, responsáveis por terem iniciado o grupo e por terem composto a maioria das canções. Mas, na época de *Vitalogy*, Vedder já tinha assumido a posição de líder.

Ironicamente, esse processo começou com o clipe da principal música de Ament, "Jeremy". Quando o vídeo conquistou o público no fim do verão de 1992, ninguém falava sobre a forma como Ament tocava baixo. O foco era quase exclusivo no vocalista.

Foi "Jeremy" – mais que *Vida de solteiro*, "Hunger Strike" ou qualquer outra canção de *Ten* – que elevou o Pearl Jam de uma banda de rock popular a fenômeno cultural, além de promover Vedder de *rock star* em potencial a porta-voz de uma geração. Isso foi intensificado pela relativa lentidão da cultura pré-internet – "Jeremy" ficou tocando por *muito* tempo até finalmente ganhar o prêmio de Clipe do Ano no MTV Video Music Awards, 13 meses depois de sua primeira exibição na TV, em agosto de 1992.

Você não precisa ser fã do Pearl Jam para se lembrar das imagens do clipe de "Jeremy", sobretudo se você era jovem e assistia à MTV com frequência no começo dos anos 1990. O personagem Jeremy perambula sozinho por uma floresta, fazendo seus desenhos infantis. Na escola, é provocado por colegas, cujos rostos estão congelados com sorrisos exagerados e zombadores. Em casa, os pais agem de forma fria com ele. Jeremy então volta à floresta para expor seus demônios. Aí chegamos àquele final chocante... que foi mal interpretado pelo público devido à censura da MTV.

Mais do que qualquer outro clipe feito por uma banda de rock alternativo de sucesso à época, "Jeremy" era uma crítica sagaz da cultura popular conformista dos Estados Unidos. Não só a bandeira do país está cercada de chamas – embora ela em si não esteja pegando fogo –, como uma sala de aula com alunos fazendo o Juramento de Fidelidade dos Estados Unidos é equiparada aos mesmos jovens fazendo a saudação nazista. Também há uma referência a Gênesis 3:6, um versículo da Bíblia que fala como a arrogância dos humanos levou à destruição do Jardim do Éden.

O clipe de "Jeremy" não é sutil. Mas, apesar de todas essas provocações visuais tão impactantes, criadas pelo diretor Mark Pellington, o vídeo é, sem dúvida, centrado em Vedder. Em meio às cenas da história principal do clipe, estreladas pelo ator Trevor Wilson, de 14 anos, vemos Vedder sentado em um banquinho, cantando a letra com uma extrema intensidade. Essa imagem do vocalista combinava com a recente apresentação no *MTV Unplugged*, ainda em alta rotação no canal. A aparência dele no clipe é quase igual à exibida no acústico, três meses antes, efetivamente consolidando seu status de ícone emergente. Essa versão de Vedder – testa franzida, vestindo jeans e jaqueta marrom de veludo – ainda está firmemente marcada na memória cultural coletiva do Pearl Jam.

Quando entrevistei Pellington, em 2017, ele disse que resolveu girar a câmera ao redor de Vedder – ele é literalmente o centro das atenções no clipe –

com a intenção de atrair o espectador, criando a ilusão de uma daquelas rodas em torno da fogueira em acampamentos. Graças à insistência de Pellington como diretor, sentimos como se estivéssemos sentados em círculo, ao redor de Vedder, sendo puxados por sua narrativa fatalista e fascinante.

A história da letra de "Jeremy" combinava um incidente real com as memórias ruins da infância de Vedder e sua imaginação. A inspiração veio da história trágica de Jeremy Wade Delle, um garoto de 15 anos de Richardson, Texas, que tirou a própria vida na frente dos colegas de classe em 8 de janeiro de 1991. No clipe, Jeremy, sem camisa, joga uma maçã para a professora antes de puxar o gatilho. Na história real, Delle saiu brevemente da sala para pegar uma justificativa de atraso pedida pela professora, uma vez que tinha chegado após o início das aulas naquela manhã. Em vez disso, ele voltou com uma Magnum .357 e declarou: "Professora, eu consegui o que queria de verdade". Então disparou contra si próprio.

Após o clipe virar sensação – e transformar Delle em um herói popular –, seus pais protestaram contra a forma como foram retratados na canção, como frios e desatentos. Na verdade, eles tinham buscado terapia para o filho após ele ter sido diagnosticado com depressão. A alteração dramática na letra de Vedder provavelmente veio da relação que ele próprio teve com os pais durante a adolescência, bem como de seus pensamentos sobre homicídio e doenças mentais, já abordados na trilogia "Momma-Son". No fim das contas, o sentimento de revolta contra os pais fez de "Jeremy" um hino universal da angústia adolescente, ao invés de uma reflexão sobre um jovem texano complexado.

No clipe, a interpretação de Vedder para a história de Delle foi ainda mais extrapolada por Pellington, que lutava com as próprias memórias difíceis da infância. Seu pai estava com a doença de Alzheimer na ocasião, o que resgatou "sentimentos de alienação, solidão, abandono infantil e todos os sentimentos primitivos com os quais jovens se identificam", ele me disse. Pellington também foi guiado por Vedder, que relatou a história de Delle enquanto o diretor registrava ideias visuais em um bloco de anotações. Quando foi criar o tratamento visual em seu computador, a máquina travou no meio do processo. Forçado a reescrever tudo, o que "saiu de mim foi provavelmente mais similar a um fluxo de consciência, e redigi mais com base na emoção do que na lógica", lembrou.

Na hora de gravar as cenas com Vedder, Pellington descobriu que o cantor era um ator nato, e conseguiu fazer tudo em três tomadas. "O que realmente chama a atenção, e faz o clipe transcender e virar uma obra de arte duradoura, é a performance de Eddie", ele disse.

A interpretação de Vedder no clipe de "Jeremy" logo virou outra fonte para quem quisesse caricaturá-lo – os gestos teatrais que representam palavras da letra, as contorções faciais exageradas que enfatizam as maçãs de seu rosto, as repentinas explosões que fazem as veias de seu pescoço saltarem. Mas durante as primeiras, digamos, 100 vezes que vi o clipe de "Jeremy", achei que Vedder era uma manifestação eletrizante de todos os sentimentos terrivelmente familiares sobre os quais ele cantava. Era como se ele pegasse o que estava escondido dentro de você, colocasse em seu próprio corpo e expelisse o conteúdo num espasmo espetacular de tremor corporal. Como Pellington comentou, "era uma coisa interna que ele estava liberando em um espaço bem contido".

Talvez se eu fosse cinco anos mais velho, isso teria sido entendido como cafona ou deselegante, pois Vedder ousou não conceder nenhuma distância irônica em relação ao que estava transmitindo. A maioria dos astros do rock em sua posição se protegeria, sendo pelo menos um pouco paternalista com seu público adolescente. Vedder, porém, canalizou de uma maneira honesta a raiva tangível, o medo e a solidão sentidos por todos os jovens adultos, sem nenhuma desculpa, sem erguer as sobrancelhas. Não há nada irônico no clipe de "Jeremy". O resultado é uma obra de arte histórica e focada na vida adolescente.

Se, por um lado, Vedder tinha uma capacidade nata de expressar a essência de suas canções no formato de um videoclipe, por outro, "Jeremy" viraria símbolo de como o Pearl Jam não queria conduzir sua carreira. Essa narrativa começou para valer no mesmo mês em que "Jeremy" foi a atração principal do VMAs, em setembro de 1993, quando a banda apareceu na capa da *Rolling Stone*, com uma matéria assinada por Cameron Crowe. No texto, o diretor e roteirista inclui uma anedota relatada por Ament sobre Mark Eitzel, do American Music Club, que elogiou o baixista por "Jeremy", mas acrescentou: "O clipe é uma merda. Ele estragou a imagem que eu tinha da música".

"Daqui a dez anos", Ament disse, "não quero que as pessoas se lembrem de nossas músicas como clipes." Vedder concordou de imediato, prometendo que o disco seguinte do Pearl Jam não teria nenhum clipe, o que foi cumprido nos cinco anos posteriores.

"Eu nem tenho MTV em casa", o vocalista acrescentou.

A ideia de que o clipe de "Jeremy" estragou a música de alguma forma foi adotada como verdade absoluta em conversas sobre a carreira do Pearl Jam. O que não faz sentido algum para mim. Sim, o clipe é um pouco pesado, e sem dúvida foi excessivamente exibido na MTV entre o final de 1992 e o início de 1993. Mas ele permaneceu na mente das pessoas porque as imagens são interessantes e a performance de Vedder é magnética. Para a maioria dos espectadores, o clipe *reforçou* o prazer que sentiam ao ouvir "Jeremy". Se ele tivesse realmente "estragado" a música, o Pearl Jam não teria continuado a tocá-la frequentemente em todas as turnês desde então.

Quando falei com Pellington, ele articulou uma teoria diferente e menos repetida por aí sobre como a banda – e, especificamente, Vedder – reagiu ao mundo pós-"Jeremy". Tinha a ver com um mal-entendido causado pela censura que a MTV fez ao vídeo.

Na edição original de Pellington – facilmente encontrada no YouTube hoje em dia –, o personagem Jeremy aparece, de forma explícita, colocando a pistola na boca. Embora você não o veja literalmente cometendo suicídio, a ação fica implícita. A MTV, porém, insistiu em remover essas imagens essenciais. Com isso, não fica claro se as caras congeladas e cobertas de sangue de seus colegas no fim do clipe representam o horror delas com a morte de Jeremy ou *com suas próprias mortes*, causadas por Jeremy. Devido a essa alteração da MTV, "Jeremy" deixou de ser um clipe sobre suicídio e passou a ser um clipe sobre um tiroteio em uma escola.

Essa percepção foi involuntariamente favorecida pela letra de Vedder, que agora podia ser interpretada de outra forma, tendo em vista a censura do clipe. O aspecto mais subestimado de "Jeremy" é a forma inteligente como Vedder conta a história. A narrativa, na maior parte do tempo, não vem do ponto de vista de Jeremy, e sim da perspectiva dos colegas que abusaram dele. Para eles, Jeremy parecia um "*harmless little fuck*" ["bostinha inofensivo"], até que suas provocações "*unleashed a lion*" ["despertaram um leão"], fazendo-o reagir e morder "*the recess lady's breast*" ["o peito da monitora"]. (Esse detalhe sugere que o Jeremy fictício já era um pária havia anos, desde o ensino fundamental.)

"Jeremy", na verdade, é uma canção sobre todos *ao redor* de Jeremy. Essa construção narrativa coloca o ouvinte no lugar dos vilões, e não do herói, uma abordagem certamente inspirada em várias músicas de Pete Townshend sobre pessoas solitárias, marginalizadas e esquisitas, de "Happy Jack" a *Tommy*. A exceção está no primeiro verso, no qual Vedder escreve de uma perspectiva onisciente, caracterizando Jeremy de forma mais sinistra – os desenhos que ele faz sozinho remetem a fantasias de vingança e domínio, com os braços "*raised in a V/ as the dead lay in pools of maroon below*" ["erguidos no formato de um V, enquanto os mortos ficam caídos à sua frente, em uma piscina avermelhada"].

No clipe, a confusão aumenta graças à escolha de Wilson para o papel. De uma beleza sombria, o jovem tem um volumoso cabelo castanho e maçãs do rosto salientes que emulam um perfeito Eddie Vedder adolescente. Isso dá ao espectador a ideia de que Jeremy é Vedder, que, presume-se, teria escapado da polícia anos atrás e agora conta sua história. Mais uma vez, isso só aconteceu porque os espectadores não puderam ver a arma na boca de Jeremy no fim do clipe.

A remoção do conteúdo "ofensivo" acabou deixando o vídeo de "Jeremy" mais perigoso, até mesmo irresponsável. "Para 98% das pessoas, ficou a ideia de 'Ah, ele atirou nas crianças'. E não é isso. A censura é que deu um significado diferente daquele que era o verdadeiro", Pellington enfatizou. "Mais tarde, jovens reais atiraram em pessoas em escolas e disseram ter sido inspirados por 'Jeremy'."

Para Pellington, esse é o grande motivo de o Pearl Jam ter se revoltado contra os clipes. "No lugar deles, eu também diria: 'Viu só? Clipes são uma merda, cara'."

Em 2 de fevereiro de 1996, um garoto de 14 anos chamado Barry Loukaitis entrou na Frontier Middle School, em Moses Lake, Washington – uma comunidade a cerca de 300 quilômetros de Seattle –, portando um rifle de caça, duas pistolas e dezenas de cartuchos de munição. Ao entrar na aula de álgebra que tinha no quinto horário do dia, ele atirou contra dois de seus colegas e sua professora, que acabaram morrendo.

No julgamento, os advogados de Loukaitis alegaram que o garoto tinha se inspirado em duas obras: o romance *Fúria*, de Stephen King, sobre um adolescente perturbado que faz de refém sua turma de álgebra; e o clipe de "Jeremy". "Este garoto é Jeremy", um dos advogados argumentou. Mas essa linha de defesa fracassou – Loukaitis foi considerado culpado e sentenciado a duas penas de prisão perpétua, além de 205 anos adicionais de encarceramento, sem a possibilidade de liberdade condicional.

Dezenove anos depois, em um artigo para o *New Yorker*, Malcom Gladwell explorou a fundo a história de Loukaitis, citando-a como o pontapé inicial do "fenômeno moderno" de tiroteios em escolas. "Houve incidentes isolados de pessoas com armas ou bombas atacando escolas anos antes de Barry Loukaitis, mas eram menos notáveis", ele escreveu.

De acordo com um estudo de 2018 conduzido pelo professor de criminologia James Alan Fox, da Universidade Northeastern, houve *mais* tiroteios em escolas no começo da década de 1990 do que nos anos posteriores. A diferença é que, agora, cada tiroteio é levado mais a sério. Eles parecem ter mais impacto porque a mídia e o público em geral passam mais tempo falando sobre eles.

Por exemplo, em maio de 1992, uma semana antes de *Ten* receber seu primeiro disco de platina, um homem de 20 anos chamado Eric Houston retornou à escola onde havia feito o ensino médio, em Olivehurst, Califórnia, e disparou contra três alunos e um professor, levando-os à morte, além de ter ferido mais dez pessoas. Cinco anos depois, essa tragédia foi transformada num filme para TV chamado *Alvo do ódio*.[19] No filme, Ricky Schroeder, que estrelava a série *Colheres de prata*, interpreta um personagem baseado em Houston, enquanto Henry "The Fonz" Winkler vive um policial que tenta convencer o atirador a se render.

Hoje em dia, é bem pouco provável que um massacre escolar seja usado como base para um suspense barato e de mau gosto. Mas a existência de *Alvo do ódio* mostra o quanto a cultura dos anos 1990 era disfuncional. Ao longo da década, houve uma vertente tóxica de entretenimento que satisfazia a raiva e os privilégios de jovens brancos birrentos, indo de bandas de nü-metal, como Limp Bizkit e Kid Rock, até franquias lascivas, como *Girls Gone Wild* e *American Pie*. Esse aspecto dos anos 1990 mantém-se problemático para quem era adolescente durante a década, especialmente tendo em vista os julgamentos críticos de gerações mais jovens. Uma parte de mim dá valor ao fato de ter crescido numa época em que forçar os limites era encorajado e frequentemente recompensado. Naqueles tempos, os jovens mais legais lutavam *contra* o politicamente correto, porque, em geral, era um ponto de vista alinhado aos movimentos políticos repressivos da direita. Uma indiferença debochada em relação às consequências morais e éticas define boa parte da cultura em meio à qual cresci. Para ser honesto, essa noção ainda não me deixou por completo.

Mas refletir sobre detritos culturais como *Alvo do ódio* me faz acreditar que um certo tipo de entorpecimento já estava afetando minha geração no fim da década. A indiferença descolada deu lugar a uma impotência espiritual, num contexto em que as pessoas consumiam um entretenimento terrível e vazio porque era a única forma de sentir alguma coisa. Uma crença coletiva na falta de sentido da existência moderna tinha inevitavelmente levado à autodestruição.

Não está claro até que ponto isso influenciou o Pearl Jam. O fato é que Vedder nunca mais compôs canções que expressavam compaixão por caras brancos alienados e potencialmente violentos. Numa tendência oposta, Vedder começou justamente a criticar essas pessoas em suas letras.

19. Em inglês, o filme teve três títulos – *Detention: The Siege at Johnson High*, *Hostage High* e *Target for Rage*.

No disco seguinte do Pearl Jam, *Vs.*, ele escreveu muita coisa do ponto de vista de feminino, sobre mulheres que lutavam contra o controle dos homens em sua vida. Era um tema que dialogava muito mais diretamente com a realidade da infância de Vedder – e com a hostilidade que ele mantinha em relação a seu padrasto até a idade adulta – que o melodrama intenso de "Jeremy". Então temos "W.M.A.", em que Vedder fala abertamente de seu próprio privilégio branco.

A música foi inspirada em um incidente no qual Vedder e um amigo (um homem negro) foram abordados por dois policiais do lado de fora de um estúdio numa manhã. "Comparado a mim, meu amigo parecia respeitável para cacete. Mas eles começaram a importuná-lo, o que me deixou abismado", lembrou. "Fiquei muito irritado com aquilo. Meu sangue ferveu. Fiquei bravo, furioso mesmo. Quando voltei ao estúdio, os caras estavam trabalhando em algo, então fui lá, gravei os vocais e aí surgiu a música."

De forma intencional ou não, "W.M.A." soa como uma espécie de anti-Jeremy". Vedder novamente adota o ponto de vista de alguém de fora, só que ele observa o protagonista com desdém. Enquanto Jeremy "morde" o seio da monitora da escola, como uma expressão de seu tormento interior, o W.M.A., ou "*white male american*" ["homem branco americano"], "leva" "*his mother's white breast to his tongue*" ["o seio branco da mãe à sua língua"], um símbolo de seu privilégio e de sua autoindulgência. Ele não é a vítima amaldiçoada de "Jeremy", mas um jovem mimado e abençoado pela circunstância de sua etnia e seu gênero, tendo "*won the lottery by being born*" ["ganhado na loteria ao nascer"].

Mesmo assim, o clipe de "Jeremy" continuou ligando o Pearl Jam ao entretenimento para brancos raivosos dos anos 1990, até muito depois do fim da década. Em um artigo para a *New Yorker* publicado em 2016, Daniel Wenger cita o clipe como parte do "intratável roteiro cultural" de quem efetua tiroteios em escolas. Wegner destaca o trecho dos "braços erguidos no formato de um V", quando Jeremy mostra um aparente triunfo, enquanto a floresta queima ao seu redor. A pose foi recriada em fotos e vídeos postados por vários atiradores, incluindo Seung-Hui Cho, que matou 32 pessoas e cometeu suicídio na Virginia Tech, em 2007.

Pellington, que em 2014 filmou um anúncio de utilidade pública sobre violência com armas, foi questionado por Wegner sobre o que ele mudaria no clipe, caso o refizesse hoje. "Eu focaria direto na arma", ele respondeu. "Esse seria o retrato correto."

Quanto ao Pearl Jam, "Jeremy" foi um marco na história de seu engajamento com a cultura popular da década de 1990. O clipe colocou-os no foco da atenção do público, deixando-os – Vedder, em especial – extremamente desconfortáveis. E não foi *apenas* a atenção, mas a cultura em si, que se mostrou incompatível com a banda. O Pearl Jam fazia parte de uma onda de artistas do início dos anos 1990 – muitos dos quais eram músicos, mas também havia uma expansão para o cinema e a literatura – que eram contra o status quo da cultura mainstream. Mas a raiva e a rebeldia que alimentaram sua ascensão rapidamente passaram por uma metástase, tornando-se algo repugnante e insustentável.

O Pearl Jam tinha ajudado a refazer a cultura num piscar de olhos. Mas a revolução não era mais deles. Em pouco tempo, eles buscariam uma forma de fugir.

CAPÍTULO 5

"ANIMAL" > "ROCKIN' IN THE FREE WORLD"

(MTV Video Music Awards, 1993)

Stone Temple Pilots – Copiando Boston – The Mall of America – Por que fazer amizade com Pete Townshend e Neil Young é melhor que injetar heroína

Quando o termo "*poseur*" – que, em francês, significa "uma pessoa insincera ou fingida" – surgiu na língua inglesa em meados do século XIX, era utilizado para descrever um indivíduo vagamente sinistro que queria ter um status mais alto na sociedade sem trabalhar para chegar lá. Um *poseur* era visto como calculista e mercenário, sempre tentando aparentar ser algo que não era, a fim de impressionar e influenciar. Ele fingia, com um quê dramático e muito charme, ser rico ou culto. Mas, internamente, estava o tempo todo preocupado em ser exposto como um farsante.

Esse medo levava o *poseur* a meios extremos de ofuscação. Ele podia até assumir um perfil criminoso, como o personagem Tom Ripley, criado pela escritora Patricia Highsmith para uma série de romances e posteriormente interpretado em filmes por Matt Damon (*O talentoso Ripley*), Dennis Hopper (*O amigo americano*), Alain Delon (*O sol por testemunha*) e John Malkovich (*O retorno do talentoso Ripley*). Ripley é um verdadeiro vilão, um golpista que rouba e mata. Um *poseur* com um lado muito perigoso. Mas, em sua defesa, pelo menos ele nunca montou uma banda de pós-grunge.

Hoje, "*poseur*" costuma ter uma conotação musical. Particularmente nos mundos do indie, punk e hip-hop, a palavra descreve uma espécie de charlatão, alguém cuja única arte é imitar, roubar ideias. É claro que nenhum artista é inteiramente original, todo mundo tem antecedentes óbvios, mas o ato mais ofensivo do *poseur* está em sugar a essência de um artista visto como superior. Um *poseur* pode enganar o público, fazendo-o acreditar que ele está no mesmo patamar da pessoa de quem está roubando. E ele pode até *desbancar* seu superior. A única forma de prevenir isso é por meio dos autodeclarados árbitros de autenticidade – conhecidos oficialmente como críticos musicais, embora haja uma abundância de árbitros de autenticidade amadores –, que interferem e expõem os *poseurs* antes que estes causem algum dano duradouro.

A cultura musical do século XXI praticamente já se livrou do fenômeno *poseur*. Policiar as intenções de estranhos – o que requer observar de perto suas almas para determinar se são "autênticos" – é um trabalho tedioso e inútil. Também há uma verdade comum e tácita que abrange a cultura na era das mídias sociais: todo mundo é um *poseur*. Todos nós criamos com esmero uma persona online que apresenta um retrato atraente, descolado e completamente falso de nós mesmos para consumo público. O que mantém esse esquema de pé é nosso acordo coletivo de nunca reconhecer essa farsa que se espalhou em escala global, pois expor qualquer pessoa, mesmo que seja uma celebridade, poderia derrubar todo o sistema.

Há raras exceções. Por exemplo, em dezembro de 2015, a revista *GQ* publicou um tributo a Scott Weiland com o título "Rock's Greatest Poseur" ["O Maior *Poseur* do Rock"]. A chamada era um reconhecimento sutil de um momento na cultura pop estadunidense em que se chegou ao ápice do *poseur*, lá nos anos 1990. Na época, acusações de *poseur* eram mais prevalentes no hip-hop, com rappers literalmente assassinando uns aos outros para provar o quanto suas letras e seus clipes eram reais. No rock alternativo, os resultados eram menos violentos, mas não menos difundidos e destrutivos.

No caso do Pearl Jam, a ascensão meteórica da banda, a exposição intensa na MTV e o evangelismo do rock clássico feito para o grande público levaram muitos a acusá-los de *poseurs*. No começo dos anos 1990, todo mundo, de Kurt Cobain à revista *Entertainment Weekly*,[20] sentiu que eles não eram alternativos ou underground o suficiente. Outra pessoa que inicialmente os via como uma fraude era Scott Weiland. "Eu estava no time pró-Nirvana, anti-Pearl Jam", ele disse a David Fricke, da *Rolling Stone*, em 1997. "Eu só comecei a respeitar o Pearl Jam como banda quando os vi no Lollapalooza [em 1992], e eles tocaram no meio do dia. Antes daquilo, eu dizia: 'Pearl Jam? Farsantes'."

Weiland entendia bem a ironia do que estava dizendo. O Stone Temple Pilots, sua banda, era visto nos anos 1990 como o maior exemplo de *poseurs* do rock alternativo daquele período. E, ao contrário do Pearl Jam – a banda que eles eram mais acusados de copiar –, o STP nunca conseguiu se livrar dessa reputação. Não à toa, 23 anos após o lançamento do disco de estreia de sua banda, *Core*, Scott Weiland ainda era rotulado como um *poseur* por uma das maiores revistas de moda masculina do mundo.

Estou deixando de fora um ponto essencial para o contexto: o artigo da *GQ* foi publicado um dia após a morte de Weiland, aos 48 anos. Seu corpo foi descoberto dentro de um ônibus de turnê estacionado próximo ao Mall of America, em Bloomington, Minnesota. Nos meses anteriores à sua morte, Weiland tinha sido atingido por um tsunami de problemas pessoais: sua mãe e seu pai haviam sido diagnosticados com câncer, ele fora afastado de seus dois filhos, havia contraído hepatite C, estava quebrado financeiramente e tinha um problema sério com a bebida. A banda de Weiland na época, The

---

20. A *Entertainment Weekly* publicou resenhas negativas de *Ten* e *Vs.*, concluindo na primeira que o Pearl Jam é "outra banda de rock popular e obviamente masculina". Só mesmo nos anos 1990 uma publicação como a *Entertainment Weekly* – que era tão reverenciada e imparcial sobre a cultura popular quanto qualquer revista da época poderia ser – adotaria essa postura de "sou mais indie que você".

Wildabouts – que veio na esteira de sua demissão do Stone Temple Pilots anos antes –, ficou envergonhada após um vídeo de uma performance letárgica de "Vasoline", hit do STP, viralizar na internet. Depois de décadas de vício em drogas e doenças mentais que o levaram a ter problemas com a lei e com seus colegas do STP e do Velvet Revolver, Scott Weiland estava no fundo de seu poço pessoal e profissional.

O médico legista do condado local determinou a causa da morte como toxicidade devido a uma mistura de drogas, que incluía cocaína, etanol e anfetamina MDA. Weiland também tinha doença cardiovascular, asma e várias dependências químicas, além de uma farmácia de remédios em seu sistema: Eszopiclona, Clonazepam, Viagra, Flurazepam, Buprenorfina e Ziprasidona.

Mesmo após *tudo isso*, Scott Weiland ainda foi chamado de *poseur*. Ele morreu como um homem quebrado, deitado sozinho em um estacionamento, enquanto ventos subárticos batiam contra seu ônibus solitário. E, *mesmo assim*, ele não conseguiu convencer as pessoas de que era um cara com problemas de verdade.

Como isso pôde acontecer? Tinha algo de "falso" na morte dele? A *GQ* esperava que ele pulasse do caixão e cantasse uma música parecida com "Even Flow"? Ele estava morto. Acho que isso significa sua vitória no concurso de autenticidade do rock alternativo.

A história de Scott Weiland e do Stone Temple Pilots me fascina no contexto do Pearl Jam, porque o STP é como uma versão do Pearl Jam num universo paralelo. O STP representa uma linha do tempo alternativa de como a carreira do Pearl Jam poderia ter sido sob circunstâncias menos favoráveis e infinitamente azaradas. Scott Weiland é a resposta à pergunta "E se Eddie Vedder tivesse usado heroína para lidar com a pressão da fama?".

Core, o primeiro álbum do STP, foi lançado em 29 de setembro de 1992. Naquela mesma semana, "Jeremy" saía oficialmente como single, embora seu clipe já fosse exibido o tempo todo na MTV. O sucesso avassalador de "Jeremy" representou essencialmente o fim do ciclo de *Ten*. A gravadora aventou lançar "Black", que já era bem popular, como single, mas Vedder rejeitou a ideia, concluindo (espertamente) que o Pearl Jam já tinha atingido a maior exposição possível. (Apesar disso, "Black" acabou virando mais um sucesso nas rádios.) Isso abriu espaço para *Core* crescer e dar ao público faminto pelo Pearl Jam uma série de músicas com sonoridade grunge similar.

A curto prazo, o *timing* de *Core* foi certeiro. Com o passar do tempo, no entanto, acabou lançando uma sombra sobre o Stone Temple Pilots, da qual eles nunca conseguiriam se afastar. Apesar de não terem culpa disso, o lançamento de seu disco de estreia fez com que parecessem oportunistas ávidos para lucrar com a mais recente moda do rock alternativo, cuidadosamente copiando a banda mais popular da cena.

Verdade seja dita, não acho que o Stone Temple Pilots seja tão parecido com o Pearl Jam, sobretudo nos discos após *Core*. Em 2016, quando entrevistei Dean e Robert DeLeo – os equivalentes a Stone e Jeff –, eles falaram com entusiasmo sobre tocar covers do Rush e do King Crimson em Nova Jersey ao lado do Tyrus, sua banda pré-fama. Havia poucos sinais de punk ou rock independente em sua educação musical; eles eram produtos orgulhosos do rock de arena dos anos 1970, estilo que é claramente audível em sua música. Quando eles adotaram influências do glitter rock e do pop para rádio AM nos discos seguintes, como *Purple* (1994) e *Tiny Music... Songs from the Vatican Gift Shop* (1996), afastaram-se ainda mais do evangelismo independente e raiz que o Pearl Jam vinha pregando em seus discos. Conforme o STP evoluía, passou a soar cada vez mais como o tipo de banda pop-metal autoconsciente e assumidamente bombástica da qual Andrew Wood gostaria de ter feito parte.

E no centro de tudo estava Scott Weiland, um dos vocalistas de rock mais talentosos da época, que viria a mostrar uma habilidade camaleônica para cantar em diferentes estilos. Em *Core*, ele cantou à la Eddie Vedder porque era disso que as músicas do STP precisavam para rodar nas rádios e na MTV com a maior eficácia possível, durante uma era obcecada pelo Pearl Jam. Mas, nos discos posteriores do STP, ele facilmente mudou seu tom e passou a cantar com a suavidade de David Bowie ou choramingar como John Lennon, fazendo seu melhor para as músicas do STP à medida que a banda seguia numa direção mais melódica.

Após a morte de Weiland, Robert DeLeo sugeriu que seu antigo colega de banda não tinha encontrado sua identidade. "Ele sempre estava buscando algo que não era ele de verdade", DeLeo comentou. "Acho que ele não estava genuinamente feliz com si próprio." Ainda que essa ansiedade tenha prejudicado sua vida pessoal, talvez ela também seja a explicação para sua voz multifacetada. O vocal de Weiland nunca seria tão facilmente distinguível quanto o de Vedder, mas ele era mais versátil e maleável. Independentemente do que as músicas do STP precisassem, ele conseguia entregar.

A ligação entre o Stone Temple Pilots e o Pearl Jam se dava por meio de dois colaboradores-chave: o produtor Brendan O'Brien e o diretor de clipes Josh Taft. Ambos haviam se destacado recentemente, no começo dos anos 1990. Na década anterior, O'Brien era conhecido apenas em Atlanta, onde ele era visto como um guitarrista habilidoso e um engenheiro de estúdio bem-sucedido, capaz de conseguir bons sons de forma rápida e barata. Sua primeira exposição em nível nacional veio em 1990, como engenheiro de som em *Shake Your Money Maker*, álbum de estreia do grupo de rock tradicional The Black Crowes, também de Atlanta, que ganhou vários discos de platina. (O'Brien também tocou o solo de guitarra no single de destaque do disco, "Hard to Handle", uma versão hard rock da canção de Otis Redding.) O selo do Black Crowes era o Def American, fundado por Rick Rubin, ex-empresário de hip-hop e então produtor de rock, que acabou chamando O'Brien para atuar como engenheiro de som num dos discos de rock alternativo mais populares do início dos anos 1990, *Blood Sugar Sex Magik*, do Red Hot Chili Peppers.

Core marcou uma transição para O'Brien: de engenheiro requisitado a produtor de discos de sucesso, colocando-o na rota para se tornar um dos arquitetos sonoros essenciais do rock dos anos 1990. Apenas seis meses depois do lançamento de *Core*, ele entrou no estúdio com o Pearl Jam pela primeira vez, auxiliando na gravação do segundo álbum da banda, *Vs.* Cerca de sete meses após o lançamento de *Vs.*, ele voltou a trabalhar com o Stone Temple Pilots, dessa vez na produção de seu segundo álbum, *Purple*. Esse vaivém entre as duas bandas seguiu pelo restante da década, com os discos *Vitalogy*, *No Code* e *Yield* para o Pearl Jam, e *Tiny Music... Songs from the Vatican Gift Shop* e *No. 4* para o Stone Temple Pilots.

Josh Taft, por sua vez, dirigiu os dois primeiros clipes do Stone Temple Pilots, "Sex Type Thing" e "Plush". Nesse momento, ele já tinha dirigido os dois primeiros clipes do Pearl Jam, "Alive" e "Even Flow". A ascensão de Taft foi relativamente meteórica – ele tinha acabado de se formar em cinema na NYU, em 1989, quando voltou para Seattle e retomou contato com seus amigos músicos, incluindo membros do Soundgarden e do Mother Love Bone. Ele diversificou seu portfólio ao trabalhar com artistas do rap, como Nas e A Tribe Called Quest, mas foram seus clipes para o grunge que tiveram maior impacto cultural.

Nos casos do Pearl Jam e do Stone Temple Pilots, as representações visuais de Taft deixaram impressões indeléveis que continuaram ressoando por décadas. Entretanto, no que tange ao STP, eu diria que o efeito foi negativo. Para "Sex Type Thing", lançada como single em janeiro de 1993, Taft decidiu colocar a banda no que parecia ser um calabouço sadomasoquista, tórrido e ameaçador. No clipe, Scott Weiland aparece sem camisa e musculoso, encarando a câmera. Nós o vemos de um ângulo baixo, com a câmera voltada para cima, o que potencializa sua postura ameaçadora.

É uma estranha escolha visual, que confundiu totalmente a mensagem antiestupro da música, erradicando a ironia da letra de Weiland ao apresentá-lo como um cara bruto, estranho e assustador. Comparar "Sex Type Thing" a "Jeremy" ressalta o fracasso de Taft. Apesar de Vedder (assim como Weiland) ter composto do ponto de vista do abusador, o clipe de "Jeremy" deixa claro que o espectador deve sentir pena da vítima que dá nome à música. (Mesmo aqueles que interpretaram incorretamente o clipe como a representação de um tiroteio numa escola, ainda tendiam a ver Jeremy como um sujeito trágico, levado às margens da sociedade por um mundo cruel.) Já o clipe de "Sex Type Thing" parece mostrar literalmente[21] a letra em que Weiland canta, de forma

21. A inadequação absoluta do clipe de "Sex Type Thing" foi agravada anos depois, quando Weiland revelou, na autobiografia *Não estou morto nem à venda*, que foi estuprado aos 12 anos de idade.

arrastada, "*I know you want what's on my mind*" ["Eu sei que você quer o que está na minha mente"].

O clipe de "Plush" foi ainda pior. Enquanto em "Sex Type Thing" a câmera fica abaixo de Weiland, em "Plush" ela paira acima dele. Considerando o modo como a cena é iluminada – destacando as maçãs do rosto de Weiland e suas expressões faciais insanas –, parece que a ideia é fazer o espectador se lembrar de Eddie Vedder o máximo possível. A música em si também é o mais próximo que o STP já chegou de soar como o Pearl Jam da era *Ten* – a forma rouca com que ele canta "*to find it, to find it, to find it*" ["para achar, para achar, para achar"] é o mais puro *yarl*, enquanto o verso "*When the dogs begin to smell her*" ["Quando os cães começarem a farejá-la"] instantaneamente evoca "Hunger Strike".

O vídeo de "Plush" foi o responsável por colocar o rótulo de "cópia do Pearl Jam" no Stone Temple Pilots, ao mesmo tempo que *Core* tornava-se um dos discos de rock mais populares de 1993. Até o Pearl Jam admitiu isso naquele ano, na matéria de capa da *Rolling Stone* escrita por Cameron Crowe. Um ano antes eles tinham sido criticados por supostamente serem inferiores ao Nirvana, mas agora estavam numa posição privilegiada para dar um crédito ao STP. Mas não foi o que fizeram. Pelo contrário, Vedder foi impiedoso em sua crítica:

> Ament conversa com Vedder sobre o clipe de "Plush", abordando a apropriação evidente dos maneirismos de Vedder. Mas o vocalista já ouviu isso antes. Na verdade, ele ouve isso todo dia. De fãs, de amigos, até de um músico francês que o elogiou pela música e por seu novo penteado, laranja e curto. (O cabelo de Vedder continua castanho e relativamente comprido.)
>
> "Até onde sei, o cara também está lidando com isso", Vedder sugere. "Tipo, eu deveria sentir alguma pena? Ache seu próprio estilo, cara. Não acho que eu estava imitando o estilo de ninguém. Eu não estava imitando o estilo do Andy Wood. Não estava imitando o estilo do Kurt Cobain, apesar de Kurt Cobain ter um dos melhores estilos que eu poderia imitar. Mas Beth e eu fazíamos parte da cena de San Diego. Sabíamos tudo que estava acontecendo lá, e era pequena o suficiente para sabermos. Aqueles caras vieram de lá? Nunca ouvi falar deles."

Nenhum fã jovem do Pearl Jam em 1993 iria dar uma chance para o Stone Temple Pilots após ler isso. Sei que eu não dei. Mas, anos depois, quando abri mão da política do rock alternativo da época e ouvi STP com novos ouvidos, senti que Vedder foi injusto.

Realmente acredito que, se o clipe de "Plush" não tivesse sido lançado – ou se tivesse sido um vídeo de performance, similar a "Alive" e "Even Flow" –, a carreira do Stone Temple Pilots teria seguido por outro caminho. Musicalmente, a semelhança de "Plush" com *Ten* parece mais um caso de influências compartilhadas do que imitação intencional. Robert DeLeo compôs a música em 1989, bem antes de o Pearl Jam existir. Weiland não gostava dela a princípio, reclamando que soava muito como o Boston. Felizmente os caras do STP perceberam que soar muito como o Boston era uma coisa boa.

De início, o STP levou na brincadeira as comparações com o Pearl Jam. Por exemplo, antes de tocarem "Plush" num show em Seattle, Weiland disse: "Esta é a canção que o Pearl Jam compôs para nós". Mas uma narrativa devastadora da mídia já estava instaurada: *O Stone Temple Pilots é uma banda de* poseurs. E nenhum senso de humor cheio de autodepreciação remediaria isso.

Quando a revista *Spin* colocou Weiland na capa, em setembro de 1993, o jornalista Jonathan Gold imediatamente fez um comentário sarcástico sobre o status de ladrões musicais do STP: "Admita: quando você ouviu o Stone Temple Pilots pela primeira vez na MTV, você provavelmente achou que era uma música do Pearl Jam da qual tinha se esquecido, a não ser que tenha achado que era o Kurt Cobain cantando, embora o refrão soasse mais como o Soundgarden". O venerável crítico musical Greil Marcus foi ainda mais maldoso, chamando-os de "uma piada nacional" devido às "suas imitações descaradas do Pearl Jam e do Nirvana". Mas, novamente, não eram apenas as supostas imitações que o STP fazia de outras bandas que incomodavam os críticos. Era a suspeita de que aqueles sujeitos *não mandavam a real, cara.* Cobain e Vedder eram *autenticamente* perturbados, mas Scott Weiland? Que *poseur*. "Com Kurt Cobain morto", Marcus concluiu, "é nauseante ouvir seu sofrimento e sua inteligência transformados tão tranquilamente na comodidade *kitsch* de outro cantor."

Quando Greil Marcus escreveu essa crítica, em 1994, a vida de Scott Weiland provavelmente já estava caindo aos pedaços, apesar de ninguém fora do Stone Temple Pilots ainda ter noção disso. Os primeiros sinais de problemas surgiram em 1995, quando ele foi condenado por comprar crack e sentenciado a um ano de prisão com suspensão condicional da pena. Três anos depois, foi condenado outra vez, por posse de heroína. Em 1999, Weiland finalmente teve de cumprir pena na prisão após violar sua condicional. Em seus últimos anos de vida, ele passou por períodos de sobriedade, mas não conseguiu escapar de seus vícios por completo.

Quanto a seu grupo, o Stone Temple Pilots tornou-se prisioneiro de um contexto, eternamente definido por seu primeiro disco, que saiu no meio da onda inicial de sucesso do Pearl Jam, e por seu segundo clipe, que tinha muita similaridade com a iconografia do quinteto. Não importava o que Scott Weiland fizesse, não havia como escapar. Mesmo na morte, era um *poseur*.

Claramente, o Pearl Jam não era como o Stone Temple Pilots nos aspectos que mais importavam. Seu vocalista não tinha um problema sério com drogas. Sua rede de apoio era bem mais forte. E, o mais importante: era uma banda melhor e mais resiliente.

Porém, quando penso na história do Pearl Jam, a questão crucial para mim é a seguinte: como eles sobreviveram e prosperaram em sua meia-idade, enquanto tantos de seus colegas fracassaram? Vira e mexe eu me vejo pensando nesse mistério. Comparando-os ao Stone Temple Pilots e contrastando o caminho vitorioso de Eddie Vedder com a tragédia de Scott Weiland, fica mais fácil entender essa questão.

Considerando os últimos meses do verão de 1993, um dos períodos mais intensos para ambas as bandas, acho que há dois pontos de inflexão que os levaram a seus respectivos destinos. O primeiro deles ocorreu em agosto de 1993, quando Scott Weiland experimentou heroína pela primeira vez, no Royalton Hotel, em Nova York, após a última data de sua turnê com os Butthole Surfers.[22]

"Aquilo me fez sentir seguro. Era como estar dentro de um útero", relembrou Weiland em uma entrevista para a *Esquire*, em 2005. "Eu me sentia completamente seguro de quem eu era. Aquilo removeu todos os medos."

Enquanto isso, Eddie Vedder – que não experimenta heroína naquele agosto de 1993 – encontrava seu herói, Pete Townshend, pela primeira vez, em um show em Berkeley, na Califórnia. Assim como Weiland, Vedder ainda não se sentia seguro quanto a quem ele era. "Eu estava em um péssimo estado. Aproveitei muito o show, mas estava pronto para desabar mentalmente", Vedder diria mais tarde.

No entanto, em vez de recorrer a um narcótico altamente viciante, Vedder buscou conforto na presença de Townshend, não meramente como um fã, mas como um *amigo*. Esse é o tipo de companhia que tranquiliza Vedder – que constantemente busca figuras paternais. Pete talvez seja a mais importante dessas figuras para ele.

É similar ao encontro que o Pearl Jam tivera com Neil Young cerca de um ano antes. O músico havia entrado na órbita da banda em outubro de 1992, durante o show comemorativo do 30º aniversário da carreira de Bob Dylan, no Madison Square Garden. Isso levou, em dezembro daquele ano, ao convite para tocar pela primeira vez no show beneficente anual que Young faz na Bridge School e para abrir as apresentações de Young durante uma turnê pela Europa e pela América do Norte no verão de 1993.

Young também deu alguns conselhos a Vedder, como o cantor rememorou em uma entrevista para Howard Stern em 2020. "Ele disse: 'Ei, só pra você saber, talvez apareçam algumas pessoas que tentarão afastá-lo desse grupo, mas vocês, o todo é maior que a soma das partes. Lembre-se disso. Tenho certeza de que isso já deve ter acontecido com você'. Eu pensei 'não, estou bem com esses caras'."

22. Similar ao que o Pearl Jam faria, o STP recusou uma oferta de tocar em arenas como banda de abertura do Aerosmith, optando por sair em turnê com uma respeitada banda independente dos anos 1980.

Isso leva ao segundo ponto de inflexão, em setembro de 1993. Na mesma semana que saiu a matéria de capa da *Spin* alfinetando o Stone Temple Pilots – tirando o impacto do que deveria ter sido um momento triunfal em sua carreira –, o Pearl Jam ganhou quatro estatuetas do "astronauta de prata" no MTV Video Music Awards, incluindo Clipe do Ano, com "Jeremy". Mas a parte de que todos realmente se lembrarão é a performance que a banda fez de "Animal", seguida de um dueto com Neil Young em "Rockin' in the Free World".

Se eu tivesse 15 anos quando os Beatles tocaram no *The Ed Sullivan Show*, certamente me lembraria do evento como a performance televisiva de rock mais especial da minha vida. Mas eu nem era nascido naquela época. Entretanto, eu tinha 15 anos quando Pearl Jam e Neil Young tocaram no MTV Video Music Awards de 1993, aquela que continua sendo a melhor performance de rock'n'roll que já vi na TV.

Ao contextualizar esse fato, lembre-se de que muitos fãs do Pearl Jam ainda não tinham visto a banda ao vivo, nem mesmo na TV. Por melhor que tenha sido a performance no *MTV Unplugged*, foi o VMAs de 1993 que trouxe a banda em sua forma mais energética possível, com o volume no último, Jeff Ament violentamente batendo em seu baixo e Mike McCready atacando o amplificador como se ele lhe devesse dinheiro.

Como uma prévia de *Vs.*, a performance de "Animal" prometia um disco mais robusto e enérgico. A música em si vinha da mesma fonte que as primeiras canções de *Ten*: uma demo intitulada "Weird A" entre as ideias registradas por Stone Gossard em 1990. Como muitas daquelas faixas, "Animal" está entre as composições mais baseadas nos riffs de Gossard, um híbrido de funk-metal que atinge o ouvinte como uma releitura punk rock de *Houses of the Holy*, do Led Zeppelin.

A letra de Vedder, como de costume, dá margem a duas interpretações. O mantra "*five against one*" ["cinco contra um"] pode soar como uma provocação direta dos cinco integrantes do Pearl Jam, lutando contra o monstro invisível e singular chamado indústria do rock corporativo. "Animal" também pode ser entendida como uma música sobre abuso sexual, cantada pela perspectiva da vítima – uma pessoa "*abducted from the street*" ["abduzida da rua"] que rapidamente se desassocia de seus abusadores. Por esse ponto de vista, é uma versão superior e mais sensata de "Sex Type Thing".

Após "Animal", Neil Young subiu ao palco. Eu gostaria de conseguir expressar a magnitude disso com palavras melhores que "subiu ao palco". Será que "desceu do céu para desencadear um apocalipse musical" é uma descrição dramática demais? Bem, é o que temos. Em 1993, após muitos meses em turnê, o Pearl Jam era uma poderosa banda ao vivo, em ótima forma. Eles estavam extremamente afiados, mas "afiado" não é sempre o necessário para cumprir a tarefa. Para Neil Young, o Pearl Jam precisava se soltar um pouco, e isso precisaria ser provocado pelo próprio Neil, para que conseguissem tocar sua música como se fossem uma banda de garagem.

O presente de Neil para o Pearl Jam no VMAs foi ensiná-los a não dar a mínima – mesmo em rede nacional, mesmo no auge de suas carreiras, ou de *qualquer* carreira na história do rock. É isso que eu observo toda vez que revejo a performance de "Rockin' in the Free World". Eu gosto de ver como eles são poderosos sem fazer esforço algum e como isso é expresso na interação entre a guitarra base destruidora de Stone Gossard e os solos desenfreados de McCready, apoiados pelas marteladas na bateria tectônica de Dave Abbruzzese e pelo baixo vibrante de Jeff Ament. Mas o que salta aos olhos é a *diversão*. Mesmo sob os holofotes desconfortáveis de uma emissora musical que eles tinham passado a odiar, Neil Young deu ao Pearl Jam o espaço para eles se soltarem e simplesmente cumprirem a tarefa de serem uma excelente banda de rock.

Naquela época, já fazia mais de um ano que o Pearl Jam vinha tocando "Rockin' in the Free World" ao vivo, tendo estreado a música em Berlim no dia 9 de março de 1992. Uma semana depois, tocaram a canção na gravação do *MTV Unplugged*, mas ela foi cortada da transmissão. Mais tarde, entrou na rotação de típicas músicas de encerramento, competindo por décadas com "Yellow Ledbetter" e "Baba O'Riley" como as mais frequentes do bis.

"Rockin' in the Free World" apareceu pela primeira vez no disco *Freedom* (1989), que marcou um retorno de Neil Young ao rock, mas já tinha sido tocada num show no Paramount Theater, em Seattle, em 21 de fevereiro daquele ano. Quando surgiu como a primeira e a última faixa de *Freedom* – em versões acústica e elétrica, remetendo a "My, My, Hey, Hey (Out of the Blue)" e "Hey, Hey, My My (Into the Black)", de *Rust Never Sleeps* –, "Rockin' in the Free World" logo se tornou a música mais celebrada de Young nos anos 1980, um período que tinha sido comercial e artisticamente fraco para ele.

Para o Pearl Jam, "Rockin' in the Free World" parecia um sucesso de rock contemporâneo, independentemente do status de Young como um roqueiro da geração baby boomer. Tempos depois, Jeff Ament relembrou ter visto Neil Young tocar a canção no *Saturday Night Live* em 1989, uma das performances mais icônicas de qualquer artista de rock na televisão. Na hora, Ament sentiu que aquela era uma rara ocasião em que o poder de um show de rock ao vivo era totalmente traduzido na TV. A canção, cuja letra é uma reprimenda amarga dos anos Reagan-Bush, entrou nos setlists do Pearl Jam ao final daquela era política. Mesmo assim, sua relevância para a banda nunca diminuiu, afinal o Pearl Jam sempre esteve mais alinhado com o mundo de Neil Young do que com o contínuo de bandas de rock alternativo dos anos 1990.

Vedder e seus colegas de banda não tinham como saber disso à época, mas o rock alternativo foi criado com um dispositivo de autodestruição em seu sistema. No meio da década, ele matou o gênero e quase todas as bandas associadas a ele. Neil Young, porém, representava uma vida mais duradoura no rock'n'roll. Ele sempre seguiu seus instintos, sem se importar com as consequências, o que lhe garantiu uma carreira um tanto turbulenta. Se seguissem o exemplo dele, haveria altos incríveis e baixos impensáveis. Mas, pelo menos, sempre haveria o movimento para a frente. A vida seria sempre interessante. E é isso que importa.

Em setembro de 1993, um mês antes do lançamento de seu segundo disco, *Vs.*, o Pearl Jam daria seu primeiro passo fora do contexto do rock dos anos 1990 – a mesma prisão que reprimiu e paralisou Scott Weiland e o Stone Temple Pilots. E esse passo foi terem tocado com Neil Young naquela noite. Isso acabou servindo como um recado para o público da MTV, algo como "Não estamos mais com vocês. Agora estamos com ele e com o que ele representa. Esse é o nosso novo paradigma".

Quando Eddie Vedder precisou de um amigo, ele pôde contar com Pete Townshend e Neil Young. Quando Scott Weiland precisou de um amigo, ofereceram-lhe heroína. Esses são os marcos que separam um suposto *poseur* de um sobrevivente.

CAPÍTULO 6

"GLORIFIED G"

(de *Vs.*)

Poochie, o cachorro do rock – Carros de *rock star* – Controle de armas – Alternativo *versus* indie – O conflito entre os mundos pré e pós-internet – David Letterman – O álbum alternativo mais "alternativo" de todos os tempos

Nunca serei capaz de pronunciar o nome "Abbruzzese" corretamente. Também não conseguirei grafá-lo direito. Por exemplo, a frase acima tem nove palavras, mas levei dez minutos para digitar tudo. Meu problema é que sempre tenho a confiança de que *desta* vez saberei quantas letras B e Z preciso usar. E aí descubro que estava muito errado, toda vez. Ah, e também tem uma letra S, por algum motivo. Por que esse nome é escrito em compasso 7/8?

É uma pena, porque sempre gostei do terceiro baterista do Pearl Jam, o membro mais controverso da história da banda, o sr. Dave Abbruzzese. Eu admiro sua barbicha e seu cabelo absurdamente longo. Eu valorizo o fato de que ele parecia ser um integrante do Tesla numa banda que desesperadamente queria parecer o Fugazi. E eu gosto de ocasionalmente ir ao YouTube e ver seus discursos cativantes e bobos no American Music Awards de 1993, quando ele foi o único integrante do Pearl Jam que se deu ao trabalho de comparecer para receber os prêmios.[23]

Na história do Pearl Jam, Abbruzzese é a versão humana da minha piada favorita dos *Simpsons* – ele é Poochie, o cachorro do rock, o surfista canino que subitamente aparece em *Comichão e coçadinha*, num momento crucial para revitalizar o desenho, e então desaparece misteriosamente, tão rápido quanto surgiu. Abbruzzese ficou na banda por três anos: entrou logo antes do lançamento de *Ten*, em agosto de 1991, e saiu involuntariamente em agosto de 1994. Até hoje, penso nele como o "verdadeiro" baterista do Pearl Jam, o que não soa lógico, tendo em vista sua estadia relativamente curta na banda. Mas aqueles três anos parecem ser vinte em "anos Pearl Jam", enquanto as décadas que Matt Cameron já passou na bateria não parecem ser tão significantes. Abbruzzese estava lá durante o período imperial do grupo, que coincide com minha adolescência, e isso é algo extremamente poderoso. Posso estar certo ou errado, mas a cara engraçada de Abbruzzese surge na minha imagem mental da banda toda vez que penso nela.

Imagino que isso também aconteça com outras pessoas que começaram a gostar do Pearl Jam quando ele surgiu, no início dos anos 1990. Mas é provável que não seja tão verdadeiro para os fãs que chegaram depois, uma vez que a banda praticamente removeu Abbruzzese de sua narrativa. Entendo por que isso ocorreu, mas ainda me deixa triste. Após todo esse tempo, mantenho meu carinho pelo Poochie do Pearl Jam.

O fato é que Dave Abbruzzese é uma figura controversa entre os fãs do Pearl Jam, o que se deve quase inteiramente à biografia que Kim Neely lançou em 1998, *Five Against One*. Abbruzzese foi o único integrante da banda entrevistado para o livro, e sua lavagem de roupa suja contra Vedder fornece

23. A banda ganhou os prêmios de Artista Novo de Pop-Rock Favorito e, estranhamente, Melhor Artista Novo de Heavy Metal. Esse segundo prêmio foi apresentado por três integrantes do Firehouse, que havia ganhado no ano anterior.

a maioria dos momentos polêmicos da biografia. Há histórias vergonhosas de Vedder que vêm explicitamente de Abbruzzese, como a do MTV Video Music Awards de 1993, quando, segundo o baterista, Vedder teria fingido estar bêbado no palco do evento numa tentativa insensata de emular Jim Morrison. Também existem algumas histórias que *implicitamente* vieram de Abbruzzese, como a alegação bizarra de que Vedder secretamente gravou as conversas de seus colegas de banda nos bastidores dos shows da turnê pela Europa em 1992.

E há minha anedota favorita de *Five Against One*, na qual Abbruzzese ansiosamente dirige até o luxuoso estúdio no norte da Califórnia onde o Pearl Jam está gravando *Vs.* com a intenção de exibir seu Infiniti preto recém-comprado.

> "Vejam só", ele disse, contente. "O que acharam?"
>
> Os outros ficaram agrupados, quietos.
>
> "Hmm", finalmente murmurou Jeff.
>
> "Bem", comentou Stone. "Isto é *rock*."
>
> Ninguém entrou no carro, ninguém quis ver o interior ou olhar o motor. Eddie, que tinha usado alguns de seus *royalties* de *Ten* para terminar de pagar a mesma picape velha que usava desde que chegara a Seattle, ficou lá, de braços cruzados, seus olhos reprovando a tinta preta e as rodas cromadas reluzentes do Infiniti.
>
> *Que se dane*, Dave pensou. Enquanto eles iam embora, Dave ficou sentado em seu carro novo, brincando aleatoriamente com a chave que estava pendurada na ignição. Ele ficou sentado lá por um bom tempo após os outros voltarem para casa.

Realmente é a história mais trágica de todos os tempos sobre um *rock star* comprando um carro esportivo.

Para Neely e outros céticos de Vedder, histórias como essa provam que o líder do Pearl Jam é um rabugento sem alegria que fazia parecer uma experiência horrível ser parte da banda de rock mais popular nos Estados Unidos no começo dos anos 1990. Em comparação, Abbruzzese fica com o papel de antagonista de *Five Against One*, sendo o cara divertido e anti-Vedder que foi crucificado pelo pecado de querer aproveitar sua sorte.

Eu acho que isso é uma forma injusta e reducionista de ver as coisas. Mas é um clichê que dura até hoje quando se trata de discutir e contextualizar o Pearl Jam. E não é *totalmente* errado. Havia algo em Abbruzzese que incomodava Vedder, mesmo quando o baterista agia de maneiras que poderiam parecer cativantes para os outros. (Vedder, por exemplo, teria supostamente odiado os discursos do baterista no American Music Awards, alegando que Abbruzzese "me envergonhou pra caralho". A fonte disso, é claro, é *Five Against One*, então sabemos que é assim que Abbruzzese se lembra do fato.)

Abbruzzese só foi demitido depois da gravação do disco seguinte do Pearl Jam, *Vitalogy*. (A notícia foi dada por Stone Gossard, o outro principal antagonista de Vedder, que, por sinal, era muito mais essencial à banda.) Mas o problema entre Abbruzzese e Vedder já tinha se agravado desde a criação de *Vs.* O desconforto do vocalista com as circunstâncias da gravação do álbum já foi bem documentado – ele não gostou quando o Pearl Jam desertou para um estúdio em Marin County, que parecia mais apropriado para Eric Clapton ou o Guns N' Roses... bem, na verdade, o Pearl Jam já estava no mesmo nível que esses artistas após ter vendido tantas cópias de *Ten*. Como um ator milionário que recorre ao Método, desesperado para aprender a ser pobre antes de interpretar um papel, Vedder começou a dormir várias noites em sua picape, a fim de obter inspiração para suas letras. Anos depois, refletindo sobre a experiência, ele disse que *Vs.* foi "o álbum que eu menos gostei de fazer".

O problema de Vedder não era incomum entre pessoas em sua posição. De repente, ele não era mais um cara normal – e nunca mais seria. Como qualquer músico cujos sonhos se realizam, ele não tinha mais nenhum obstáculo em seu caminho. Muito pelo contrário: o mundo estava aos pés de Eddie Vedder após *Ten*. Mas como você consegue cantar sobre *isso* e não causar uma revolta em seu público? Em *Vs.*, ele então teve de inventar algumas dificuldades e conflitos para conseguir compor.

Aí entra Dave Abbruzzese, o cara na banda de Vedder que representava muitas das coisas que ele não queria ser. Isso acabou levando a um problema que só podia ser resolvido com a demissão do baterista. No entanto, na era *Vs.*, era um problema útil. Abbruzzese poderia funcionar, de certa forma, como a musa de Vedder.

Esse foi literalmente o caso de "Glorified G", o hino antiarmas de *Vs.* A mensagem da canção não é nada sutil. Na letra, Vedder tira sarro dos proprietários de armas, chamando-os de hipócritas inseguros que usam suas armas de fogo para compensar sua masculinidade comprometida: "*Got a gun, fact I got two/ That's OK, man, 'cause I love God/ Glorified version of a pellet gun/ Feels so manly, when armed*" ["Tenho uma arma, na verdade, duas/ Tudo bem, cara, porque eu amo Deus/ Versão glorificada de uma espingarda de chumbinho/ Me sinto tão masculino, quando estou armado"].

O que é menos comentado sobre "Glorified G" é que Vedder está especificamente zombando de seu baterista. A música foi inspirada em uma conversa que tiveram no estúdio enquanto gravavam *Vs.*, na qual Vedder reagiu com horror quando Abbruzzese comentou casualmente que tinha acabado de comprar uma arma.

"Você comprou uma arma?", Vedder perguntou, incrédulo.

"Na verdade, comprei duas", Abbruzzese respondeu.

E o resto é história.

A inspiração para "Glorified G" talvez também tenha vindo do contexto da época. As medidas de controle de armas, um tipo de política que nunca foi fácil de se implementar em nível federal, estavam aceleradas na época. Um mês antes de o Pearl Jam começar a trabalhar em *Vs.*, em fevereiro de 1993, a Lei Brady de Prevenção à Violência com Armas de Fogo foi apresentada no congresso estadunidense. Seu nome era uma homenagem a James Brady, um ex-secretário de imprensa da Casa Branca que foi ferido durante uma tentativa de assassinato contra Ronald Reagan em 1981. A proposta, assinada e efetivada como lei pelo presidente Bill Clinton em novembro de 1993, exigia verificações de antecedentes em nível federal para compradores de armas e implementava um período de espera obrigatório de cinco dias para as compras.

Ironicamente, desde então, "Glorified G" tornou-se a faixa mais fácil de ser zombada em *Vs.* Em uma resenha positiva sobre o relançamento do álbum em 2011, o site *Pitchfork* disse que a canção era uma exceção em relação ao restante das faixas, desdenhando dela por causar "vergonha alheia" e tirando sarro do "sotaque cafona e excessivamente fingido" de Vedder e da "guitarrinha de

Lynyrd Skynyrd na feira do milho", concluindo que a música como um todo era uma "bagunça".

Eu particularmente tenho carinho por "Glorified G". Sim, a letra é um tanto óbvia, mas a música é tão direta e imediata que quase soa como uma paródia do rock de arena. (Eu a compararia ao Aerosmith da era *Rocks* ao invés de Lynyrd Skynyrd. "Alive" é a homenagem do Pearl Jam ao Skynyrd.) O cerne de "Glorified G" é a excelente interação entre as guitarras de Gossard e McCready, impulsionada pela linha de baixo vigorosa de Ament. Tudo chega a um ápice na gloriosa ponte, na qual a música se abre como uma das jams despretensiosas e versáteis que o Pearl Jam facilmente tocava no palco. (Até o *Pitchfork* admitiu que a ponte de "Glorified G" é ótima.)

Sabe quem mais soa muito bem em "Glorified G"? Dave Abbruzzese, que introduz a música suavemente na bateria. Toda vez que a ouço, penso em como Dave deve ter percebido que seu vocalista estava debochando dele na letra. Mas ele fez seu trabalho mesmo assim. E é por isso que sempre o amarei. Também entendo por que Eddie Vedder sentiu-se irritado com seu baterista bobo falando sobre armas no estúdio. Acredito que todo mundo tem razão nessa situação. E acho que essa dinâmica hostil foi crucial para o Pearl Jam fazer um de seus melhores discos.

Eu me recuso a defender um lado nesse conflito. Amo esses dois homens. Eles precisavam um do outro. Até que, um dia, não precisavam mais.

Na minha vida, uma das muitas distinções musicais que parecia ser importante e que agora está completamente esquecida é a diferença entre rock "alternativo" e "indie". As pessoas que nasceram no fim dos anos 1990, ou depois, tendem a ficar bem confusas com isso. Para elas, Nirvana e Pavement pertencem ao mesmo subgênero do rock de uma era que já passou. Não importa que o primeiro era considerado "alternativo" e que o segundo era "indie" em 1992. É isso que o tempo faz – a arte sempre dura mais que a bagagem retórica que as pessoas atribuem a ela no momento. Mas, se você gostava de

Pavement no começo da década de 1990, provavelmente via o indie como a alternativa ao alternativo, assim como bandas alternativas, como o Nirvana e o Pearl Jam, eram os opostos das bandas de hair metal do fim dos anos 1980.

A palavra "alternativo" entrou para o léxico no fim dos anos 1980, após revistas musicais como a *Billboard* e a *Spin* utilizarem o termo para descrever músicas que eram mais frequentemente tocadas nas rádios universitárias do que nas estações comerciais. Bandas "indie", por sua vez, lançavam discos por selos pequenos, não afiliados a grandes corporações, embora isso não seja verdade em todos os casos – em 1993, o selo do Pavement, Matador (que também lançava bandas indie fundamentais dos anos 1990, como Guided By Voices, Yo La Tengo e Liz Phair), começou uma parceria com a Atlantic Records, a mesma gravadora que lançava os álbuns do Stone Temple Pilots.

A distinção entre indie e alternativo era essencialmente filosófica. Bandas indie se portavam de uma forma diferente das alternativas. O "indie" era irônico, desapegado e cauteloso com a ideia de criar uma carreira, enquanto o "alternativo" era sincero, intenso e populista. Uma vez vi uma entrevista com o brilhante cantor e compositor David Berman, do Silver Jews, na qual ele descrevia as bandas de rock alternativo do começo dos anos 1990 como sendo compostas "por todos os jogadores da defesa e do ataque de um time de futebol". Nessa analogia, suponho que os grupos indie eram os jovens fumando cigarro no estacionamento durante a partida.

O modo mais simples de definir o rock indie da década de 1990 é que caras como David Berman não vendiam um milhão de discos em uma semana, como o Pearl Jam fez com *Vs.* Mas o sucesso imenso de *Vs.* também enfatizou o quão tolo o termo "alternativo" soava no outono de 1993.

O Pearl Jam claramente não era mais uma "alternativa" ao rock comercial; eles *eram* o rock comercial. Isso naturalmente deixou as pessoas céticas, se perguntando se o movimento alternativo não era, *na verdade*, uma estratégia de marketing complexa das gravadoras para tentar convencer os jovens de que estavam aderindo a uma revolução. Às vezes, os críticos do rock alternativo alfinetavam as pretensões do gênero com muita sagacidade. Em 1994, o cantor de folk Todd Snider lançou uma réplica sarcástica ao Pearl Jam e afins por meio da canção "Talkin' Seattle Grunge Rock Blues", na qual ele afirma que a verdadeira música alternativa é… o silêncio.

Mas a maioria das lamúrias sobre o rock alternativo não conseguia explicar por que tantas pessoas estavam comprando discos do Pearl Jam no início dos anos 1990. Presumindo que "alternativo" era *realmente* uma estratégia de marketing, sem nenhuma importância substantiva, ainda assim permanecia a questão de *por que* esse marketing funcionava tão bem.

A música alternativa não ficou popular simplesmente porque foi divulgada como anticomercial. Ela foi abraçada pelo público porque era alternativa no sentido de *se opor* a algo. Se você tinha 14 anos em 1993, comprar um CD do Pearl Jam parecia um ato contra as autoridades. Não vem ao caso julgar se era um *genuíno* ato de oposição; na mente dos fãs do Pearl Jam, a banda *representava* rebeldia, e essa projeção alimentou sua enorme popularidade, porque ser *do contra* nessa época também era *lucrativo*.

Há um óbvio paralelo aqui com outra forma dominante de música popular do começo dos anos 1990, o gangsta rap. Muitas das mesmas pessoas que compravam CDs do Pearl Jam em 1993 também compravam CDs do Dr. Dre, Snoop Dogg, Ice Cube e Ice-T. (Sei disso porque eu era uma dessas pessoas.) O gangsta rap era ainda mais "do contra" que o rock alternativo, pois parecia um ataque direto contra os subúrbios brancos onde viviam muitas das pessoas que compraram *The Chronic* naquele ano – o álbum do Dr. Dre foi o sexto mais vendido de 1993, duas posições acima de *Ten*, que ainda era popular, e nove posições acima de *Vs.* Enquanto Eddie Vedder expressava o tédio de seu público, um artista como Ice Cube fazia esse mesmo público enxergar o quão insignificante, e até patético, esse tédio era se comparado aos horrores do racismo sistêmico e da violência policial. Mas o gangsta rap também era um ataque contra o tipo de rock tradicional que o Pearl Jam tocava. Em apenas alguns anos, uma geração que amava *The Chronic* e hard rock acolheria uma nova forma de música que fundia esses dois gêneros – o nü-metal –, substituindo o rock alternativo permanentemente.

Essa ideia de ser "do contra" era inerente a todas as bandas de rock alternativo que importavam na época, marcando outra diferença essencial entre elas e as bandas indie, que eram avessas a copiar a arrogância política típica do rock para boomers dos anos 1960. Grupos de rock alternativo, por sua vez, não tinham esse problema. Sua missão era Ser Importante, com letra maiúscula mesmo. O Pearl Jam queria mudar o mundo, e acreditava que fazer isso era plenamente possível.

O começo da década de 1990 foi um período raro na cultura pop dos Estados Unidos, quando falar a seu público sobre a corrupção e a estupidez da própria cultura pop estadunidense era um ato muito comercial. Antes disso, bandas de rock que promoviam uma ideologia subversiva e antiautoritária ficavam limitadas a cenas pequenas e específicas, focadas em cidades grandes que tinham um ar exclusivo e descolado, como São Francisco nos anos 1960 ou Nova York no fim dos anos 1970. Quando essas bandas saíam dessas cidades, elas tendiam a fazer turnês em outras grandes cidades com suas próprias cenas exclusivas e descoladas. Mas o rock alternativo era popular *em toda parte*, incluindo as vastas áreas do Meio-Oeste dos Estados Unidos, onde não havia lojas de discos legais e a MTV era a única emissora decente. Esses grupos viraram *mainstream* ao ser contra o *mainstream*.

Enquanto as bandas de gerações anteriores sempre te levavam de volta à cultura para as massas, o rock alternativo te expunha ao mundo que existia além do que você via logo à sua frente. Ele apontava, de certa forma, *na direção* do rock indie, assim como de outras formas de cultura ainda excluídas da mídia dominante da época. Acima de qualquer outra coisa, o rock alternativo dava às pessoas que estavam isoladas a sensação de pertencer a uma cena, talvez pela primeira vez, por mais longe que estivessem das panelinhas das cidades descoladas do país.

Lembre-se de que a geração X é o único grupo demográfico que fica quase perfeitamente no meio de dois mundos: o pré-internet e o pós-internet. A maioria dos millennials e dos zoomers só conhece o mundo pós-internet, enquanto os boomers só deixam o mundo pré-internet para postar memes problemáticos no Facebook. Já a geração X viveu por um bom tempo no mundo pré-internet, ao mesmo tempo que sabe como é passar boa parte de sua vida online. Isso nos dá uma perspectiva única de como a natureza da autoridade evoluiu ao longo dos anos.

Na era pré-internet, tudo vinha de cima para baixo. Sua visão de mundo era moldada pelo que você via na TV (que atendia às ordens de corporações gigantescas), pelo que você ouvia no rádio (que estava no processo de ser consolidado e corporativizado) e pelo que você lia nos jornais e nas revistas (que forneciam um rol de perspectivas bem limitado, aprovado pelas classes políticas e empresariais que estavam no comando). Se um artigo, uma ideia ou uma canção não apareciam nessas mídias, era muito difícil para uma pessoa comum encontrá-los. Para as dezenas de milhões de pessoas que viviam fora dos maiores centros urbanos, era literalmente *impossível* ter acesso a discos ou filmes considerados de baixo apelo comercial. Era mais provável que você nem soubesse da existência dessas coisas, caso não conhecesse alguém que fosse familiarizado com a cultura underground ou vivesse no meio do nada.

Vou dar um exemplo: hoje, qualquer pessoa que seja minimamente interessada em rock já ouviu falar dos Pixies. No entanto, como um aluno do sétimo ano, morando em Wisconsin, em 1991, época que a banda estava lançando seus discos mais aclamados, eu nunca tinha ouvido falar deles. Eu não saberia diferenciar *Tromp le Monde* de *Reggata de Blanc*. As estações de rádio da minha cidadezinha sem graça não tocavam Pixies. Eu nem mesmo via suas fitas cassete ou CDs nas grandes lojas de discos da minha cidadezinha sem graça. Só fui descobrir essa banda após Krist Novoselic descrever "Smells Like Teen Spirit" como uma cópia dos Pixies. Na época, você não descobria bandas de rock na internet; a internet *era* as bandas de rock.

Agora, no mundo pós-internet, tudo é de baixo para cima. Não importa mais onde você mora – todos temos acesso às mesmas notícias, músicas, filmes e programas de TV. E isso naturalmente erodiu o poder das autoridades, num grau que agora parece assustador e desestabilizador. O escritor Martin Gurri chamou isso de "a revolta do público", na qual indivíduos reagem à vida online ao recuar para sua própria versão da realidade, porque "o espelho em que costumávamos encontrar nosso reflexo fiel no mundo foi quebrado".

A euforia de ser adolescente no fim dos anos 1980 e início dos 1990 é que essa "quebra do espelho" da realidade já acontecia de forma modesta, porém significativa, sem ainda ameaçar a sensação subjacente de realidade que tínhamos. Em março de 1993, no mesmo mês em que o Pearl Jam começou a gravar *Vs.*, as duas maiores notícias da época representavam uma ameaça ao domínio "de cima para baixo" das elites. A primeira foi o confronto em Waco, Texas, entre o governo federal e um culto conhecido como Ramo Davidiano. A segunda foi o julgamento federal dos policiais de Los Angeles acusados de violar os direitos civis do motorista Rodney King. Em ambos os casos, o público pôde ver provas em vídeo de agentes do governo atacando cidadãos com uma brutalidade tão evidente que até uma criança poderia compreender. E era igualmente óbvio que você não *deveria* ver essas imagens, o que te fazia acreditar que esses atos eram muito mais comuns do que qualquer adulto admitiria para você.

Essa "revolta" também ocorreu de maneiras mais sutis e benignas. Para milhões de pessoas da geração X, ela surgiu na cultura pop, sobretudo por meio das comédias televisivas, como *Os Simpsons* e principalmente o programa *Late Night With David Letterman*. Quando entrei no ensino médio, já tinha uma forte suspeita de que a maioria das pessoas encarregadas de mandar na minha vida – políticos, empresários, professores – era tola. Mas você nunca via essa perspectiva expressada em lugar nenhum. A televisão estava lotada de *sitcoms*, como *Três é demais*, *Family Matters* e *Caras e caretas*, além de dezenas de outros programas sobre pessoas vivendo em casas cheias de parentes. Mas em *Late Night*, David Letterman costumava sacanear seus convidados famosos. Ele tirava sarro até *de seus próprios chefes*, ali mesmo, na NBC, da mesma forma que as bandas de rock alternativo logo usariam suas plataformas em grandes gravadoras para falar sobre como as plataformas de grandes gravadoras são péssimas.

No contexto do quão fortemente controlado era o restante da cultura no momento que os anos 1980 viraram os 1990, David Letterman parecia um agente do caos, uma ruptura na ordem rígida com a qual estávamos acostumados, assistindo à TV por tantas horas. A geração X, afinal de contas, é uma geração de crianças que ficava sozinha em casa e foi *criada* pela TV, então precisávamos de alguém como Letterman, que estava dentro daquela caixinha, para nos libertar.

Em seu programa, ele zombava da fachada impenetrável de polidez estéril que permeava a música pop bonitinha, as comédias românticas adoráveis e os programas televisivos animados que você era frequentemente obrigado a assistir. Ele olhava diretamente para a câmera e dava um sorriso torto, garantindo que você estava certo, que todo o ceticismo que você sentia quanto àquela cultura sem graça fazia sentido.

Em algum lugar, Eddie Vedder também estava assistindo enquanto trabalhava no turno da noite num posto de gasolina de San Diego. Dave fez com que ele se sentisse certo também.[24]

Se definirmos "alternativo" como uma oposição à cultura popular dos Estados Unidos, *Vs.* pode muito bem ser o disco de rock alternativo mais *alternativo* já feito.

Lançado em 19 de outubro de 1993, *Vs.* tem três seções distintas. A maioria das faixas do disco trata de "problemas". Elas lidam com (e se posicionam contra) a autoridade no geral ("Go"), violência sexual ("Animal"), controle parental ("Daughter"), violência armada ("Glorified G"), covardia política ("Dissident"), brutalidade policial ("W.M.A."), a mídia ("Blood") e o egoísmo humano às custas do bem coletivo ("Rats"). Também há um bloco de músicas que funcionam como um "apelo", tentando convencer o ouvinte a transcender esses problemas ("Rearviewmirror" e "Leash"). Por fim, há as canções "existenciais", que exploram realidades menos dramáticas, porém mais profundas, sobre a passagem do tempo e os limites da perspectiva filosófica ("Elderly Woman Behind the Counter in a Small Town" e "Indifference").

Em *Vs.*, essas ideias e temas são expressos mais eloquentemente pela música do que pelas letras. O avanço mais óbvio de *Vs.* em relação a *Ten* está na

24. A apreciação mútua entre o Pearl Jam e David Letterman é bem documentada, culminando com o discurso de entrada feito por Letterman quando o Pearl Jam foi aceito no Rock & Roll Hall of Fame, em 2017.

intensidade física do ataque instrumental do Pearl Jam. Isso foi estimulado por Brendan O'Brien, que pressionou a banda a completar uma faixa de cada vez, facilitando a energia "ao vivo em uma sala" do disco. Mas o maior crédito do soco visceral que *Vs.* representa deve ser dado ao próprio Pearl Jam, cuja incansável turnê de 1992 colocou-os na melhor forma para o combate.

Boa parte do poder musical de *Vs.* deriva do baixo e da bateria. Jeff Ament chegou a comentar que o Pearl Jam era essencialmente uma banda nova quando começou o disco, pois Abbruzzese não havia tocado em *Ten*, e seu estilo era bem diferente do de Dave Krusen, que participara do primeiro álbum. Uma matéria de capa da *Modern Drummer*, publicada em dezembro de 1993, explicou um pouco a abordagem de Abbruzzese. Ao fazer uma lista dos discos que mais o influenciaram, o baterista mencionou todos os álbuns do Led Zeppelin, ancorados por John Bonham, além de *Shaking the Tree*, de Peter Gabriel, e o disco de estreia homônimo de Robert Robertson, lançado em 1987, ambos contando com o respeitado baterista de rock e jazz Manu Katché. (Abbruzzese também citou *The Uplift Mofo Party Plan*, do Red Hot Chili Peppers, com a bateria de Jack Irons, que viria a substituí-lo no Pearl Jam.)

Dá para ouvir ecos desses músicos na maneira como Abbruzzese toca em *Vs.* Ele favorece batidas fortes ao estilo Bonham, tocadas com a precisão de um técnico habilidoso, o que se encaixa bem nas músicas mais explosivas e críticas do disco. Curiosamente, a presença de Abbruzzese é inexistente nas faixas "existenciais", que sinalizam o caminho que Vedder e a banda seguiriam depois de *Vs.*

Vs. é um disco de homens jovens, um grito de desgosto no estilo "queima tudo", que atingiu em cheio um público que estava começando a lidar com o submundo nacional de medo, negligência e violência, simbolizado pela tragédia de Waco e pelo caso de Rodney King. À medida que os anos 1990 avançavam, essa fúria evoluiria para a rudeza mais explícita do nü-metal, que potencializava as tendências contestadoras de bandas como o Pearl Jam, infundindo nelas raiva e narcisismo.

Apesar de toda a ansiedade que Eddie Vedder sentiu quando o Pearl Jam começou a ficar conhecido, ele nunca foi um niilista. Sua afinidade natural

VS. É UM DISCO DE HOMENS JOVENS, UM GRITO DE DESGOSTO NO ESTILO "QUEIMA TUDO", QUE ATINGIU EM CHEIO UM PÚBLICO QUE ESTAVA COMEÇANDO A LIDAR COM O SUBMUNDO NACIONAL DE MEDO, NEGLIGÊNCIA E VIOLÊNCIA.

por quem está por baixo é o que guia *Vs.*, assim como boa parte das melhores e mais populares obras do Pearl Jam. Ele é, em essência, um humanista. Sua empatia pelos personagens em suas músicas vem de um amor genuíno pelas pessoas e de uma preocupação com as perspectivas da humanidade.[25] Isso é especialmente verdadeiro para as duas músicas mais esperançosas e "existenciais" de *Vs.*

Nessas canções, as questões mais urgentes não estão no mundo externo, mas no coração humano. "Elderly Woman" é sobre os arrependimentos acumulados no decorrer de uma vida, além da ideia de que envelhecer inevitavelmente faz a maioria das pessoas perder o interesse em você. ("*Hearts and thoughts they fade, fade away*" ["Corações e pensamentos vão, vão embora"].) É uma música notável para qualquer compositor de 20 e poucos anos, ainda mais o cantor de uma banda grunge com vários discos de platina. Mas os impulsos humanistas de Vedder o levaram a emprestar sua voz para um idoso, o personagem com menos chance de aparecer em uma canção de rock. (As partes mais comoventes – quando Eddie canta "*I just want to scream hello*" ["Eu só quero gritar olá"] – remetem a outra música famosa e triste sobre idosos, "Hello in There", de John Lennon.)

Já "Indifference" é mais difícil e enigmática, sem a catarse do uivo lamentoso de Vedder no clímax de "Elderly Woman". É uma paisagem sonora sombria, na qual um órgão funerário e o baixo sem trastes de Jeff Ament ressoam sob a dolorida lamentação de Vedder. O mínimo traço de esperança em "Indifference" surge graças à decisão tomada pelo protagonista de nunca desistir de lutar contra a rotina cansativa de sua vida, mesmo quando se questiona "*How much difference does it make?*" ["Que diferença isso faz?].

Enquanto as letras de Vedder em *Ten* aludiam ao melodrama adolescente de *Born to Run*, "Indifference" ecoa os álbuns mais adultos de Springsteen, como *Darkness on the Edge of Town* e *The River*. A canção de Springsteen com

25. E é por isso que "Rats" é o único ponto fora da curva em *Vs.* A misantropia cáustica da música parece uma encenação, uma piada ruim que Vedder provavelmente se arrependeu de ter feito, tendo em vista que ela raramente aparece nos setlists do Pearl Jam.

a qual "Indifference" mais se parece é "Wreck on the Highway", que fecha *The River*. Nela, Bruce canta sobre deitar-se na cama com sua parceira após ver os efeitos de um acidente de carro fatal, o que o faz refletir sobre a fragilidade humana. Em "Indifference", o personagem principal *sai* da cama – podendo muito bem ser a manhã após "Wreck on the Highway" – para "*make my way/ through one more day in hell*" ["tentar sobreviver/ a mais um dia no inferno"].

Martin Gurri escreveu que o dilema da vida moderna é que não conseguimos imaginar um futuro para além do "queimar tudo". Em *Vs.*, o Pearl Jam atacou os fracassos sistêmicos que os jovens estadunidenses da década de 1990 estavam apenas começando a entender. Então Eddie Vedder passou a se perguntar: *Que diferença isso faz?* Essa é a questão que a geração X – e aquelas que vieram depois – ainda está tentando responder.

CAPÍTULO 7
"IMMORTALITY"

(12/4/1994, Boston)

Kurt Cobain – Bill Clinton – Opera Man – Um sermão de Henry Rollins – O ressentimento de Jeff Ament – *Vitalogy* – O "boom" do vinil – O advogado do diabo do Pearl Jam

Será que alguma banda já teve um mês mais tumultuado ou surreal que o abril de 1994 para o Pearl Jam?

Nem me refiro ao mês inteiro. Foram apenas duas semanas de insanidade extrema, com pontos altos históricos e pontos baixos cataclísmicos acontecendo simultaneamente. Para a maioria das bandas, esse nível de drama levaria uma década para acontecer. Qualquer um que queira entender por que o Pearl Jam deu um tempo em meados dos anos 1990, posteriormente alterando o rumo de sua carreira, eu aconselho a estudar em detalhes este período breve, porém significante.

Aqui está uma linha do tempo dos eventos:

3 de abril: O Pearl Jam toca o segundo de dois shows esgotados em Atlanta. A gravação pirata dessa apresentação é amplamente compartilhada, e, em retrospecto, muitos fãs o consideram um dos melhores shows na história da banda. Eles soam felizes, incrivelmente apaixonados pela música, além de afiados e poderosos. Dá para dizer que pelo menos três clássicos do setlist do Pearl Jam – "Release", "Porch" e um cover de "Sonic Reducer", dos Dead Boys – nunca foram tocados tão bem. "Porch", em especial, é inspiradíssima, estendendo-se por 11 minutos em uma jam que inclui uma breve transição para "Androgynous Mind", do ainda inédito álbum *Experimental Jet Set, Trash and No Star*, do Sonic Youth. Na gravação, porém, não aparece a parte da jam em que Eddie escala a estrutura de iluminação usando um capacete de futebol americano (do time Cincinnati Bengals) e asas de morcego douradas. Lá de cima, ele então joga um manequim no palco só para sacanear a plateia, que fica brevemente aterrorizada. Como de costume, a banda jamais hesita.

Dois anos e meio de turnê resultaram nisso. Duas semanas depois, o Pearl Jam faria seu último show com Dave Abbruzzese. O dia 3 de abril se tornou o ápice dessa era da banda.

Após o show, Eddie faz um set de DJ de dentro de uma van, que é transmitido (assim como o show) para diversas estações de rádio. Ao final, ele comenta que Kurt Cobain está desaparecido, depois ter saído escondido de uma clínica de reabilitação em Los Angeles. "Espero que ele esteja bem", Eddie diz. "Por favor, esteja bem."

5 de abril: Kurt Cobain tira a própria vida.

8 de abril: O corpo de Cobain é encontrado por um eletricista na casa do músico, em Seattle. O Pearl Jam está com o Mudhoney no outro lado do país. Quando Vedder fica sabendo da notícia, ele destrói seu quarto de hotel. Na mesma noite, eles fazem um show perto de

Washington, D.C. Ian MacKaye, do Fugazi, está assistindo da lateral do palco. Para a surpresa de Vedder, MacKaye elogia o show. Ele o convida para ficar nas instalações da Dischord.[26]

9 de abril: O Pearl Jam visita a Casa Branca e conhece Bill Clinton. O presidente pede a Eddie que o ajude na formulação da resposta federal à morte de Cobain, mas Eddie está chocado demais com a notícia para conseguir ajudar. Ele tenta, porém, convencer Clinton a permitir o uso de bases militares abandonadas como locais de show, de modo que o Pearl Jam possa se apresentar nesses espaços ao invés das casas filiadas à Ticketmaster. Por fim, a conversa gira em torno do time de basquete masculino Arkansas Razorbacks, que havia derrotado os Duke Blue Devils por 76-72 cinco dias antes, no campeonato nacional da NCAA.

12 de abril: Eles se apresentam no Orpheum Theatre, em Boston, para 2,7 mil pessoas, após duas noites esgotadas no Boston Garden, com capacidade para 12 mil pessoas. São seus primeiros shows após a morte de Cobain.

16 de abril: O Pearl Jam toca no *Saturday Night Live* pela segunda vez. Emilio Estevez é o apresentador do episódio. Ao gravar uma chamada para o programa, Vedder ignora Estevez e parece se divertir com o personagem Opera Man, de Adam Sandler. No *Weekend Update* do episódio, o Opera Man canta uma paródia de "Even Flow". O Nirvana já tinha sido satirizado por "Weird Al" Yankovic – agora era a vez do Pearl Jam.

Em reconhecimento a seu status como a maior banda do rock, o programa faz uma rara concessão e permite que eles toquem três canções: "Not For You", que ainda não tinha sido lançada, e duas de *Vs.*, "Rearviewmirror" e "Daughter". Mike McCready está tão alterado

26. Gravadora independente fundada por MacKaye em 1981 em Washington, D.C. [N. P.]

no programa que apaga durante "Daughter" (conforme ele contaria anos depois). Além de tudo, seu abuso de substâncias também está pesando muito para a banda – em uma entrevista para a *Melody Maker*, Vedder se queixa que o guitarrista solo do Pearl Jam está "fora de si em muitos casos, fazendo besteira, e estou preocupado pra caralho com ele". No mesmo ano, McCready entraria em reabilitação.

Em Nova York, Vedder concede uma entrevista ao *Los Angeles Times* em que parece incerto sobre o futuro do Pearl Jam, assim como sobre sua própria estabilidade mental.

"As pessoas acham que você é alguém incrível que está perfeitamente estável porque consegue expressar seus sentimentos em algumas músicas", ele diz. "Elas nos escrevem cartas e vêm aos shows e até nas nossas casas, esperando que possamos consertar suas vidas. Mas não podemos... porque também precisamos consertar nossa própria vida. O que elas não entendem é que não tem como salvar alguém de um afogamento se você também está afundando."

17 de abril: Uma noite após o *SNL*, eles fazem um show "secreto" para seus fãs mais ardorosos. Antes da apresentação, Vedder dá uma entrevista emotiva a Allan Jones, da *Melody Maker*, que é ainda mais pesada que a do *Los Angeles Times*.

"De minha parte, este pode ser nosso último show em uma porra de uma eternidade. A morte do Kurt mudou tudo. Não sei se consigo continuar com isso", Vedder disse a Jones. "Não sei para onde vamos depois. Talvez para lugar nenhum. Acho que este será o último evento por um bom tempo. Vou apenas morar em uma porra de uma caverna com minha namorada. Acho que não vou dar as caras por um tempo. Acho que não farei nenhuma merda de clipe. Talvez façamos alguns shows em algum momento, algo assim, não sei."

O show também é tenso. Após "Garden", alguém grita "Eu te amo!" para Vedder. "Você não me ama", ele responde, exausto. Ele cita uma canção do Who que data de um dos períodos mais comercialmente bem-sucedidos e emocionalmente frágeis de Pete Townshend, "I Don't Even Know Myself".

"Se você me conhecesse de verdade, você não me amaria. Você ama quem você *acha* que eu sou", Vedder retruca.

Dessa vez, Henry Rollins é quem está na plateia. Depois do show, ele gentilmente chama Eddie para conversar e sugere que ele deveria aproveitar mais a sua fama. O Pearl Jam ficará seis meses sem tocar ao vivo.

Esqueci de mencionar mais um evento importante que aconteceu durante esse período. Em Atlanta, Eddie compôs uma canção cujo significado mudaria imediatamente quando fosse tocada ao vivo pela primeira vez, no segundo show no Boston Garden, em 11 de abril, e na noite seguinte, no Orpheum Theatre.

A versão de "Immortality" de ambas as noites é diferente daquela que o mundo conheceria em *Vitalogy*, sete meses depois. A mudança mais significativa está na letra, que, na minha opinião, não é uma letra de verdade, embora seja possível achar transcrições na internet do que Eddie está supostamente dizendo. Acredito que, nesse momento, o que ele faz no palco – a versão melhor e mais acessível foi lançada no disco ao vivo *Live at the Orpheum Theater*, em 2011 – é o que eu chamaria de "murmúrio articulado", o mesmo tipo de vocal que ele faz em "Yellow Ledbetter" e "Release", em que ele expressivamente canta sons que parecem ser palavras, mas não são.

Vedder é tão bom nisso que ele não *precisa* de uma letra propriamente dita, pois os sons já comunicam a verdade emocional da canção. Seu murmúrio dolorido naquelas primeiras versões de "Immortality" pode soar vago se você for um ouvinte pedante, mas é eloquente e profundo se você estiver conectado num diálogo intuitivo com a música. Quando o Pearl Jam a tocou pela terceira vez, no show beneficente para a Bridge School, na Califórnia, em outubro, "Immortality" já estava quase em sua versão "final". (A jam incendiária no fim da canção, similar a algo que o Who faria, seria mantida nas versões ao vivo de "Immortality", apesar de ter sido cortada da versão de estúdio.)

Assim que a imprensa e boa parte do mundo ouviram *Vitalogy*, "Immortality" se destacou de imediato. É uma canção excelente, com uma melodia folk rock em tom menor que rapidamente se insinua para o ouvinte, mesmo quando é tocada como uma marcha fúnebre. "Immortality" também estabelece um desconfortável paralelo entre o Pearl Jam e a ascensão e queda de seu rival involuntário, o Nirvana.

Não é nada forçado presumir que "Immortality" foi pelo menos um pouco inspirada por Cobain. Ao ouvir a música na esteira do suicídio de Kurt, era difícil *não* pensar nele. Alguns versos soam como se pudessem ter sido compostos *por* Cobain: "*As privileged as a whore/ Victims in demand for public show/ Swept out through the cracks beneath the door*" ["Tão privilegiadas quanto uma prostituta/ Vítimas demandando exibição pública/ Varridas pelas frestas sob a porta"]. Então vem o verso mais famoso, que ocorre no final, como um epitáfio desconfortável (e perturbador): "*Some die just to live*" ["Alguns morrem apenas para viver"].

Jornalistas inevitavelmente perguntaram a Vedder se "Immortality" era sobre Cobain. E Vedder, inevitavelmente, negou. No *Los Angeles Times*, ele mencionou que "Immortality" tinha sido composta pouco tempo antes de Cobain morrer, dando a entender que, na verdade, estava escrevendo sobre si próprio.

Posso acreditar nas palavras de Vedder *e também* sugerir que ele certamente estava pensando em Cobain (quer de forma consciente ou não) quando a compôs. O evento em Atlanta coincidiu com o desaparecimento de Cobain, mas mesmo antes disso já havia muita preocupação com o bem-estar dele. Vedder dedicou "Go" a Cobain no dia 15 de março, em St. Louis, duas semanas após Kurt ter sido hospitalizado em Roma devido a uma overdose de remédios, amplamente entendida como uma tentativa de suicídio.

Não quero entrar demais na dinâmica difícil e, por vezes, dolorosa entre Eddie Vedder e Kurt Cobain, sobretudo porque eu já escrevi bastante a respeito disso.[27] É claro que Cobain era frequentemente (e desnecessariamente) maldoso com Eddie Vedder e com o Pearl Jam na imprensa, enquanto Vedder respeitava e admirava Cobain. Eles não eram próximos num nível pessoal, mas eram conectados – *são* conectados – em virtude da percepção pública e de seu momento compartilhado na história do rock. Do ponto de vista de Vedder, Cobain era tanto uma metáfora quanto uma pessoa, representando um caso em que o pior aconteceu, um alerta sobre as pressões e ansiedades pelas quais ele também estava passando. Em seu momento mais depressivo, Cobain irracionalmente acreditou que o Nirvana era universalmente detestado pelo público e considerado uma fraude superexposta – e Vedder sentia o mesmo (com uma certa razão) quanto ao Pearl Jam.

Como compositor, Vedder foi naturalmente atraído pela ideia de Cobain como uma metáfora, como forma de chegar até seus próprios sentimentos de ser uma "vítima demandando exibição pública". A característica da arte é que você pega a vida real e a exagera, a intensifica. Você faz isso para tornar a realidade mais dramática e catártica. E também para remover aquela toxicidade de sua cabeça, de modo que ela finalmente possa existir fora de você, como uma entidade independente.

Assim, Vedder demonstrou uma habilidade de compartimentalizar seus sentimentos de uma forma que seu gêmeo do grunge não conseguiu. Kurt levou as emoções, também sentidas por Eddie, a um extremo insustentável. Ele chegou mais próximo do cara da trilogia "Momma-Son"– um niilista romântico destinado a morrer jovem – do que Vedder jamais esteve. O que Vedder via como um exercício mental, ou uma válvula de escape emocional e criativa que poderia manter sua sanidade, era para Cobain um estilo de vida insustentável. Em "Immortality", não há como distinguir se a música é sobre Eddie ou Kurt, porque é, na verdade, sobre Eddie *como* Kurt.

Enquanto Kurt tornou-se um mártir, Eddie colocou-se na posição inerentemente problemática de porta-voz complexado de uma geração. Apesar

27. Escrevi um capítulo sobre isso no meu primeiro livro, *Your Favorite Band Is Killing Me*.

de suas constantes queixas sobre os fardos dessa função, sua disposição para participar de um encontro com ninguém menos que o presidente dos Estados Unidos sugeria que ele não era inteiramente contra a ideia de assumir essa responsabilidade.

O encontro do Pearl Jam com Bill Clinton, mais do que qualquer outra coisa, evidencia o quanto a banda havia se tornado poderosa em apenas dois anos e meio. Também diz respeito à maneira esperta com a qual Clinton apelava – por mais que soe cínico ou insincero agora – para a subcultura do rock alternativo do começo dos anos 1990. Um fator crucial para sua eleição em 1992 foi o Rock the Vote, uma organização sem fins lucrativos fundada em 1990 por dois executivos de gravadoras com a missão de incentivar jovens eleitores a participar das eleições. Em tese, o Rock the Vote não defendia um lado específico, mas era impossível não notar suas inclinações liberais, especialmente se considerarmos as características geriátricas dos dois presidentes republicanos anteriores, Ronald Reagan e George Bush.

Durante a campanha para a eleição presidencial de 1992, o Rock the Vote fez uma parceria com a MTV para transmitir anúncios de utilidade pública estrelados por alguns dos maiores nomes do rock na época. Entre eles estava Eddie Vedder, cujo vídeo de 28 segundos – no qual o cantor encena seu choque e desgosto com as estatísticas da fraca adesão de eleitores abaixo dos 25 anos, intercalado com imagens de skatistas girando no ar em câmera lenta – é risivelmente anacrônico hoje em dia. Mas a campanha deu certo: a quantidade de eleitores jovens em 1992 subiu ao seu nível mais alto desde os meados dos anos 1970. E isso ajudou Clinton, então com 46 anos, a tornar-se a pessoa mais jovem eleita para a Casa Branca desde John F. Kennedy, 32 anos antes.

A MTV celebrou o fim dos 12 anos sob Reagan-Bush sem qualquer ambiguidade, fazendo inclusive sua própria festa de posse, pela primeira (e última) vez, em janeiro de 1993. A grande performance da noite (que também contou com Don Henley, Boyz II Men, Soul Asylum e 10,000 Maniacs) ficou por conta do supergrupo Automatic Baby, que unia dois integrantes do R.E.M., Michael Stipe e Mike Mills, a dois do U2 – a outra maior banda progressista que tocava em estádios –, Adam Clayton e Larry Mullen Jr.

Parecia de fato que a mudança estava no ar, embora alguns desses músicos possam ter se sentido usados depois que o mandato Clinton fracassou em cumprir o idealismo utópico de sua campanha "Não Deixe de Pensar no Amanhã". Os apelos para mais direitos para a comunidade gay apenas resultaram na política evasiva do "Não Pergunte, Não Conte" para os militares. Além disso, as promessas de um governo mais empático deram lugar à Lei de Responsabilidade Pessoal e Oportunidades de Trabalho (1996), que reformulou os programas federais de assistência social com tanta crueldade para os mais pobres que poderia muito bem ter sido obra de um presidente republicano.

Seis meses após a visita do Pearl Jam à Casa Branca, o presidente Bill Clinton aprovou a Lei de Controle e Aplicação da Legislação em Crimes Violentos, que liberava bilhões de dólares para a contratação de 100 mil policiais e a construção de várias novas prisões. A norma implementava ainda um sistema de "três strikes", garantindo prisão perpétua a réus violentos, política que contribuiu para a explosão da população carcerária dos Estados Unidos. Isso tudo era exatamente o tipo de coisa contra a qual Vedder tinha se posicionado em hinos de justiça social, como "W.M.A.". A diferença é que as políticas agressivas de policiamento agora estavam sendo criadas por democratas ao invés de republicanos.

Nem todas as bandas de rock apoiaram Clinton de imediato – o Nirvana, por exemplo, nunca fez um anúncio para o Rock the Vote, nem defendeu qualquer mensagem política consistente. Já Vedder equilibrava o seu lado de ativista sincero e prodigioso com o do político astuto. Seu talento para cair nas graças de seus heróis de infância, como Pete Townshend e Neil Young, só era superado pelo charme e pela perspicácia que demonstrava ao cortejar críticos em potencial vindos do underground, como Ian MacKaye e Henry Rollins, suavizando assim o ceticismo daqueles que reverenciavam o Fugazi e o Black Flag como as antíteses do Pearl Jam. Quem era Bill Clinton perto *daqueles* dignitários?

Se a permissão do uso da imagem de Vedder numa foto publicitária do presidente o tivesse ajudado a marcar uma turnê longe das casas de show da

Ticketmaster, a viagem teria valido a pena. No fim das contas, porém, Bill Clinton também falhou em cumprir essa promessa.

Outro motivo pelo qual não quero passar muito tempo falando sobre o tema Eddie vs. Kurt é porque prefiro explorar a dinâmica Jeff vs. Kurt.

Esse parece ser o ponto crucial da rivalidade (exagerada, mas não fictícia) entre o Nirvana e o Pearl Jam. Kurt Cobain aparentemente não gostava de Jeff Ament e expressou seu desgosto mais de uma vez ao se referir ao Pearl Jam como carreiristas do grunge. Ele chamou Ament especificamente de carreirista no livro *Come As You Are: The Story of Nirvana* (1993), de Michael Azerrad, acrescentando que o baixista é "uma pessoa que vai puxar seu saco para garantir que sua banda se torne popular e para que ele possa ficar rico". Jeff Ament, por sua vez, ficou ressentido com isso porque tinha raízes na cena punk de Seattle que eram, de fato, muito mais profundas que as de Cobain.

Enquanto Vedder ignorava ou humildemente aceitava as provocações de Cobain, Ament rebatia com consistência a narrativa de que o Pearl Jam tinha menos credibilidade que o Nirvana. Ament foi o cara que, no início dos anos 1980, mudou-se de Montana para Seattle com apenas 40 dólares no bolso. Foi o cara que sobreviveu à base de torta de frango enquanto sua banda punk Deranged Diction abria shows para o Hüsker Dü e o D.O.A. E foi o cara (ao lado de Stone Gossard) que tocou no Green River, o primeiro grupo a lançar um disco pela Sub Pop. Ele ficava irritado – não, ele ficava muito *puto* – de ser acusado de não ter direito a algo.

"Ele acha que nós estamos pegando carona com a banda dele?", Ament desabafou em 1992 para a *Rolling Stone* em uma matéria de capa sobre o Nirvana, também escrita por Azerrad. "Poderíamos inverter o jogo e dizer que o Nirvana lançou seus discos graças ao dinheiro que nós ganhamos para a Sub Pop enquanto estávamos no Green River – se fôssemos tão estúpidos sobre isso."

Oito anos depois, Ament admitiu que "aquela merda nunca saía da minha cabeça", em uma entrevista para o *San Francisco Chronicle*. "A questão é que eu nasci em uma família pobre e sempre precisei ter um emprego, além da banda, até uns dez anos atrás", ele disse. "Talvez parte da garra que as pessoas veem em mim é decorrente do fato de eu não querer trabalhar em um restaurante pelo resto da vida."

Quando Kurt Cobain aparece no documentário *Pearl Jam Twenty*, de Cameron Crowe, o foco está nos sentimentos de Vedder quanto à aparente reconciliação deles no MTV Video Music Awards de 1992. O famoso trecho dos dois dançando nos bastidores, enquanto Eric Clapton toca "Tears in Heaven", pode muito bem ser o momento exato em que os anos 1990 atingiram seu ápice. Crowe também dedica algum tempo à reação solene de Vedder diante da morte de Cobain. A versão em livro de *Pearl Jam Twenty*, no entanto, é menos sentimental, permitindo algumas reações mais mordazes de Mike McCready ("fiquei puto com ele por um bom tempo") e Ament.

"Stone disse algo tipo 'quando Kurt nos julgava, tinha um impacto sobre nós e sobre a forma como fazíamos as coisas'. Talvez isso fosse verdade para ele, mas não para mim", Ament afirmou. "Eu tinha muitos colegas na música naquela época; pessoas na minha vida que eu respeitava de verdade. Kurt não era uma delas. Eu nem o conhecia."

O fim do Green River em 1988 foi o pecado original da cena punk de Seattle, dividindo os fiéis entre os puristas (Mudhoney) e os hedonistas (Mother Love Bone). Um purista como Cobain naturalmente se contrapôs à banda de Ament e Gossard, ainda que sua própria ambição e aptidão para o pop fossem mais alinhadas ao Mother Love Bone. Vedder, ao que parece, também não conseguiu evitar essa dicotomia reducionista.

Ele pode ter genuinamente admirado Cobain de longe, embora Cobain também exacerbasse sua aguda síndrome de impostor. Essas inseguranças ficaram especialmente fortes para Vedder em 1994 e foram expostas naquela entrevista para a *Melody Maker*, na qual ele demonstrou uma vulnerabilidade incomum para um *rock star* de seu nível.

"O que se espera é que seu ego fique enorme, tocando para tantas pessoas, com tanta gente cantando suas canções. Mas o fato é que você nunca acha que é tão bom assim", ele disse a Allan Jones. "Você sente que não merece esse tipo de atenção ou adoração. E o que você acaba sentindo, ao invés desse ego enorme, é que você não vale nada."

Quando ouço *Live at the Orpheum Theater*, sempre fico me perguntando o que deve ter passado pela cabeça de Ament e Gossard quando Vedder chamou Mark Arm, do Mudhoney, para cantar "Sonic Reducer", apresentando-o como "um dos ancestrais de todas essas músicas ótimas que todo mundo escuta". Mesmo que ele esteja sendo levemente irônico, ainda é algo meio estranho de se dizer, tendo em vista que sua própria banda inclui dois caras que tocaram com Arm em um grupo pioneiro, cerca de uma década antes.

Ament e Gossard não tinham motivos para se sentir impostores. Eles também eram "ancestrais" do rock de Seattle. É por isso que Ament nunca engoliu as críticas de Cobain – enquanto ele fazia shows punk em Seattle, Kurt Cobain ainda passava seu tempo debaixo de uma ponte em Aberdeen. Embora a ascensão do Pearl Jam tenha sido relativamente rápida, o núcleo da banda já havia cumprido por anos o dever de "músico lutando para sobreviver" – dormindo no chão, vivendo de centavo em centavo, comendo sanduíches de mortadela em todas as refeições –, tudo isso antes de *Ten* tornar-se o prato principal da MTV. Mas, por alguma razão, nem o cantor do Pearl Jam conseguia contextualizar a banda dessa forma em 1994.

O caos e a confusão que imperaram em abril de 1994 podem ser ouvidos no disco lançado em 22 de novembro do mesmo ano. *Vitalogy* é um álbum dominado pelo estado da cabeça perturbada de Eddie Vedder. Esse conceito se aproxima da literalidade no encarte, onde um raio X dos dentes tortos do vocalista substitui a letra de "Corduroy". Mas isso também é comunicado de forma explícita por meio de suas letras torturadas – e, vez ou outra, surreais – e pela música intencionalmente caótica.

Essa abordagem pouco convencional também foi adotada para o formato do álbum. A pressão para que *Vitalogy* fosse lançado em vinil duas semanas antes dos típicos lançamentos em CD e fita cassete foi vista na época como uma das excentricidades da banda. O vinil ainda estava a anos de ser apreciado como um item de colecionador pelos fãs de música popular. Um artigo de 1988 do *Los Angeles Times* especulava que o vinil provavelmente estaria extinto em 1990 – talvez 1992, caso os devotos esticassem sua vida um pouco mais. Os números pareciam refletir isso: de acordo com a Recording Industry Association of America, 280 milhões de discos de vinil foram vendidos em 1973, representando 73% do total de vendas de álbuns nos Estados Unidos. Em 1987, o vinil representava apenas 17,3% do total de vendas.

Para uma geração criada com CDs, que tiveram seu melhor momento comercial nos anos 1990, *Vitalogy* pode ter sido o primeiro disco de vinil comprado por um fã do Pearl Jam. Considerando o boom do vinil no século XXI, a banda pode se orgulhar de ter estado à frente do seu tempo. Eles provavelmente inspiraram milhões de jovens a se tornar colecionadores de vinil no futuro.

Além dessa questão do apoio a um formato arcaico, também faz bastante sentido em termos artísticos dividir *Vitalogy* em metades distintas. O lado A é reservado às "canções", a parte do disco que parece uma extensão dos sucessos de *Vs.* "Last Exit" tem uma explosão bombástica e agressiva, nos moldes de "Go" e "Animal", enquanto "Spin the Black Circle" e "Whipping" são demonstrações sinceras da energia que a banda consegue transmitir com tanta facilidade. Do ponto de vista de uma declaração de intenções, a faixa mais essencial no lado A é "Not For You". Inspirada pelo Crazy Horse, ela se arrasta de forma pesada e rabugenta, com Vedder voltando a se alinhar com o público rebelde e "do contra" conquistado pela banda em seus dois primeiros discos.

Entretanto, a faixa mais importante mesmo desse primeiro lado é "Nothingman", uma balada brilhante composta por Vedder e Ament em apenas uma hora. Com seu riff de guitarra suavemente metálico, acompanhado de um vocal contido de Vedder, ela de certa forma soa como um momento tranquilo num disco majoritariamente tumultuado. Mas consegue estender seu impacto por mais tempo, depois de dissipado o choque das outras faixas. Assim como "Indifference", "Nothingman" é uma canção madura sobre as verdadeiras batalhas emocionais que sabotam os relacionamentos entre adultos. Gosto muito dos versos em que Vedder aponta o momento exato em que uma relação romântica esfria: "*She once believed in every story he had to tell/ One day she stiffened/ took the other side*" ["Ela costumava acreditar em todas as histórias que ele contava/ Um dia ela endureceu/ e ficou do outro lado"]. É um momento tão íntimo e sensível quanto o resto de *Vitalogy* é frio e agressivo. Em discos posteriores do Pearl Jam, quando Vedder começa a se preocupar com assuntos como família e mortalidade, as melhores faixas costumam ser as composições belas e reflexivas que seguem o exemplo de "Nothingman".

No lado B, *Vitalogy* deixa de ser um disco impressionista e passa a ser expressionista. Agora, em vez de apenar contar o quão fodida está a cabeça de Eddie Vedder, ele começa efetivamente a te mostrar o estrago. O processo se inicia com a canção mais literal do disco sobre apropriação da cultura grunge, "Corduroy".[28] Na entrevista do *Los Angeles Times*, Vedder estava preocupado que a letra pudesse ser "óbvia demais", o que explica o raio X de seus dentes no encarte. Mas "Corduroy" perdurou como uma das melhores canções do Pearl Jam, graças ao som incrível deles como um todo, chegando a uma transcendência extática durante a ponte instrumental que remete à genialidade do show de 3 de abril de 1994.

A partir desse ponto, o senso de equilíbrio do disco começa a se deteriorar, lenta e alegremente. É verdade que esse lado inclui a música pop mais direta do Pearl Jam, "Better Man" – entretanto, no contexto do álbum, ela é apresentada como uma espécie de flashback do passado de Vedder. No fim, os sentimentos que permeiam o lado B são de luto ("Immortality"), medo (a demente e quase inaudível "Stupid Mop") e paranoia (a antigroupie "Satan's

---

28. "Corduroy" refere-se a uma réplica da jaqueta de Vedder que era vendida na época. Também é um termo utilizado por surfistas para descrever uma série de ondas que vão da praia até o horizonte.

Bed", que também estreou em abril de 1994). É praticamente a entrevista para a *Melody Maker* em formato musical.

E também temos "Bugs", descrita por Eddie como sua "música masturbatória no acordeão", que ele adorava apresentar aos amigos antes do lançamento de *Vitalogy* como o primeiro single do álbum. A melhor (e talvez única) forma de apreciar "Bugs" é como uma obra de arte meta-performática, no sentido de "E se uma música sobre comer insetos, tocada no acordeão, aparecesse como a nona faixa no maior disco de rock do ano?". É uma pegadinha – não exatamente com o público do Pearl Jam, mas com o conceito do estrelato pedante. E dá certo, eu acho, se você escuta o álbum do começo ao fim. Se você inserir "Bugs" em uma playlist do Pearl Jam, ela soará irritante. Mas, em *Vitalogy*, ela faz parte de uma narrativa sobre um homem enlouquecendo com sua arte para não enlouquecer em sua vida.

Vitalogy é uma demonstração tão pessoal e específica da cabeça de Vedder que é compreensível que os outros integrantes do Pearl Jam não tenham entendido a proposta logo de cara. Stone Gossard foi o crítico mais franco de *Vitalogy*, admitindo ter desistido do álbum antes de sua conclusão. "Na época, eu pensava: 'Este não é o nosso melhor disco'. Lembro que fiquei meio decepcionado ou, tipo, me senti desconectado dele no final, e não ajudei a concluí-lo", ele diz em *Pearl Jam Twenty*. "Pela primeira vez, o disco não dependia mais de mim."

Em *Ten* e *Vs.*, Gossard foi um gerador de ideias, uma máquina de riffs que compôs a música que eternamente manteria o Pearl Jam nas rádios e nos estádios. Como Ament, ele tinha raízes profundas na cena punk de Seattle. Mas também era, no fundo, um metaleiro, cujos primeiros amores tinham sido o Iron Maiden e o Motörhead. Stone tinha um senso de decência sobre como uma banda deveria se portar, assim como também sabia fornecer os sons de guitarra que os headbangers amavam ouvir.

Aquela ideia de "punk rock para estádios" que o Pearl Jam estava agora levando adiante tinha surgido do modo como Stone vinha conceituando sua própria música. Ele tinha todo o direito de esperar manter seu papel de "mestre e comandante" no terceiro disco. Especialmente em *Vs.*, Gossard

BUTTHOLE
SURFERS

achava que tinha descoberto como os álbuns do Pearl Jam deveriam funcionar. Por que não o deixar no comando? Mas *Vitalogy* foi "o primeiro disco em que Eddie era o cara tomando as decisões finais", Gossard recordou mais tarde. "Foi um disco muito difícil para mim, porque precisei abrir mão de muito controle."

Esse subtexto é uma parte importante da história por trás de *Vitalogy* – e é por isso que ele continua sendo um dos discos mais interessantes do Pearl Jam. É nele que o contraste entre Gossard e Vedder fica evidente. Essa dinâmica era mais amigável e benigna que a tensão com Abbruzzese, mas, ainda assim, era um conflito.

"A música que você achava que seria ótima para o disco não era necessariamente a que ele pegava para cantar", Gossard comentou sobre Vedder em uma entrevista para a *Spin*, em 2001. "Era uma terceira versão de um riff ou alguma canção boba: de repente, era nisso que ele queria trabalhar. Em retrospecto, consigo valorizar isso, e meio que fico ressentido com o fato."

"Eu digo que o Stone é meu arqui-inimigo na banda, sobretudo porque ele é o advogado do diabo", Vedder disse, em contrapartida. "Você podia ter a melhor ideia do mundo, totalmente inquestionável, aí ele achava um motivo para não a levarmos adiante. Mas é muito positivo. Alguém precisa fazer isso, e é o que ele faz, descaradamente."

A disputa aqui é juvenil. Mas não há dúvida de que, apesar de seus ressentimentos, se Stone não tivesse começado a valorizar a forma como Vedder liderava a banda – ou suas decisões em *Vitalogy*, que ele veio a apreciar depois –, o Pearl Jam teria acabado ali mesmo. Stone teve de aceitar que Eddie pegaria um de seus preciosos riffs arrastados e pesados, "acidentalmente" o aceleraria diversas vezes e o transformaria na mordaz "Spin the Black Circle". Stone e Jeff já tinham feito o que precisavam fazer com aquele tipo de música. Eddie ainda não. E isso, por si só, era o bastante para torná-la uma canção do Pearl Jam.

Você pode chamar isso de carreirismo. Ou de pragmatismo aceitável. Eu acredito mais na segunda opção. O público vê em Kurt Cobain um exemplo da pureza punk, porque ele preferia a morte a ter de fazer concessões. Mas, no Pearl Jam, um histórico no punk preparou Stone e Jeff para entender a sabedoria das concessões, especialmente porque era o caminho para uma liberdade maior, que lhes permitiria fazer tudo de seu jeito.

Eles abriram mão do controle porque era o melhor para a banda. Após terem passado por um número suficiente de grupos que se dissolveram, reconheciam qual era o bem maior. No fim das contas, há mais liberdade em sobreviver do que o contrário.

CAPÍTULO 8
"BETTER MAN"

(9/7/2003, Nova York)

Bad Radio (a banda) – Bad Radio (o conceito) – The English Beat – Karen Vedder – *Hard Promises*, de Tom Petty – The Indigo Girls – *Hejira*, de Joni Mitchell

Qualquer conversa sobre o Pearl Jam tende a focar em Eddie Vedder. Inclusive este livro, que até o momento está desproporcionalmente focado no vocalista. Mas é assim que funciona no caso dessa banda. Ele é o homem no topo. E esse fato é reconhecido por todos os envolvidos. Nos extras do DVD do show *Let's Play Two*, de 2017, Vedder se descreve como o "jogador/treinador" da banda. Numa analogia esportiva, se me permitem, Eddie Vedder está para o Pearl Jam assim como Bill Russell estava para os Boston Celtics do fim dos anos 1960.

Mas seria um erro classificar o Pearl Jam como uma operação solo. A banda absolutamente não teria sido capaz de funcionar se Stone Gossard e

Mike McCready tivessem sido demitidos e substituídos por Dave Navarro e Buckethead. Ou se Flea entrasse no lugar de Jeff Ament, caso ele decidisse permanentemente se aposentar em Montana. Esses caras precisaram ser levados à excelência do rock por Eddie Vedder. E Eddie Vedder precisou de seus colegas de banda para se tornar *o* Eddie Vedder.

Se tiver qualquer dúvida quanto a isso, é só procurar vídeos do Bad Radio no YouTube.

Originário do Sul da Califórnia, o Bad Radio era uma banda que mesclava punk, funk e metal e que esteve em atividade de 1986 até 1990. Como tantos outros grupos dessa cena no fim dos anos 1980, o Bad Radio devia muito aos dois maiores nomes do rock alternativo de Los Angeles na época: o Red Hot Chili Peppers e o Jane's Addiction. Isso significa que as canções do Bad Radio, no geral, tinham ao menos um solo de guitarra bem doido e usavam excessivamente a palavra "*funk*" como substituta de "*fuck*".[29]

Em 1988, Vedder assumiu como vocalista da banda, comprometendo-se a fazer do Bad Radio um sucesso ao longo dos dois anos seguintes. A fama e a fortuna, no entanto, eram cartas fora do baralho, graças, segundo Vedder, à falta de inspiração de seus colegas. "Venceríamos a 'batalha das bandas' só no quesito intensidade, a *minha* intensidade", ele relembrou. "Eu não conseguia fazer ninguém abrir mão de suas ideias idiotas. Quanto às canções, eles não estavam aprendendo nada, não estavam vivendo nada. Eles sabiam o tamanho da nova bateria do Tommy Lee, mas, sabe, que se foda isso."

Antes que você pense que ele está sendo indelicado, assista na internet o que supostamente foi o último show de Vedder com o Bad Radio, no dia 11 de fevereiro de 1990, em San Diego. O *timing* desse show é interessante por, pelo menos, dois motivos. Primeiro, ele ocorreu apenas um mês antes da morte de Andrew Wood, que sinalizou o fim imediato do Mother Love Bone. Segundo, ocorreu apenas sete meses antes de Eddie enviar a fita "Momma-Son" a Seattle, que sinalizou o começo do Pearl Jam.

---

29. Felizmente, a influência do funk-rock no Pearl Jam é mínima, aparecendo mais claramente no lado B "Dirty Frank" e na faixa "Rats", de *Vs.*

O Eddie Vedder que você vê cantando com o Bad Radio em 11 de fevereiro de 1990 não é tão diferente do Eddie Vedder que o mundo logo conheceria. Na verdade, o mais impactante nesse vídeo de 40 minutos é o quão distante do estrelato ele parece estar. Como ele mesmo menciona algumas vezes durante a apresentação, o show acontece numa noite de domingo, diante de uma plateia dispersa. Durante as primeiras músicas, Vedder se esforça para fazer as pessoas dançarem, conseguindo convencer umas dez. Não dá para saber ao certo, mas essa quantidade pode muito bem ser a maioria da plateia.

Com base nesse vídeo, é muito fácil tirar sarro do Bad Radio, tendo em vista o quanto eles imitam as bandas mais populares de sua cena. (A música "What", com uma influência blues, que lembra o RHCP da era *Mother's Milk* acrescido de uma guitarra histriônica à la Stevie Ray Vaughan, é particularmente terrível.) Mas Vedder já tinha a maioria dos elementos necessários para ser um *frontman* de primeira: sua voz característica é perfeita e forte, ele emana carisma e tem a mesma energia inflamável e destemida que marcaria os primeiros shows do Pearl Jam. (No fim de "Waste My Days", que encerra a noite, ele derruba o pedestal do microfone de forma teatral.)

O cara sem dúvida tem talento. Mas não tem um elenco de coadjuvantes para fazê-lo brilhar. O vídeo ressalta uma verdade óbvia: não fosse a sorte, Eddie Vedder talvez nunca teria escapado dos shows de domingo à noite em bares quase vazios de San Diego.

O próprio Vedder reconheceu isso durante um show do Pearl Jam no Madison Square Garden, em 2003, enquanto apresentava um hit que se originou na era Bad Radio. "Sem Jeff e Stone, eu certamente não teria a chance de tocar aqui, ou em qualquer lugar, na verdade", ele diz. "Ou talvez tocasse em algum lugar que cheirasse a mijo." (Vedder, é claro, precisou acrescentar: "Mas não teria nenhum problema com isso".)

A canção era "Better Man". Vedder contou que a havia composto duas décadas antes daquele show no Madison Square Garden, em sua adolescência no início dos anos 1980, quando morava em um apartamento simples. Ela foi parcialmente inspirada por "Save It for Later", um single da banda de ska The

English Beat, lançado em abril de 1982, muitos anos após ter sido escrita pelo guitarrista da banda, Dave Wakeling, em *sua* adolescência.[30]

Com base nessa linha do tempo, é provável que "Better Man" tenha sido esboçada pouco depois de Karen Vedder contar ao filho a verdade sobre seu pai biológico, Edward Severson Jr., que morreu em 1981 e era conhecido por Eddie como apenas um amigo da família. Esse confronto teria acontecido no verão de 1982. Em seguida, Vedder foi morar sozinho, enquanto completava o ensino médio na San Dieguito High School. Esses eventos – e o sucesso de "Save It for Later" nas paradas – parecem se alinhar.

A interpretação mais óbvia de "Better Man" é que Vedder está falando do relacionamento de sua mãe com seu padrasto, Peter Mueller, um homem de quem Vedder nunca falou com carinho. A letra foi escrita da perspectiva de uma pessoa próxima ao casal, presumivelmente uma criança. O narrador consegue ver a dinâmica abusiva em jogo, mas não tem o poder de interrompê-la. A diferença entre "Better Man" e a realidade é que Karen Vedder rompeu o relacionamento, um fim mais alegre que o criado por Eddie na canção, na qual a mulher quer partir, mas parece resignada a ficar, devido a um senso equivocado de obrigação. "*She loved him, yeah/ She don't want to leave this way/ She feeds him, yeah/ That's why she'll be back again*" ["Ela o amava, sim/ Ela não quer partir assim/ Ela o alimenta, sim/ É por isso que ela voltará de novo"].

"Better Man" só entrou na órbita do Pearl Jam uma década depois, durante as sessões de gravação de *Vs.* Quando o produtor Brendan O'Brien a ouviu pela primeira vez, logo a reconheceu como "uma canção pop descaradamente boa" e como um potencial sucesso. Só que isso era tudo o que não podia ser dito a Eddie Vedder em 1993. Por um momento, o plano era ceder a canção para um álbum beneficente do Greenpeace. Mas O'Brien confessou ter sabotado a versão da era *Vs.* para que o Pearl Jam pensasse melhor sobre a ideia de doar "Better Man" para a caridade. Com o tempo,

---

30. Pete Townshend também fez um cover dessa canção em seu disco ao vivo de 1986, *Deep End Live!* O Pearl Jam começou a ocasionalmente tocar um trecho dela ao fim de versões ao vivo de "Better Man", a partir de 1998.

talvez conseguisse convencê-los a gravar uma versão melhor para entrar no próximo disco do Pearl Jam.

Tenho certeza de que Vedder tinha algumas ressalvas quanto a lançar uma canção tão pegajosa e acessível como "Better Man" após o imenso sucesso de *Ten* nas rádios. Mas particularmente não acredito que ele seguiria adiante na decisão de enterrar "Better Man" num disco beneficente. Era óbvio que a música tinha um significado para ele. Se não quisesse que o mundo a ouvisse, ele poderia apenas tê-la para si próprio. Mas guardou "Better Man" por anos depois de compô-la e passou muito tempo aprimorando-a.

Se você buscar mais vídeos do Bad Radio no YouTube, encontrará um que mostra Vedder cantando "Better Man" com a banda em 1989. A qualidade é ruim, mas a música está praticamente toda lá – a melodia e os vocais de Vedder são inconfundíveis, mesmo com a gravação de baixa fidelidade. O que mata essa versão é o arranjo bagunçado. Sendo bem justo, "Better Man" não se encaixa no típico repertório machão do Bad Radio, com o qual, aliás, Vedder se irritava desde o início. Uma das provas é uma demo que ele gravou naquele período, contendo um *cover* fiel de "One Step Up", de Bruce Springsteen, faixa do seu disco do "divórcio" de 1987, *Tunnel of Love*. Assim como "Better Man" (e "Nothingman"), "One Step Up" é uma análise honesta do fracasso de uma relação romântica, tema que não combina com músicas sobre fazer um "funk".

Na versão Bad Radio de "Better Man", a banda entra logo após a primeira estrofe e se mantém no mesmo *groove* por vários minutos. Não há a tensão e o drama característicos da versão do Pearl Jam, em que a banda só entra depois de 1 minuto e 55 segundos, quase na metade da faixa. O resultado é que a versão do Bad Radio é terrivelmente entediante e repetitiva, sem a dinâmica "do silêncio ao barulho" que fez "Better Man" se destacar nas rádios de rock quando se tornou a canção principal de *Vitalogy*.

Quando o Pearl Jam tocou "Better Man" pela primeira vez, em maio de 1993, durante um show beneficente no Slim's Café, em São Francisco – 18 meses antes de sua entrada em *Vitalogy* –, ela foi executada da mesma forma que o Bad Radio fazia, porém muito melhor. O mesmo pode ser dito das poucas vezes que eles experimentaram tocar "Better Man" em shows na primavera de 1994. A performance realizada no icônico show de 3 de abril de 1994 em Atlanta acabou formando a base da faixa no *Vitalogy*, com uma diferença crucial. Após Vedder novamente questionar se "Better Man" deveria entrar num disco do Pearl Jam, O'Brien sugeriu diminuir o efeito do primeiro refrão, refazendo a metade inicial da canção com apenas Eddie na guitarra e vocais e O'Brien no órgão.

Essa alteração simples, porém significativa, no arranjo de "Better Man" gerou dois grandes benefícios. Primeiro, transformou a música na mais popular dos shows do Pearl Jam no quesito "plateia canta junto". Isso é irônico, tendo em vista que a intenção original de Vedder era deixar o primeiro refrão com um som menos pop. Na verdade, a mudança fez o oposto, dando a "Better Man" uma sensação de revigoração comunitária que não existia antes. Agora era um *convite* para você cantar junto.

Esse aspecto de "Better Man" evoluiu até chegar a um ponto irreversível na turnê de 2003. Antes disso, era possível ouvir, em gravações de shows dos anos 1990 e da turnê de 2000, a plateia cantando *com* Vedder. Mas em 2003 ele começou a deixar os fãs cantarem um verso ou outro sozinhos. Pouco a pouco ele foi cedendo até deixar o público cantar partes da primeira estrofe e do refrão em seu lugar. Até que, no show do Madison Square Garden, a força coletiva da voz dos fãs finalmente superou a dele, e continuou assim nos anos seguintes. "Better Man" passou a ser a música *deles*.

O segundo benefício do arranjo definitivo de "Better Man" é ainda mais crucial: ele muda o significado da canção. No papel, "Better Man" é depressiva. A letra expõe uma pessoa aceitando o abuso e a negligência de um parceiro, só porque uma alternativa melhor parece inimaginável. Mas o *som* de "Better Man" conta uma história diferente. Sentimos a dor e a solidão do personagem na primeira metade da canção graças à voz angustiada e isolada de Vedder. Mas aí a banda entra, subitamente transformando "Better Man" em um hino que anima e agrada a plateia.

Será que isso vai contra a negatividade da letra, a fim de causar prazer nos ouvintes? Acho que não. Acredito que a mensagem de "Better Man" é que todos temos lutas diárias que parecem insuperáveis, mas só porque nos sentimos derrotados hoje não necessariamente significa que estaremos derrotados amanhã. O arranjo dá a esperança que a letra nega.

Afinal de contas, o que seria um melhor exemplo de esperança que a história dessa música? Um dia, Eddie Vedder cantou "Better Man" num lugar que cheirava a mijo; no outro, cantou-a no Madison Square Garden. Para que isso acontecesse, "Better Man" precisou de "homens melhores".[31]

Cerca de um ano antes de "Save It For Later" entrar em seu radar, o jovem Eddie Vedder foi a uma loja de discos, em maio de 1981, e comprou uma cópia do quarto álbum de Tom Petty and the Heartbreakers, *Hard Promises*. Eddie adquiriu o LP no dia do lançamento, pois, como diz sua faixa de abertura, "*the waiting is the hardest part*" ["a espera é a pior parte"]. Ele conta no documentário *Tom Petty and the Heartbreakers: Runnin' Down a Dream* (2007), dirigido por Peter Bogdanovich, que aprendeu a tocar a icônica "The Waiting" naquele mesmo dia.

Em algum momento, Eddie também deve ter tocado a segunda faixa de *Hard Promises*, "A Woman in Love (It's Not Me)". A música foi o segundo single do álbum, mas não alcançou o sucesso de "The Waiting". Isso ocorreu, em parte, por culpa de *outra* canção de Tom Petty and the Heartbreakers que estava subindo rapidamente nas paradas em 1981: "Stop Draggin' My Heart Around", um dueto com Stevie Nicks que chegou à terceira posição, mais alto do que qualquer outra faixa dos Heartbreakers até aquele momento. Lançada no álbum de estreia de Nicks, a música foi fruto de uma produtiva parceria com a cantora, que acabou rendendo também uma das melhores faixas obscuras de *Hard Promises*, "Insider".

Eu diria que "A Woman in Love" e as músicas com Stevie Nicks devem ter exercido um efeito de osmose sobre o Eddie Vedder de 16 anos que era

31. Em inglês, o título da canção, "Better Man", significa literalmente "homem melhor". [N. E.]

obcecado por *Hard Promises*, sobretudo no que diz respeito a "Better Man". Na maioria dos casos, a influência da obra de Petty no Pearl Jam é difícil de discernir. Vedder sempre declarou seu amor pelo cantor, antes e depois da morte de Petty, em 2017, além de fazer covers de suas canções, tanto com o Pearl Jam quanto em seus shows solo. Assim como Vedder se sente em relação a tantos heróis do rock clássico, ele é um verdadeiro fã de Petty, e um grande conhecedor do trabalho do músico. Sua decisão de tocar "Room at the Top" – uma das músicas mais tristes de Petty sobre sua própria saúde mental – durante a seção "In Memoriam" da cerimônia do Oscar de 2018 foi astuta, mas também um tanto deprimente.

As músicas do Pearl Jam, no entanto, não são muito parecidas com as do repertório de Petty. A influência que ele exerce não é tão óbvia quanto nos casos do Who, Bruce Springsteen e Neil Young. Ele é relaxado, sulista e ensolarado demais para combinar com aqueles rapazes introspectivos do noroeste chuvoso do país. E pode acreditar que Petty – cuja sequência de sucessos perfeitos para tocar no carro, de meados dos anos 1970 até meados dos 1990, é inigualável na história do rock – nunca rejeitaria a ideia de colocar um sucesso garantido como "Better Man" em um de seus próprios discos.[32]

"Better Man" é a única canção do Pearl Jam que teria chance de estar em um disco de Tom Petty. A forma como as estrofes e o refrão podem ser cantados pela plateia já indica isso – todos os sucessos de Tom Petty podem facilmente ser acompanhados por um estádio inteiro. É isso que torna uma *canção* de Tom Petty um *clássico* de Tom Petty. Além disso, "Better Man" é mais raiz do que a maior parte das músicas do Pearl Jam. Sonoramente, pertence à mesma linha de composições "ao vivo e de boa no estúdio" do clássico álbum lançado por Petty em 1994, *Wildflowers*, que saiu no mesmo mês que *Vitalogy*. A conexão mais importante com Petty, entretanto, é a empatia que Vedder sente pela mulher na história e sua disposição de escrever desse ponto de vista.

---

32. *Earthling*, disco solo de Eddie Vedder lançado em 2022, definitivamente tem o som mais Tom Petty que ele já fez.

No começo dos anos 1990, o Pearl Jam se diferenciava da cena grunge dominada por homens (e pela angústia masculina) ao frequentemente centrar suas canções em mulheres. Isso começou com "Why Go", de *Ten*, na qual uma paciente com uma doença mental resiste à ideia de ser internada. O foco aumentou nas letras de Vedder feitas para *Vs.*, com as canções "Daughter", "Dissident" e "Elderly Woman Behind a Counter in a Small Town". ("Animal" também pertence a esse grupo, se você interpretá-la como uma canção sobre abuso sexual.) No caso de "Elderly Woman...", não é só a letra; ela também transmite uma sensação musical fortemente feminina – o violão robusto e de coração aberto, inspirado diretamente pelas Indigo Girls, enquanto as linhas de baixo sem traste de Ament relembram o trabalho de Joni Mitchell com Jaco Pastorius, o pioneiro do baixo de jazz, no disco *Hejira*, de 1976.

O único cantor e compositor do sexo masculino que ultrapassou Vedder na arte de escrever hinos do rock focados em mulheres é Tom Petty. Várias de suas canções são protagonizadas por figuras femininas que – assim como a mulher de "Better Man" – se esforçam para imaginar uma vida mais feliz. Esse foi um tema reiteradamente abordado por Petty em sua carreira, começando com sucessos dos seus primeiros discos, como "American Girl", "Listen to Her Heart" e "Here Comes My Girl", passando por hits do meio de sua carreira, como "Free Fallin'", "Yer So Bad" e "Mary Jane's Last Dance", até chegar a faixas como "Turn This Car Around" e "Have Love Will Travel".

A canção mais famosa de Petty, "American Girl", usa o mesmo truque de "Better Man": a música engana o ouvinte, fazendo-o pensar que a história é mais triunfante do que é de verdade. Você acha que ela está pegando a rota 441 porque não consegue parar de pensar em ter uma vida melhor em outro lugar. Mas, se prestar atenção na letra, ela está apenas *pensando* em pegar a estrada. Ela está sozinha em uma sacada, numa noite fria. Mas, assim como a mulher de "Better Man", ela é impedida por algum cara. Uma mudança tão próxima, mas tão difícil de conseguir.

Já "A Woman in Love" não é cantada da perspectiva de uma mulher. É sobre o cara que ela deixa para trás. É uma espécie de sequência de "Better

Man"; ou melhor, a canção de Vedder é que funcionaria como um prelúdio de "A Woman in Love".

Nessa música, Petty canta em primeira pessoa, expressando o tormento de ter sido abandonado, trocado por um homem melhor. Ele narra que ela "*laughed in my face*" ["riu na minha cara"] quando disse adeus. Ela lhe diz "*don't try to save me*" ["não tente me salvar"], mas ele não escuta. Ele avisa que o outro cara "*gonna break her heart to pieces*" ["vai despedaçar o coração dela"]. Porém, na maior parte do tempo, ele apenas sente pena de si próprio. "*She used to be the kind of woman/ You have and you hold/ She could understand the problems/ She let the little things go*" ["Ela era o tipo de mulher/ Que você pega e segura/ Ela entendia os problemas/ Ela deixava as pequenas coisas de lado"].

Petty canta esses detalhes patéticos com uma voz tão densa em "A Woman In Love" que o pobre coitado acaba parecendo um narrador não confiável. O que exatamente eram "as pequenas coisas" que ela deixava de lado? Será que esse cara entendia os problemas dela também? Mais adiante, quando Petty canta "*I don't understand what she needed*" ["Eu não entendo o que ela precisava"], é como uma confissão espontânea. Esse cara é carente e egocêntrico demais para compreender as necessidades de uma mulher.

Tendo em vista a sensibilidade e a ampla autoconsciência que Petty exibe em outras canções sobre relacionamentos entre homens e mulheres, não acho que nada disso seja acidental. E aposto que um garoto perceptivo como Vedder deve ter captado esse aspecto da música e até reconhecido como ela parecia se alinhar com as circunstâncias do relacionamento de seus próprios pais. Gosto de imaginar que isso o inspirou a escrever uma história que se passa antes de "A Woman in Love", na tentativa de explorar a experiência da mulher e explicar exatamente o tipo de "pequenas coisas" que ela tinha de aguentar.

Assim como Vedder aprendeu com as canções de Tom Petty, eu faço parte da geração de homens que se beneficiou do impulso que Vedder teve de se distanciar de seu próprio ponto de vista. Muitos jovens ouviram músicas como "Better Man", "Daughter" e "Elderly Woman Behind the Counter in a Small Town" e sentiram, ainda que só por um momento, como era sair da profunda miopia tão típica entre os meninos adolescentes.

Claro, enquadrar essas canções apenas como uma forma de "ensinar" homens que "ei, mulheres também são gente!" parece uma extensão dessa miopia. Acredito que tanto Petty quanto Vedder foram cativados pela possibilidade de escrever sobre mulheres porque reconheciam que músicas sobre mulheres em sofrimento existencial são inerentemente mais universais que aquelas sobre homens.

Homens cantando sobre homens tendem a interessar somente homens, o que cria uma energia que pode facilmente azedar, tornando-se tóxica e feia. Já uma canção em que um homem convida seu público a entender uma mulher, seja você um homem ou uma mulher, é um modo de construir uma comunidade. O que "Better Man" tem, mais que a maioria das canções do Pearl Jam, é inclusão. As pessoas cantam junto porque é uma ótima música pop. Mas também porque você já foi a mulher da canção, ou amou a mulher da canção, e quis o melhor para ela. A música te faz crer que, enfim, ela terá o que merece.

CAPÍTULO 9

"I'M THE OCEAN"

(Do álbum de 1995 de Neil Young, *Mirror Ball*)

Documentários de Adam Curtis – A luta contra a Ticketmaster – *Throwing Copper*, do Live – A "Era Ditch" de Neil Young – O swing foda de Jack Irons – "I Got Shit"

Em 2005, um professor russo chamado Alexei Yurchak publicou *Everything Was Forever, Until It Was No More: The Last Soviet Generation* [Tudo era para sempre, até não ser mais: a última geração soviética]. O livro aborda a vida em seu país nativo nos anos 1970 e 1980, narrando a gradativa desintegração do comunismo. Na época, havia um entendimento comum no país de que o sistema era corrupto e ineficaz, mas, mesmo assim, todos precisavam fingir que estava dando certo, pois simplesmente não dava para imaginar um sistema melhor. Yurchak chamou esse fenômeno de "hipernormalização", uma forma de pensar que mantinha um senso superficial (e artificial) de estabilidade em uma cultura que estava, na verdade, rapidamente se desmantelando.

Antes que você pense que eu sou mais inteligente do que realmente sou, permita-me fazer uma confissão: eu não li o livro de Yurchak. Nunca li nada de *nenhum* professor russo. (Estou esperando que *algum* professor russo escreva sobre o grunge.) Aprendi a respeito de Yurchak em um documentário de três horas originalmente exibido pela BBC em 2016. O filme foi dirigido por Adam Curtis, um jornalista britânico que já fez dezenas de documentários desde o início dos anos 1980, mas só ficou famoso quando passou a focar na maneira como os sistemas de poder modernos escondem do povo o verdadeiro funcionamento do mundo.

Em *HyperNormalisation*, Curtis pega as ideias de Yurchak sobre a União Soviética e mostra como esse delírio voluntário se espalhou por diversas partes do mundo no fim do século XX, enquanto o poder político era lentamente incorporado por interesses financeiros internacionais. Para Yurchak, essa ideia explicava por que milhões de pessoas aceitavam que ficar numa fila por horas, só para receber itens básicos, era um fato irrevogável da vida. Para os estadunidenses, isso também pode explicar por que a desigualdade econômica continua a crescer. É apenas uma "lei da natureza" em vez do resultado de um sistema que humanos fizeram e, portanto, poderiam desfazer, se assim desejassem.

Novamente, como não sou muito esperto, é bem provável que eu não me teria me interessado pelos filmes de Curtis se ele não tivesse o talento de editar vídeos de noticiários do passado ao som de músicas cativantes, de artistas como Brian Eno, Burial e Suicide. Curtis – que não se considera um cineasta – tem o dom incrível de pegar aquele tipo de material que normalmente seria reservado para um episódio moderadamente interessante do *Frontline*,[33] da PBS, e transformá-lo numa experiência cinemática extremamente envolvente. E é essa conexão emocional que faz os filmes dele ficarem na sua psique, a ponto de você ver exemplos de hipernormalização por toda parte.

Eis um deles: a batalha que o Pearl Jam perdeu contra a Ticketmaster.

---

33. No Brasil, seria mais ou menos o equivalente ao *Globo Repórter*. [N. T.]

Em meados dos anos 1990, todos sabiam que a Ticketmaster era um monopólio. Assim como todos sabiam que a falta de concorrência para comercializar ingressos de shows era um desserviço para os fãs. Portanto, todos *deveriam saber* que, se os maiores artistas e bandas do mundo, com o total apoio dos fãs, decidissem fazer algo para corrigir isso, a situação da Ticketmaster mudaria, porque nada nesse sistema era definitivo.

Mas não foi isso que aconteceu. O que aconteceu *de fato* foi: o Pearl Jam queria que a Ticketmaster cobrasse no máximo 1,80 dólar em um preço proposto de 18 dólares por ingresso; a Ticketmaster queria cobrar de 4 a 6 dólares. Ao invés de ceder, o Pearl Jam cancelou sua turnê de verão de 1994. Naquele mesmo ano, a banda foi chamada para depor no Congresso dos Estados Unidos, no contexto de uma investigação do Ministério da Justiça a respeito da Ticketmaster. Representantes do R.E.M. e do Aerosmith também se pronunciaram, mas nenhum outro artista se mexeu de forma substancial para se opor à colaboração com a empresa.

No ano seguinte, o Pearl Jam tentou entrar em turnê recorrendo apenas às casas de shows que não eram afiliadas à Ticketmaster, e as dificuldades que surgiram levaram muitos fãs a se revoltar publicamente, o que quase causou o fim da banda. No verão, o governo federal silenciosamente abandonou sua investigação sobre a Ticketmaster. Em resposta, a empresa enviou a seguinte declaração, num tom extremamente "soviético", à *Rolling Stone*: "Ser atacado por uma superbanda de rock é muito similar a ser acusado de dar um chute em seu próprio cachorro: há uma presunção generalizada de culpa até que seja provada sua inocência. *Por sorte, os fatos estavam do nosso lado, e nós triunfamos*".

A tentativa do Pearl Jam de responsabilizar a Ticketmaster continua sendo o aspecto mais incompreendido de seu legado. Com o passar dos anos, uma deprimente série de termos foi usada para descrever a atitude da banda: "equivocada", "malfadada", "utópica", "impossível de vencer". Basicamente, eles foram considerados idiotas por terem tentado mudar o sistema, mesmo que de forma modesta, pois *nunca houve uma chance* de ganharem.

De certa forma, isso era verdade, mas apenas porque as pessoas *escolheram* acreditar que era verdade. Esse delírio era tão profundo que a tentativa improvisada de fazer uma turnê sem a Ticketmaster foi usada como evidência de que *eles estavam errados* ao invés de provar que a empresa é que estava injustamente dominando o mercado. Na linguagem da hipernormalização, o Pearl Jam foi esmagado porque seus colegas, e até seus fãs, juntos com o governo federal, não tiveram a vontade, a energia nem a criatividade para ter uma ideia melhor do que simplesmente deixar a Ticketmaster fazer as coisas ruins que obviamente estava fazendo. Seguir o fluxo do status quo era mais fácil, além de ser racionalizado como um pragmatismo.

Naquela infame matéria da *Rolling Stone* de 1996, a luta contra a Ticketmaster estava no centro do argumento de que Eddie Vedder era uma diva mimada. A revista ainda disse que ele era um tolo por abrir mão dos milhões de dólares que tranquilamente receberia se apenas ficasse quieto e seguisse o bonde. Insistir que o Pearl Jam estava, de alguma forma, preso em seu próprio mundinho justamente *porque* eles não priorizavam o próprio lucro é o ápice da lógica de "hipernormalização". Mas a *Rolling Stone* chegou a citar um empresário anônimo "de outra banda ganhadora de discos de platina" que defendeu exatamente esse ponto. "É claro que Eddie está ciente dos males do negócio. Mas quantos de seus fãs ligam para isso? A maioria deles não está nem aí. Eles não se importam se é na casa de shows X, Y ou Z, nem com a empresa que vende os ingressos. Eles só querem te ouvir tocando música boa."

Uma narrativa comum a respeito do grunge é que o movimento morreu junto com Kurt Cobain. Há muita verdade nisso. Mas o momento em que *ficou absolutamente claro* que uma era tinha acabado foi durante a batalha depressivamente inútil do Pearl Jam contra a Ticketmaster. Ali estava um exemplo – o único exemplo, na verdade – de uma banda de rock alternativo enfrentando o sistema de uma forma real e tangível, e a campanha fracassou devido apenas a uma falta de convicção do público para levar a luta até o final.

Se Adam Curtis se importasse com o Pearl Jam, tenho certeza de que ele atribuiria esse fato à ascensão do individualismo nos anos 1990, que ocorreu às custas das ações coletivas e altruístas que haviam impulsionado toda forma eficaz de mudança social. Isso não ficou aparente apenas na controvérsia com a Ticketmaster; chegou até a música. Enquanto o Pearl Jam era removido dos olhos do público em meados dos anos 1990, uma nova leva de bandas de rock alternativo começou a crescer, roubando o som e a atitude do Pearl Jam, mas sem nenhuma bagagem política. Essas bandas eram *somente* introspectivas, o que refletia as preferências dos ouvintes que estavam estritamente interessados em contemplar os próprios problemas.

A mais bem-sucedida dessas bandas chamava-se Live. Originários da Pensilvânia, eles brevemente se tornaram um dos maiores grupos de rock dos Estados Unidos na metade dos anos 1990. Sua ascensão se baseou essencialmente em copiar o Pearl Jam, com um toque do som que o R.E.M. fazia em seus discos dos anos 1990. *Throwing Copper*, o álbum de enorme sucesso lançado pelo Live em 1994, era significantemente mais carregado de guitarras e similar a *Vs.* que seu disco de estreia, *Mental Jewelry*, de 1991, cujo som era mais folk rock. No decorrer de 18 meses, *Throwing Copper* vendeu milhões e gerou diversos hits na MTV, como a melodramática "Lightning Crashes" – aquela com a letra sobre a placenta caindo no chão, uma imagem de revirar o estômago que só poderia ser comercializada em 1995 – e a pesada "I Alone". No fim de 1995, eles foram eleitos Artista do Ano na enquete de leitores da *Rolling Stone*, coroando sua rápida ascensão.

"I Alone" também funcionava como um credo pessoal para uma banda definitivamente decidida a *não* mudar o mundo. "Nunca me identifiquei com esse negócio de 'quero ser um cara legal e alternativo'", disse o baixista Patrick Dahlheimer na matéria que colocou a banda na capa da *Rolling Stone*. "O Live sempre quis fazer sucesso." Essa atitude também é nítida no clímax dramático de *Throwing Copper*, um rock absolutamente ridículo chamado "White, Discussion", no qual o vocalista Ed Kowalczyk afirma estar "falando de uma revolução", antes de criticar as tentativas reais de revoluções, grandes ou pequenas, considerando-as autoindulgentes: "*All this discussion/ Though politically correct/ Is dead beyond destruction/ Though it leaves me quite erect*" ["Toda essa discussão/ Apesar de politicamente correta/ Está morta além da destruição/ Apesar de me deixar bem ereto"]. Basta dizer que o Live não se juntou ao Pearl Jam em seu boicote à Ticketmaster.

Outra banda que atingiu um nível alto de popularidade no rock alternativo em meados dos anos 1990 – também copiando o Pearl Jam – foi o Counting

Crows. Seu álbum *Recovering the Satellites*, de 1996, lança mão de guitarras ao estilo grunge, instantaneamente diferenciando-o do folk rock de seu disco de estreia, *August and Everything After*, de 1993, ganhador de vários discos de platina. Liderado pelo competente cantor e compositor Adam Duritz, o Counting Crows não só era melhor que o Live, como se destacava entre a maioria das bandas genéricas de rock alternativo que dominavam as rádios na época. Porém, na mesma pegada do Live, eles também começaram a despir o rock de qualquer valor ativista. No começo dos anos 2000, quando a banda de Duritz abriu shows para o Who, Eddie Vedder não resistiu e deixou no backstage um livro que falava dos efeitos negativos da Coca-Cola em crianças. O Counting Crows tinha recentemente estrelado um comercial do refrigerante, o tipo de atitude que Vedder sempre acharia inconcebível para um grupo de rock. No entanto, como Duritz viria a explicar posteriormente em uma entrevista, aceitar o dinheiro foi uma decisão "óbvia" para ele.

A influência do Pearl Jam estava tão difundida que foi inevitável sua chegada ao som pop mais grudento possível, na forma de um disco lançado no verão de 1995 e que se tornou o álbum mais vendido de 1996: *Jagged Little Pill*, de Alanis Morissette. Tendo começado como estrela mirim no Canadá, num programa de variedades da Nickelodeon intitulado *You Can't Do That on Television*, Morissette não chamou muito a atenção fora de seu país quando lançou seus dois primeiros discos, levemente influenciados pelo dance pop – *Alanis*, de 1991, e *Now Is the Time*, de 1992, quando ela ainda estava no ensino médio. Sua estreia até rendeu um hit no Canadá, "Too Hot", que a levou a abrir uma turnê para o Vanilla Ice. Mas uma artista de um sucesso só abrindo o show de outro artista de um sucesso só não parecia o prenúncio de uma carreira duradoura.

Com *Jagged Little Pill*, ela criou para si própria uma estética convenientemente raivosa, cantando com acidez sobre fazer sexo oral num ex-namorado em seu hit explosivo "You Oughta Know". O sucesso incrível do álbum – que vendeu mais de 33 milhões de cópias no mundo todo – gerou uma série de artigos de opinião na imprensa sobre o "renascimento do rock feminino", incluindo uma matéria na revista *New York* na qual Danny Goldberg, empresário do Nirvana, reconheceu que gente como "Kurt Cobain, Eddie Vedder, Michael Stipe e Billy Corgan" tinham sido responsáveis por quebrar "a hegemonia de machões na cultura do rock" e dar "oxigênio para algumas mulheres acharem seu público".

Assim como o Pearl Jam, Morissette foi acusada pelos críticos de inspirar uma legião de cópias inferiores (como Meredith Brooks, cujo hit de 1997, "Bitch", soa como uma paródia involuntária de *Jagged Little Pill*), ao mesmo tempo que ofuscava colegas artisticamente superiores, como Liz Phair e PJ Harvey. Porém, como Kim France argumentou na *New York*, ela também merecia crédito por efetivamente normalizar a raiva feminina, tornando-a aceitável, e até comercial, do mesmo modo que a angústia masculina já tinha sido aceita pelo público desde as origens do rock.

Mais do que qualquer outro produto da era do rock alternativo, *Jagged Little Pill* mostrou que o conceito de "alternativo" já tinha sido completamente assimilado pelos mesmos profissionais do pop que nunca tinham saído de seus postos na indústria musical. Apenas seis anos antes, o principal colaborador de Morissette, o produtor e compositor Glen Ballard, estava trabalhando no disco de estreia homônimo do trio vocal ultracafona Wilson Philips, que vendeu mais de 10 milhões de cópias. Ele também foi coautor de "Man in the Mirror", de Michael Jackson, o mais óbvio símbolo da hegemonia pop que o Nirvana tinha supostamente derrubado quando *Nevermind* superou *Dangerous*, lançado por Jackson em 1991, no topo das paradas da *Billboard* em janeiro de 1992. Agora, o símbolo da supremacia cultural era ninguém menos que... o Pearl Jam.

Se, por um lado, os imitadores da banda se esbaldavam em pegar emprestados os elementos de sua música e de sua iconografia, por outro, descartavam, em sua maior parte, o ceticismo de Eddie Vedder quanto ao sucesso pop. Num intervalo bem curto de tempo, esse tipo de conduta antiprofissional começou a ser malvista, o que ficou bem claro no Grammy Awards de 1996, quando o Pearl Jam recebeu o troféu de Melhor Performance de Hard Rock, por "Spin the Black Circle". Vestindo uma longa jaqueta de couro preta e calças marrom-esverdeadas, e agindo como se tivesse acabado de acordar de um sonho particularmente irritante, Vedder fez um discurso que ficaria famoso: "Não sei o que isso significa. Acho que não significa nada". Isso rendeu algumas risadas constrangidas no auditório e um sorriso forçado de Stone Gossard, que então agradeceu educada e humildemente o prêmio recebido, assim como fez o restante da banda.

Na época – e talvez até agora –, Vedder pareceu ingrato em seu discurso. Mas estamos falando de um *Grammy*. Quantas canções, álbuns e artistas terríveis já foram "honrados" no Grammy? E quantas canções, álbuns e artistas brilhantes foram ignorados? Vedder foi rude, mas não estava errado: ganhar um Grammy realmente não significa nada, pelo menos nada de valor. Só que, naqueles novos tempos – o fim dos anos 1990 é um período bem diferente do início dos anos 1990 –, ser rude automaticamente o tornava errado, independente do conteúdo ou da justificativa. Apenas três anos antes, o discurso de Vedder poderia ter sido visto como outra provocação revigorante contra a banalidade corporativa. Mas agora era apenas grosseira. De repente, as pessoas não queriam que o Grammy – uma instituição ridiculamente medonha, mesmo em comparação a outras premiações – fosse *arruinado*.

É doloroso admitir, mas vejo uma certa verdade nisto: por mais que a geração X se ressentisse e tirasse sarro dos baby boomers, nós, no fim das contas, compartilhávamos o mesmo egocentrismo de nossos pais. O Pearl Jam era uma banda brilhante ao vivo, mas os princípios que eles defendiam desde a primeira metade dos anos 1990 os tornavam inconvenientes durante os shows. Não estávamos interessados em sua contestação em si; já estávamos bem felizes com sua contestação *performática* nos discos e nos palcos. Quando a contestação *em si* entrava em conflito com a contestação *performática*, optávamos pela segunda.

E eu entendo isso, sério. Na época, tenho certeza de que fiquei irritado com Eddie Vedder. Mesmo agora, gostaria que tivesse sido mais fácil ver o Pearl Jam em meados dos anos 1990. Mas será que podemos pelo menos dizer que eles não estavam errados? Que o Pearl Jam foi corajoso ao tentar lutar contra a Ticketmaster? Em retrospecto, acho que todos nós poderíamos ter interpretado "*Here we are now, entertain us*" ["Aqui estamos, nos entretenha"] de forma menos literal.

As turnês desorganizadas que o Pearl Jam fez em 1994 e 1995 reduziram drasticamente a escala de seu perfil público, numa época em que sua fama deveria estar atingindo o ápice. Mas esse não foi o único motivo pelo qual Eddie Vedder tornou-se um homem invisível.

Havia uma mulher que acreditava que ele era Jesus Cristo, que a tinha estuprado e que era pai de seus dois filhos. E essa mulher passou a persegui-lo, chegando a ponto de colidir seu carro, a 80 quilômetros por hora, contra o muro que protegia a casa de Vedder. "Você acaba tendo de se proteger só porque foi sincero ao expor suas emoções", ele disse. "Então constrói um muro. Aí aparece gente enfiando o carro nesse mesmo muro."

A intensidade da fama de Eddie Vedder em meados dos anos 1990 tinha chegado àquele ponto aterrorizante em que é muito difícil distinguir a diferença entre amor e ódio. O público fica tão obcecado com seus movimentos e entra num tal nível de loucura que alguns fãs passam a acreditar que podem curar o que há de errado em suas cabeças ao destruir a pessoa que mais domina seus pensamentos. Para qualquer um envolvido nesse tipo de onda titânica, se afastar dos holofotes logo vira uma questão de vida ou morte.

Em 1995, Vedder raramente aparecia em público, a não ser em seus shows. No começo de janeiro, ele chegou a participar da cerimônia de admissão de Neil Young ao Rock & Roll Hall of Fame, no salão nobre do Waldorf-Astoria, em Nova York. Em certo momento, ele implorou à plateia – brincando, mas talvez *não muito* – para atacar as pessoas sentadas na mesa reservada à Ticketmaster. Mas, fora isso, ele se viu forçado a ficar praticamente escondido. Mais tarde, ele contou que passava muito tempo na lavanderia de sua casa, "com um cinzeiro em que eu confiava". Nenhum ser além daquele cinzeiro podia chegar perto.

O Pearl Jam, no entanto, não ficou inativo naquele ano. Eles fizeram 38 shows em sete países e começaram a trabalhar em seu quarto disco de estúdio, *No Code*. Ainda assim, 1995 parece um ano perdido. Foi uma época em que a banda chegou bem perto de se separar, e de certa forma *meio que se separou*.

Eu descreveria o que aconteceu com o Pearl Jam naquele ano como uma transfiguração. Eles deixaram de ser o grupo que eram nos primeiros três discos e começaram o processo de se tornar o grupo que seriam no século XXI. Já falei sobre o show em Red Rocks, em 20 de junho de 1995, como um ponto de virada, mas essa não foi uma mudança espontânea. Demorou um tempo até o Pearl Jam se transformar nessa nova versão deles mesmos. Nessa jornada, alguns pontos de parada foram essenciais para conseguirem se autoavaliar e acumular experiências e descobertas de valor incalculável, que acabaram valendo a pena no futuro.

Em 1995, um desses pontos de parada foi *Mirror Ball*.

Será que o álbum *Mirror Ball* – no qual Neil Young conta com os integrantes do Pearl Jam como músicos de apoio, quase sempre sem a presença de Vedder – é subestimado? Quando tratamos da discografia de Neil Young, ele costuma ser classificado abaixo do disco que veio pouco antes, *Sleeps With Angels*. Uma atualização ferida e calejada de *Tonight's the Night* para os anos 1990, *Sleeps With Angels* é uma demonstração do status único que Young tinha na década, como um roqueiro da era boomer que se sentia parte da cena do rock contemporâneo. (A única outra pessoa da geração de Young a conseguir essa proeza foi Tom Petty.) Enquanto as bandas de Seattle mais notáveis da era reagiram à morte de Kurt Cobain com uma lenta implosão no decorrer dos anos seguintes, Young talvez tenha sido o único músico a de fato processar a tragédia, usando seu disco para lidar com o luto, ao mesmo tempo que sutilmente refutava seu próprio verso – "*It's better to burn out than to fade away*" ["É melhor queimar de uma vez do que apagar aos poucos"] –, usado por Cobain para assinar sua carta de suicídio. Em *Sleeps With Angels*, Young se reafirmou como um sobrevivente inabalável, um homem que conseguia avaliar o dano ao seu redor, expressar o que ele significava e seguir em frente. Milagrosamente, parece que ele não queimou de uma vez, nem apagou aos poucos.

Mirror Ball não tem esse mesmo tipo de poder temático. Não é um álbum *sobre* sobrevivência; é um álbum que *mostra* como uma pessoa pode sobreviver e permanecer relevante, apesar dos danos psíquicos inerentes a uma vida longa e repleta de eventos. A mensagem é o som do disco – agressivo, distorcido, enérgico, barulhento, irritado. E é por isso que Young precisava de uma banda de apoio que tivesse a incansável força do Pearl Jam nos anos 1990. O músico precisava deles para poder expressar sua perseverança atemporal. Os integrantes da banda, por sua vez, precisavam se sentir úteis.

A urgência dessa união me permite tranquilamente ignorar qualquer possível ceticismo em relação ao motivo para dois colaboradores de gerações aparentemente opostas acabarem fazendo um disco juntos. Com certeza, nem todo mundo concorda. Neil foi um oportunista que queria se aproveitar da popularidade do Pearl Jam? O Pearl Jam foi oportunista ao tentar usar a credibilidade invulnerável de Neil para melhorar sua própria reputação? Essas questões assombram *Mirror Ball* até hoje.[34] De fato, nunca se ouviu falar muito de bandas relevantes (como o Pearl Jam) que se relegam ao papel de banda de apoio de outro artista, sobretudo no melhor momento de sua carreira. O único paralelo à união de Neil Young e Pearl Jam nos anos 1990 seria Bob Dylan se unindo a Tom Petty and the Heartbreakers nos anos 1980,[35] apesar de essa comparação não fazer jus à dimensão da fama do Pearl Jam na época em que *Mirror Ball* foi gravado.

Além disso, ao contrário da união de Dylan aos Heartbreakers para uma espécie de "volta ao lar", remetendo ao som de seu clássico *Highway 61 Revisited*, *Mirror Ball* soa mais como uma colaboração entre partes iguais. Sim, Young compôs as músicas. Mas o som é puro grunge. Por esse motivo, considero *Mirror Ball* tanto um disco do Pearl Jam quanto de Neil Young – embora o mais apropriado fosse situá-lo fora da carreira de qualquer um dos dois. Como o próprio Young veio a dizer em uma entrevista para a *Guitar World*: "Soa mais como um grupo, e não apenas como Neil Young. Eu mixei para chegar ao som de um conjunto, ao invés de ter uma voz poderosa na frente e uma bandinha ao fundo".

---

34. Eddie Vedder vez ou outra reconhecia esse fato durante os shows, enquanto apresentava "I Got Shit". No show de 4 de agosto de 2000, em Charlotte, fez o seguinte comentário irônico: "Ele achou que seria bom nos usar e roubar nossa juventude, e nós o usaríamos para roubar sua sabedoria. Acho que deu certo. Só que ele deve estar mais jovem do que nós estamos sábios".

35. Apesar de *Mirror Ball* soar mais como a breve união de Dylan com a banda punk Plugz, de Los Angeles, no *Late Night With David Letterman*, em 1984.

Young admitiu que essencialmente se colocou à disposição dos métodos do Pearl Jam, trabalhando com o produtor deles, Brendan O'Brien, no Bad Animals, estúdio de gravação em Seattle, local familiar para a banda. O trabalho começou apenas três semanas após Vedder induzir Young no Rock Hall, o que prova que ele não perdeu tempo celebrando.

Não houve nenhum descanso durante *Mirror Ball* – o álbum foi gravado em apenas quatro dias, em sessões entre o fim de janeiro e o começo de fevereiro. Em princípio, não existia nenhum arranjo predeterminado. Neil trouxe suas canções, a maioria das quais compostas pouco antes de sua chegada, então todos plugaram seus instrumentos e tocaram. Ele aparentemente queria que o Pearl Jam soasse como o Pearl Jam, com o mínimo possível de reflexão ou autoanálise. Se os caras tivessem mais tempo para pensar, talvez teriam instintivamente imitado o som desleixado e expansivo da Crazy Horse. Eles já tinham visto Young tocar com sua banda de apoio regular na cerimônia do Rock Hall, onde apresentaram "Act of Love", uma das músicas reservadas para o novo disco. Inclusive, fizeram uma gravação pirata da apresentação com um gravador que conseguiram passar despercebido pela equipe de segurança.

Embora a banda tenha aprendido a tocar "Act of Love" com base naquela fita, eles não copiaram o estilo cambaleante e bagunçado da Crazy Horse. Em vez disso, se tornaram uma versão mais enxuta e ainda mais intensa de si mesmos sob a liderança de Young, fechando-se musicalmente como um punho. A banda já tinha, vez ou outra, adotado essa postura afrontosa em *Vitalogy*, sobretudo na ponte transcendente de "Corduroy". Mas o terceiro álbum do Pearl Jam era, de muitas maneiras, sua versão de um disco da "trilogia *ditch*" [algo como "trilogia da vala" ou "trilogia da fossa"] de Neil Young, que correspondia aos três lançamentos do músico após *Harvest* (1972), álbum que havia feito dele um dos cantores e compositores mais famosos do mundo. O maior sucesso de *Harvest*, "Heart of Gold" – sua única canção a chegar ao topo das paradas nos Estados Unidos –, "me colocou no meio da estrada", Young disse, em uma fala que ficou famosa. "Mas viajar logo virou um tédio, então comecei a ir em direção à vala [*ditch*]."

Esses discos da "vala" incluem futuros clássicos, como *On the Beach* e *Tonight's the Night*, nos quais as gafes, erros e trapalhadas induzidas por substâncias químicas são acentuadas ao invés de cortadas. Esse era o estilo ao qual *Vitalogy* aspirava. Mas agora que o Pearl Jam estava fazendo música com o próprio Young – e sem Vedder –, eles tinham voltado a trabalhar de um modo mais bruto e sem enrolação. Esse era o Pearl Jam, novamente atacando a música tal qual Mike Tyson, atingindo o ouvinte com golpes corporais ininterruptos, como uma máquina de ritmo unificada.

Acabou sendo uma inacreditável porta de entrada ao mundo do Pearl Jam para Jack Irons, que havia recentemente se juntado à banda, no outono anterior. E agora, de repente, caía no seu colo a tarefa de fornecer o motor para o 21º álbum de Neil Young. Qualquer pessoa que esperasse que o ex-baterista do Red Hot Chili Peppers retornasse ao funk deve ter ficado em choque ao ouvi-lo. Em *Mirror Ball*, Irons imediatamente demonstra sua habilidade de tocar com força e *finesse*, fazendo a banda soar mais ágil do que era com Dave Abbruzzese, sem sacrificar um pingo de seu peso.

Já as contribuições de Mike McCready foram menos óbvias. O guitarrista do Pearl Jam teve de abrir mão de seus solos e dá-los a Young, mas ele pareceu feliz de fazer isso. McCready acabou cooptado pelos riffs impiedosos criados por Stone Gossard e Jeff Ament, que colocaram os instrumentistas veteranos do Pearl Jam num espaço sonoro afiado, levando *Mirror Ball* a soar ainda mais violento e excitante.

Minha faixa favorita de *Mirror Ball* também é a mais peculiar do disco. "I'm the Ocean" não tem refrão, nem solo de guitarra, nem mudanças dramáticas de dinâmica no som. Ela começa com a banda se jogando num *groove* de andamento médio que segue por um pouco mais de sete minutos, enquanto Young lança uma série de imagens aparentemente desconexas durante dez estrofes. Essas imagens evocam uma mistura de esperança e temor. Neil se descreve como um acidente que se move rápido demais. Ele se gaba de como as pessoas da sua idade "*don't do the things I do*" ["não fazem as coisas que eu faço"]. Ele vê um "*rider in the night*" ["um viajante na noite"], que pode muito bem ser a morte. Ele percebe homens em situação de rua que já foram estrelas do esporte. Ele expressa um desejo por "*random violence*" ["violência aleatória"]. Ele se compara a um carro Oldsmobile Cutlass Supreme.

Mas Neil não é o oceano. O Pearl Jam é o oceano. A banda continua tocando implacavelmente enquanto ele faz seus devaneios, agindo como "*the giant undertow*" ["a ressaca gigantesca"] que acaba tomando conta da canção.

A metáfora com a água remete a uma canção composta por Vedder durante as sessões de *Mirror Ball*. Lançada como "I Got Id", junto de "The Long Road", no EP *Merkin Ball*, em dezembro de 1995, "I Got Shit" foi considerada um lançamento oficial do Pearl Jam. No entanto, ela conta apenas com Vedder e Irons, além de Neil Young na guitarra solo e Brendan O'Brien no baixo. O fato de um álbum de Neil Young ter mais integrantes do Pearl Jam do que o EP do próprio Pearl Jam reflete como o mundo da banda estava de cabeça para baixo na época.

"I Got Shit" reflete o estado mental de Vedder enquanto seu mundo era reduzido a uma lavanderia e um cinzeiro confiável. Seus lábios tremem e suas unhas estão roídas. Ele não ouve a própria voz há um mês. Ele tem tantas perguntas, mas ninguém a quem perguntar. É como se o personagem de "Footsteps" virasse um *rock star* ao invés de ser executado. Mas, no fim, não é um resultado muito melhor: "*Picture a cup in the middle of the sea*" ["Imagine uma xícara no meio do mar"]. Esse era Eddie Vedder em 1995.

Sozinho, Vedder sentia-se à deriva no oceano. Mas com Neil Young seus colegas de banda estavam aprendendo a seguir a maré. O desafio agora era claro: como podemos fazer isso juntos? Será que conseguimos definir isso por conta própria? Ou devemos simplesmente permitir que a ressaca nos leve aonde quer que seja?

CAPÍTULO 10

"GIVEN TO FLY"

(de *Yield*)

Mike McCready andando em círculos no palco – Roubando do Led Zeppelin – Mudando as datas de lançamento de *No Code* e *Yield* – A queda do rock alternativo em 1996 – *Down on the Upside*, do Soundgarden – O impeachment de Bill Clinton – A saída de Jack Irons

Ninguém se lembra de uma série de 2016 chamada *Roadies*, mas eu me lembro. Ela não ficou em minha mente por eu ter gostado da única temporada que passou no canal Showtime (porque não gostei). E nem por ser muito fã de tudo o que Cameron Crowe faz. (Ele criou a série, mas tenho certeza de que ele preferiria que você assistisse a *Quase famosos* ou *Digam o que quiserem.*) Eu me lembro de *Roadies* especificamente por causa de uma cena no episódio piloto, na qual o ex-rapper e atual músico de pop punk Machine Gun Kelly interpreta um técnico de guitarra do Pearl Jam.

Na verdade, eu não me lembro de *toda* a cena. Eu só me recordo de uma fala, que é gritada por MGK durante um suposto momento de aflição. (Não sei por que ele estava chateado; talvez tivesse perdido seu CD importado do single "Jeremy".)

De qualquer forma, o que ele diz é o seguinte: "Eu amo a porra do McCready!"

Nos anais dos roteiros escritos por Cameron Crowe, "Eu amo a porra do McCready!" não é tão universalmente digno de destaque quanto, digamos, "Você me completa", de *Jerry Maguire*. Mas, para mim, tem o dobro do valor em veracidade. Mike McCready *me* completa, assim como completa o Pearl Jam.

Não sei especificar o momento em que me dei conta de que Mike é meu integrante favorito do Pearl Jam. Eu aprecio sua dualidade – ele parece ser o cara mais tranquilo da banda nos bastidores e é o mais selvagem no palco. No início do Pearl Jam, Mike era quem mais tinha aparência de *rock star*. Isso provavelmente se devia ao tempo que ele havia passado com o Shadow, grupo de metal dos anos 1980 que fizera a clássica manobra "vamos nos mudar para Los Angeles e tentar ser o próximo Guns N' Roses, pagando para tocar em casas noturnas péssimas", até que voltaram para Seattle com o rabo entre as pernas. O fato é que ele não veio do punk. Suas raízes estavam no tipo de música em que habilidade musical e teatralidade no palco não apenas eram valorizadas, mas esperadas.

Enquanto o restante da banda preferia shorts folgados e camisetas esfarrapadas, Mike subia ao palco com chapéus grandes e lenços de seda. Ele acabou adotando os shorts e as camisetas, mas ainda perambulava pela direita do palco igual um louco que procura furiosamente as chaves do carro. Entre os grandes méritos de Mike McCready como guitarrista de rock está sua habilidade de andar 10 quilômetros num mesmo espaço de 3 metros quadrados durante as duas horas e meia de um show.

Depois dos anos 1990, quando o foco do Pearl Jam deixou de ser lançar um novo disco a cada dois anos e passou a ser fazer shows fisicamente exigentes pelo mundo todo, o status de Mike na banda cresceu muito. Na dinâmica das apresentações do Pearl Jam, cada canção é tocada mais ou menos da mesma forma, com um nível consistente de energia, destreza instrumental e intensidade emocional. Mesmo assim, cada performance acaba sendo diferente, e as mudanças vêm principalmente dos solos de Mike McCready.

Por um lado, você *precisa* ser consistente para se manter em arenas ou estádios; de alguma forma, as plateias esperam que "Even Flow" tenha um som que elas reconheçam, mesmo que a estejam ouvindo pela 250ª vez. Por outro lado, ninguém quer se entediar, então um lampejo de nova inspiração também deve estar presente de forma *consistente*. E, na maioria dos casos, é Mike quem oferece essa inspiração. Ele fica rodando no seu canto do palco como um pitbull preso que não é alimentado há uma semana. Aí uma carne crua aparece, como o solo de guitarra em "Even Flow", e Mike a despedaça com um prazer violento e instintivo que sempre acaba saindo de uma forma diferente.

Mas estou me adiantando um pouco. Na nossa linha do tempo, ainda estamos na década de 1990, embora quase no fim dela. Nessa época, Mike já tinha aquela mistura improvável de instinto musical selvagem e pragmatismo pessoal. Entre *No Code* e *Yield*, ele passou muito tempo com Eddie e, bem, o encorajou a *ceder* [*"yield"*]. "Eu me lembro de ter dito a ele que temos de estar cientes sobre quem são as autoridades no comando, porque isso é essencial para nossa sobrevivência", McCready mencionaria mais tarde. "Precisávamos sair, tocar música e curtir o momento, dentro dessa estrutura capitalista. Continuar apoiando nossas causas, mas trabalhando com os canais já estabelecidos."

Para Mike, sobreviver "dentro dessa estrutura capitalista" como uma banda lhe inspirou uma boa ideia, influenciada tanto pelo seu lado prático quanto pelo primitivo: ele copiou o Led Zeppelin e criou um dos singles mais acessíveis e populares de toda a carreira do Pearl Jam, daqueles perfeitos para tocar nas rádios.

E tudo bem que Mike negue ter copiado conscientemente o riff de "Going to California", do Led Zeppelin, para usar em "Given to Fly". Roubar do Zeppelin é como roubar de John Dillinger; no rock, não há honra entre ladrões, especialmente se você estiver roubando dos caras que roubaram de Willie Dixon e Bukka White.

Mike já declarou que a parte instrumental de "Given to Fly" veio de um período de sua vida em que estava começando a sair da névoa do abuso de substâncias químicas, e o modo como a música cresce, feito um hino, tinha tudo a ver com o homem que se sentia grato por estar vivo. Porém, além de uma expressão pessoal, "Given to Fly" era ambiciosa no sentido comercial. A estrutura de estrofes silenciosas e refrão alto ainda era novidade para o Pearl Jam, acredite se quiser. (Os maiores sucessos de *Ten* começavam no volume máximo e por lá ficavam.) É impossível não se deixar levar pela canção.

Em outras palavras, "Given to Fly" é *envolvente*, de uma forma que poucas outras canções do Pearl Jam tinham sido até então. (Pelo menos não de propósito.) Mas será que já estava tarde demais para um single mais pop do Pearl Jam?

Eis uma hipótese que já considerei várias vezes a respeito da produção do Pearl Jam no fim dos anos 1990: e se *Yield* tivesse saído antes de *No Code*? Imagine "Given to Fly" no ecossistema das rádios de rock dois anos após as 6 milhões de cópias vendidas de *Vitalogy*. Como *isso* teria afetado a carreira do Pearl Jam? Será que o grupo estaria melhor ou pior agora?

Antes que você responda – ou antes que *eu* responda, já que você pode pensar o que quiser e quando quiser –, vamos considerar os fatos. *No Code* foi lançado em 27 de agosto de 1996, exatamente cinco anos após *Ten*. O primeiro single foi "Who You Are", um tipo de... *balada oriental*? Isso não parece uma classificação adequada, mas com certeza não é um rock. Na letra, Vedder soa todo filosófico ao refletir sobre o sentido da existência, chegando à ideia zen de que o propósito de cada pessoa no mundo é ser exatamente quem ela é. (Várias canções de Pete Townshend inspiradas por Meher Baba têm uma visão de mundo similar, incluindo "Too Much of Anything" e "Let My Love Open the Door".)

Não havia nada nem remotamente similar a "Who You Are" nas rádios rock no início do outono de 1996. O hit mais popular do rock mainstream naquele ano era "Until It Sleeps", do Metallica, uma faixa decididamente anti-Zen saída de *Load*, o primeiro disco após o "Black Album". A característica mais marcante de "Who You Are" é a complexa polirritmia da bateria de Jack Irons, que ele alegou ter composto quando tinha apenas 8 anos. Presumo que Lars Ulrich, com a mesma idade, estava ocupado demais jogando tênis na Dinamarca para se preocupar com a seção rítmica de sua futura banda.

Parte da narrativa sobre *No Code* é que "Who You Are" afundou o disco comercialmente. A própria banda já difundiu essa ideia, tanto com orgulho quanto com arrependimento. Em uma matéria de capa para a *Spin*, em 1997, Eddie Vedder insistiu que lançar um single filosófico com um ritmo exótico foi uma "decisão consciente" a fim de reduzir o tamanho enorme de seu público. Anos depois, entretanto, no livro *Pearl Jam Twenty*, Jeff Ament argumentou com pesar que havia "quatro ou cinco músicas" em *No Code* que teriam funcionado como uma introdução mais apropriada ao álbum.

É muito provável que esse último ponto de vista tenha influenciado a direção de *Yield*, lançado em 3 de fevereiro de 1998, apenas 18 meses após *No Code* – o menor intervalo entre discos do Pearl Jam. Segundo Brendan O'Brien, a ideia que guiou o álbum foi "juntar as melhores e mais acessíveis canções que pudessem". *Canções* é a palavra-chave aqui – *No Code* é o Pearl Jam em sua fase mais solta e voltada para jams, resultando em faixas como "Who You Are", na qual a bateria de Irons inspirou Stone Gossard a fazer um riff de guitarra barulhento e Vedder a tocar uma cítara elétrica. Já em *Yield*, as jams foram deixadas de lado, favorecendo canções completas já compostas quando o Pearl Jam chegou ao estúdio. Enquanto *No Code* foi descrito por Gossard como "semiprofissional", *Yield* é o disco do Pearl Jam que se barbeou e vestiu um terno.

Vamos imaginar um cenário em que, após *Vitalogy* – o ideal platônico em termos de equilibrar os lados "hit" e "esquisito" da banda –, o Pearl Jam lança um álbum repleto de canções melodiosas de pop rock em andamento médio, perfeitas para serem tocadas nas rádios em 1996. (Sem dúvida, "Given to Fly" teria mais sucesso naquele ano que "Who You Are".) Nesse caso, parece lógico que *Yield* venderia mais cópias que *No Code*, que conquistou "apenas" um disco de platina. Digamos que *Yield* conquistasse dois ou até três discos de platina. Isso prepararia o terreno para a experimentação de *No Code* em sua nova e hipotética data de lançamento, no início de 1998. E se *isso* acontecesse, talvez a carreira do Pearl Jam tivesse seguido uma trajetória completamente diferente.

Tudo isso parece correto para mim, pelo menos em teoria, até que eu me lembro do restante do mundo do rock em 1996. E é aí que meu experimento bobo cai por terra.

O Pearl Jam não era a única banda famosa de rock passando por mudanças profundas naquele ano. Em 1996, havia uma série de álbuns que tinham tudo para se tornar sucessos estrondosos, vindos de grupos que, dois ou três anos antes, estavam no ápice da carreira. Junto de *No Code*, foram lançados *New Adventures in Hi-Fi*, do R.E.M.; *Down on the Upside*, do Soundgarden; *Recovering the Satellites,* do Counting Crows; e *Pinkerton*, do Weezer. Os padrões insanos da indústria musical da época ficam evidentes quando se descobre que esses títulos foram considerados decepções comerciais, apesar de a maioria ter vendido pelo menos 1 milhão de cópias. Alguns até renderam vários sucessos radiofônicos.

Mas nenhum deles repetiu o êxito dos álbuns anteriores dessas mesmas bandas, lançados no início da década de 1990. E esse fracasso acabou consolidando a percepção de que o auge dos líderes da revolução do rock alternativo já havia passado. Quando suas vendas começaram a ficar um pouco aquém do esperado, surgiu uma nova geração de grupos de nü-metal e cantores pop adolescentes que estavam prestes a gerar alguns dos números mais extravagantes da história da indústria musical.

O contraste com o espírito "faça você mesmo" do raiar dos anos 1990 não podia ser mais intenso. O fim da década foi totalmente focado no excesso e no hedonismo. Questionar a ética do estrelato no rock'n'roll logo passou a ser visto como patético e cansativo. As pessoas agora estavam ligadas em coisas que eram estúpida e desnecessariamente grandes. A música popular era alimentada por uma espécie de esteroides de celebridade, uma versão metafórica das drogas para melhoria de desempenho que transformaram em obsessão nacional a disputa pelo recorde de *home runs* entre Mark McGwire e Sammy Sosa, em 1998 – em que ambos facilmente superaram o recorde que Roger Maris havia detido por 37 anos. Na música, os astros ficavam cada vez mais superficiais, adotando formas corporais volumosas e grotescas. Era a decadência por pura decadência, fazendo as bandas de rock alternativo do início dos anos 1990 parecerem terrivelmente velhas e enfadonhas antes do tempo.

A primeira vez que eu me senti um velho foi quando tinha apenas 19 anos, o que coincidiu com a ascensão de bandas como Korn e Limp Bizkit, no fim de 1996 e ao longo de 1997. Enquanto *No Code* quase não chegou ao disco de platina quando foi lançado em agosto de 1996, o Korn explodiu na cultura jovem estadunidense com seu segundo álbum, *Life Is Peachy*, que saiu dois meses depois, em 15 de outubro de 1996. O LP conquistou dois discos de platina nos Estados Unidos e vendeu mais de 6 milhões de cópias no mundo todo.

Eu detestava o nü-metal naquela época. Pior: eu não entendia como *alguém* podia amar aquele som. Do meu ponto de vista privilegiado, como um fã de música criado com o rock clássico e o alternativo, o nü-metal parecia desprovido de todas as qualidades que eu buscava na música. Não havia melodia, nem acordes poderosos, nem refrãos empolgantes, nem idealismo, nem humanismo e nenhuma conexão com a linhagem do rock eu aprendera a reverenciar.

Com o passar do tempo, comecei a apreciar o nü-metal exatamente pelo modo como ele rompia com essas convenções do rock. Qualquer que seja sua opinião sobre o Korn, não há como negar que eles lideraram uma forma de rock genuinamente original, e até inovadora, que só tinha como surgir nos anos 1990. Enquanto o Pearl Jam seguia os moldes de uma banda de rock tradicional, o Korn foi lá e quebrou esses moldes, no exato momento em que o rock estava prestes a entrar em um período de declínio comercial. E o pessimismo dessas bandas – cuja tipificação perfeita está na canção "People = Shit", lançada pelo Slipknot em seu álbum *Iowa*, de 2001 – representava sua época tanto quanto *Vs.* tinha representado o clima cultural do começo dos anos 1990.

Pois é, a música mudou rápido *demais*. Jonathan Davis, vocalista do Korn, jamais seria visto tocando um violão e cantando uma canção folk suave como "Elderly Woman Behind the Counter in a Small Town". Nem mesmo "Spin the Black Circle" era pesada o suficiente para uma plateia que estava pronta para ouvir os gritos de Davis em seus intensos hinos de angústia adolescente, como as ácidas confissões *antibullying* de "Faget", lançada no disco homônimo do Korn, de 1994. Em 1996, o fato de alguém como eu – ainda jovem, mas integrante de uma geração diferente dos meninos de 13 anos ao estilo A.J. Soprano, que prefeririam ouvir Korn – não ter entendido o recado não era culpa do nü-metal. Na verdade, era para isso que ele servia.

Tendo em vista tudo isso, a ideia de que *Yield* – ou o lançamento de um single mais comercial de *No Code* – teria mudado a maré do Pearl Jam é como alegar que recolher o lixo das ruas de New Orleans teria poupado a cidade do furacão Katrina. Simplesmente havia forças maiores em jogo que estavam causando a ruína do rock alternativo num nível macro, e de *No Code* num nível micro.

Também preciso deixar algo registrado aqui: eu amo *No Code*. Em geral, é meu disco favorito do Pearl Jam. É aquele tipo de álbum que parece um "equívoco interessante" no momento de seu lançamento, então lentamente envelhece e se torna "infinitamente refrescante" décadas depois.[36] Faço parte do grupo de fãs do Pearl Jam – uma minoria, certamente – que gostaria que os álbuns seguintes tivessem ainda mais jams. O caminho não tomado por essa banda teria sido uma viagem longa e esquisita.

À sua própria maneira, *No Code* é o disco do Pearl Jam que mais se assemelha aos trabalhos dos Beatles. Em alguns casos, isso é literalmente verdadeiro, como no encerramento de "Red Mosquito", que soa como o lado B de *Abbey Road*, ou como "In My Tree", que discretamente remete a "Strawberry Fields

36. Certa vez, Stone Gossard equiparou *No Code* a *Emotional Rescue*, dos Rolling Stones, uma comparação que não fez sentido algum para mim até eu pensar a respeito disso constantemente por alguns dias depois.

Forever".[37] No fim das contas, *No Code* é o disco em que eles se afastaram dos olhos do público, assim como os Beatles tinham feito 30 anos antes, a fim de se aprofundar em grandes questões metafísicas enquanto se expandiam musicalmente como nunca.

A ideia de que *No Code* é uma extravagância amarga ou inacessível nunca fez sentido para mim. Vindo de uma banda conhecida por não fazer muitas piadas, esse é um disco que frequentemente destila um senso de humor sombrio. As músicas antiestrelato mais diretas de Vedder, "Off He Goes" e "Lukin", são majoritariamente introspectivas, menos preocupadas em atacar a indústria musical e mais focadas em descobrir uma forma de lidar com as circunstâncias surreais de sua vida. No geral, as canções são mais perplexas do que raivosas, com o sarcasmo oferecendo um refúgio improvável. Estou me referindo à piadinha de Vedder em "Habit" ("*Speaking as a child of the nineties*") ["Falando como alguém que nasceu nos anos 1990"], assim como o ataque de Gossard contra bandas que imitam o grunge em "Mankind" – que, por acaso, soa como Urge Overkill.

Por mais que eu adore *No Code*, não acho que exista um single que o teria "salvado" de verdade. "Hail Hail" seria a escolha mais óbvia, mas prefiro essa canção no contexto do álbum, e não como uma entidade independente. Ela tem um impacto muito mais forte ao chegar logo após "Sometimes", a faixa de abertura mais silenciosa (e, a meu ver, melhor) da discografia deles. Uma boa parte desse disco parece encontrar o Pearl Jam em seu modo "White Album", no qual atiram para todo lado e veem o que dá certo, pois isso é melhor do que simplesmente deixar a banda acabar. Mas "Sometimes" é a faixa *Plastic Ono Band* de Eddie, o momento de lucidez que vem após um entusiasmado período de autoanálise. "*Seek my part, devote myself/ My small self/ Like a book amongst the many on the shelf*" ["Buscar meu papel, me dedicar/ Meu pequeno ser/ Como um livro entre os muitos na prateleira"] era sua forma de dizer: "Eu não acredito no grunge, eu só acredito em mim".

37. Assim como John Lennon, Eddie Vedder não queria ninguém mais em sua árvore.

A canção mais famosa de *No Code*, "Present Tense", pode muito bem ser entendida como o núcleo emocional do álbum. A faixa (composta por McCready) é como uma versão encapsulada e de progressão mais lenta de "Given to Fly", na qual a catarse grandiosa só chega na última parte da música. Mas é a letra de Vedder que fica como uma declaração de intenções para a próxima fase da carreira do Pearl Jam: "*You can spend your time alone redigesting past regrets oh/ Or you can come to terms and realize/ You're the only one who can forgive yourself*" ["Você pode passar um tempo sozinho reprocessando arrependimentos passados/ Ou você pode aceitar os fatos e perceber/ Que você é o único que pode se perdoar"].

Milhões de pessoas redescobriram essa canção em 2020, quando ela foi utilizada no fim de *Arremesso final*, o extenso documentário lançado pela Netflix e pela ESPN sobre Michael Jordan e o Chicago Bulls na década de 1990. No contexto do filme, dividido em várias partes, "Present Tense" tinha o objetivo de transmitir a postura implacavelmente progressiva de MJ após agir como um babaca vingativo durante sua carreira como jogador em relação a todos, de Isiah Thomas a B. J. Armstrong.

Para o Pearl Jam, no entanto, "Present Tense" era uma declaração sobre não ser definido por seu passado, o que era um perigo real em 1996. *No Code* foi um passo importante para se livrar dessas restrições. Se eles estavam destinados a ter seu status comercial diminuído, independentemente do que fizessem, então por que não fazer exatamente o que tinham vontade?

Imaginar *No Code* sendo lançado em outra época é um beco sem saída, pois ele *somente* poderia ter sido lançado em 1996, assim como todos aqueles outros discos das bandas da mesma leva que o Pearl Jam – que eu também amo – só poderiam ter saído naquele ano. Aqueles álbuns são *sobre* o que estava acontecendo com o rock na época. Você os escuta e dá para ouvir o desgaste, a decepção e a exaustão que já tinham se instaurado. E nenhum outro disco dessa era soa tão desgastado, decepcionado e exausto quanto *Down on the Upside*, do Soundgarden.

PARA O PEARL JAM, "PRESENT TENSE" ERA UMA DECLARAÇÃO SOBRE NÃO SER DEFINIDO POR SEU PASSADO, O QUE ERA UM PERIGO REAL EM 1996.

É possível que eu esteja projetando esses atributos no que se tornaria o último álbum do Soundgarden antes de se separarem em 1997.[38] Mas mesmo antes de a banda romper, *Down on the Upside* fazia jus (ou não) a seu título [algo como "Deprimido no lado positivo"]. Como todas as bandas de rock alternativo com múltiplos discos de platina na época, o Soundgarden tentou conciliar seu novo status de criadores de hits com seu passado punk rock, fazendo um disco conscientemente "difícil" em seguida ao clássico instantâneo e gigantesco que foi *Superunknown*, de 1994. E, de certa forma, conseguiram o que queriam. *Down on the Upside* é, sem dúvida, mais esquisito do que seu antecessor, que não incluía canções sobre Ty Cobb ou um cachorro sem nome. Mas também rendeu algumas das músicas mais populares da banda. Uma de suas melhores faixas, "Burden in My Hand", chegou à primeira posição das paradas de rock mainstream na mesma semana em que *No Code* foi lançado.

O problema é que a criação de *Down on the Upside* foi uma tortura, embora não necessariamente uma tortura diferente ou mais penosa que a sentida pelo Pearl Jam na mesma época. Os problemas do Soundgarden eram bem similares aos do Pearl Jam, assim como os problemas da maioria das bandas tendem a ser bem similares. Existia tensão entre o vocalista e o guitarrista. Havia sentimentos conflitantes quanto a "ser comercial" versus "ficar no underground". Todo mundo estava trabalhando demais. Ninguém estava conversando. O abuso de substâncias preenchia o vazio.

A diferença é que o Soundgarden saiu em turnê por vários meses divulgando *Down on the Upside*, e então Chris Cornell decidiu acabar com a banda. Francamente, é o que a maioria dos grupos faz nessa situação. Mas não o Pearl Jam. Em vez disso, eles fizeram *Yield*.

Eu sei que *Yield* deveria ser o disco contagiante em que a banda volta ao seu som típico, mas não é assim que eu o ouço. Talvez eu seja a única pessoa que o ouça como um disco profundamente triste, até deprimente. Isso não é uma crítica – na verdade, estou até argumentando que *Yield* é um álbum mais

38. Eles se reuniriam 13 anos depois e lançariam mais um disco de estúdio, *King Animal*, em 2012.

profundo e poderoso do que o consideram. Se fosse apenas o disco no qual o Pearl Jam tivesse voltado a compor (nas palavras de O'Brien) "as melhores e mais acessíveis canções que pudessem", creio que *Yield* soaria vazio hoje em dia. Mas acho que é um fruto de sua época (uma época bem ferrada), assim como *No Code* tinha sido.

Há duas formas de se pensar sobre 1998. Uma pessoa nostálgica poderia olhar para o ano e ver uma era de ouro, uma época de paz relativa em que os Estados Unidos haviam chegado ao nível mais baixo de desemprego em 28 anos. Um período cujo maior escândalo político foi o processo de impeachment de Bill Clinton por conta de sua mentira a respeito de um encontro sexual relativamente inconsequente com uma estagiária da Casa Branca.

Mas até as notícias mais bobas do ano têm um fundo sombrio e perturbador. Clinton fora eleito no auge do grunge, em 1992, após 12 anos de republicanos no poder. Seu impeachment ajudaria a eleger outro presidente republicano no começo do século XXI. O sentimento de progresso político e social, que já tinha feito o rock alternativo parecer uma força cultural significativa no início dos anos 1990, agora havia desaparecido. O homem que o Pearl Jam visitara na Casa Branca, no auge da popularidade da banda, agora era visto como um oportunista descarado, até mesmo por seus apoiadores. Quando as forças militares dos Estados Unidos lançaram mísseis contra acampamentos de terroristas no Afeganistão em agosto daquele ano, apenas três dias após o impeachment de Clinton, houve uma forte suspeita de que era apenas uma cínica cortina de fumaça. Mas o cinismo da época era tão grande que poucas pessoas conseguiram demonstrar alguma indignação.

Além das manchetes otimistas sobre crescimento econômico e baixo nível de desemprego, havia a consolidação do poder político e econômico nas mãos de poucas pessoas da elite, o que só pioraria no século XXI. A luta válida, porém malfadada, do Pearl Jam contra a Ticketmaster parece uma formiga se comparada à imensa fusão corporativa que formou o Citigroup, então o maior conglomerado de serviços financeiros do mundo, ocorrida dois meses após o lançamento de *Yield*. Uma década depois, o Citigroup teria um papel decisivo na crise habitacional que destruiu a economia do país. Os empréstimos subprime que eles haviam feito a milhões de cidadãos que estavam comprando suas casas – muitos dos quais da geração X, entrando no mercado imobiliário pela primeira vez – saíram pela culatra.

Aí temos a Lei das Telecomunicações de 1996, assinada por Bill Clinton, uma grande reforma das emissoras estabelecidas e dos provedores de internet emergentes que desregulamentou a indústria e abriu caminho para, entre outras coisas, o domínio de franquias de estações de rádio, como a Clear Channel. Anos após o Pearl Jam lutar contra a monopolização da música ao vivo, a tendência de cada vez menos empresas gigantescas controlarem cada vez mais a indústria musical continuaria sendo a regra. Enquanto isso, a vontade de lutar contra essa situação, ou até mesmo questioná-la, apenas esmoreceu. Um mundo com menos opções era simplesmente o novo normal.

Sempre que retorno a *Yield*, sou lembrado do clima indiferente e blasé de 1998. No disco, a raiva justificada e o ativismo proativo dão lugar a uma dolorosa resignação. O Pearl Jam já estava muito longe das acusações manifestadas em *Vs.* (Seria possível um título de disco ser mais oposto a *Vs.* que *Yield*?) Mas, em vez de desistir de tudo e parar, como o Soundgarden havia feito, eles criaram um álbum sobre processar a dor imensa que estava por baixo da fachada animada da época.[39] *Yield* foi seu disco de retorno, e seu tema era a derrota. Um conjunto de músicas sofisticadas com corações envenenados, emulando sonoramente a desilusão da época.

Até "Given to Fly" é depressiva se você parar para analisar a letra. É uma das duas narrativas de Cristo no álbum, em que um salvador chega à Terra, é rejeitado, então vai embora. (A outra é "Pilate", na qual o homem que sentenciou Jesus à morte tenta se sentir melhor ao passar um tempo com seu cachorro.) Mas não se trata de um disco sobre fé. A canção "Faithfull"

39. Um álbum complementar a *No Code* e *Yield* é *The Lonesome Crowded West*, obra-prima do Modest Mouse, lançada em 1997, que fala abertamente sobre os centros urbanos e os subúrbios sem caráter que começaram a tomar conta do Noroeste dos Estados Unidos (especialmente Seattle) no fim dos anos 1990.

critica pessoas devotas e questiona seu sistema de crença. (A faixa seguinte, "No Way", explicitamente abre mão de "tentar fazer a diferença".)

Às vezes, *Yield* me faz pensar sobre o clima indiferente e blasé de *agora*. As teorias de conspiração de "Brain of J" e o constante desejo de tentar ser algo que você não é em "Wishlist" soam como comentários sobre a cultura da internet, muito antes de a cultura da internet se tornar corriqueira. Então temos a canção mais ácida (e, para o Pearl Jam, excepcionalmente satírica) do álbum, "Do the Evolution", na qual a fé equivocadamente depositada na tecnologia e na superioridade humana – algo que acontece até hoje – é um presságio do nosso fim.

Não é à toa que as canções mais emocionantes de *Yield* sejam sobre fuga – "MFC", na qual Vedder volta a cantar sobre entrar num carro e dirigir rápido e sem destino; e "In Hiding", que parece um relato em primeira pessoa do período "lavanderia e cinzeiro". ("*I shut and locked the front door/ No way in or out/ I turned and walked the hallways/ And pulled the curtains down*" ["Fechei e tranquei a porta da frente/ Não tem como entrar ou sair/ Virei as costas e andei pelos corredores/ E fechei todas as cortinas"].)

O álbum termina com "All Those Yesterdays", que, em 1998, poderia muito bem ser a última música do último disco do Pearl Jam. "*Don't you think you ought to rest?*" ["Você não acha que precisa descansar?"], Vedder gentilmente sugere, como se estivesse cantando uma canção de ninar para sua própria banda. Perto do fim, ele sutilmente implora "*It's no crime to escape*" ["Fugir não é crime"].

Ele está certo. Não é. O Soundgarden fugiu. Quase todos os contemporâneos do Pearl Jam fugiram. *Essa* versão do Pearl Jam também acabou logo após *Yield* ser lançado, com a saída de seu quarto baterista, Jack Irons.

Mas a banda acabaria adotando uma nova forma – o Pearl Jam *definitivo* que os levaria adiante, depois dos anos 1990 e além.

LADO B

"Muitas bandas chegam a certo nível, aí simplesmente param. Abrem mão de tudo. Compare isso, digamos, aos Rolling Stones ou ao Who, que apenas continuaram para sempre e ainda estão tocando, ou pararam após 20 anos. Mas o Talking Heads, o Jane's Addiction ou o Police, ou até o Nirvana, pode-se dizer, chegaram até um ponto e deu. Fico imaginando qual teria sido a diferença entre as bandas antigas e essas outras..."

— Eddie Vedder, em entrevista à *Spin*, em 1994

CAPÍTULO 11

"LONG ROAD"

(21/10/2000, Phoenix, Arizona)

Meu primeiro show do Pearl Jam (que não foi meu último) – Uma resenha petulante no *Pitchfork* – "Pragmático" como um elogio, não uma crítica – Setenta e duas gravações da mesma turnê – "Gutter Punks and Whiskey" – O sentido da vida (sério!)

A primeira vez que vi um show do Pearl Jam foi em 30 de junho de 1998, no Target Center, em Minneapolis. Mas, na época, parecia mais um fim do que um começo.

Eu lembro que o show foi ótimo. Na verdade, tenho *certeza* de que foi ótimo, porque tenho a gravação pirata dele. Eles abriram com "Sometimes", o que me agradou, porque sempre achei *No Code* subestimado. Tocaram o lado B "Leatherman", que não reconheci naquele momento, pois ainda não tinha comprado o single "Given to Fly". Tocaram ainda uma versão muito legal de "Porch", precedida por uma versão blues de "My Generation", do Who, o que eu amei, porque, assim como Eddie Vedder, sou fã de *The Kids Are Alright*.

Na gravação, dá para ouvir Eddie falando com a plateia durante o bis, comentando que ele tinha ficado surpreso ao ver que um show em Minneapolis podia ser tão agitado. Ele disse que imaginava que a apresentação da noite anterior, em Chicago, seria o ponto alto da turnê, mas que Minneapolis estava dando de 10 a 0 naquela cidade. Lembro que fiquei um pouco cético com essa afirmação. Eu ainda não era muito experiente em shows, mas já tinha noção de que *rock stars* são como políticos quando o assunto é elogiar plateias. É claro que ele falaria bem do nosso público. E falar mal de Chicago sempre pegava bem em Minneapolis.

Mas agora, após ter ouvido gravações tanto da apresentação de Minneapolis quanto de Chicago, posso afirmar que Eddie estava dizendo a verdade. O show que eu vi foi realmente bom. A plateia – *nós* – arrasamos.

Havia oito canções de *Yield* no setlist daquela noite, que eu já conhecia porque tinha comprado o disco na mesma semana em que saiu. Mas *Yield* seria, por muitos anos, o último álbum do Pearl Jam que comprei assim que chegou às lojas. Nos quatro meses entre seu lançamento, no início de 1998, e o show, *Yield* tinha discretamente saído da minha lista dos discos que ouvia com frequência – e isso é bem significativo, tendo em vista que eu era um universitário com pouco dinheiro e que não comprava muitos CDs. (Lembre-se: isso foi cerca de um ano antes do Napster tornar a compra de CDs irrelevante para uma geração de fãs de música.) Mesmo com as opções limitadas à minha disposição, acabei deixando *Yield* de lado.

Da mesma maneira que eu gostei de ver o Pearl Jam ao vivo, eu também gostava de *Yield*. Entretanto, para mim e meu amigo Erik, que também tinha crescido ouvindo Pearl Jam, vê-los naquela turnê já parecia uma espécie de nostalgia para nós, como se fôssemos idosos de 20 e poucos anos. Isso é uma loucura, pois não fazia nem sete anos desde o lançamento de *Ten*. Mas, em 1998, parecia que 1991 tinha acontecido 70 anos antes. Eu tinha quase 14 anos quando o primeiro disco do Pearl Jam surgiu; agora, eu estava com quase 21. Isso significava que eu já frequentava bares e me sentia meio adulto. O Pearl Jam, porém, representava minha infância. E, como quase todo mundo que faz 21 anos, eu estava ansioso para me afastar da minha infância.

Com o tempo, eu veria como estava errado nisso. Mas, em 1998, eu realmente achava que o Pearl Jam estava acabando, assim como todos os resquícios da cultura do rock alternativo do começo dos anos 1990. Portanto, quando vi o Pearl Jam ao vivo pela primeira vez, acreditei que também seria a última. Fui ao Target Center para me despedir de uma banda que eu achava que não amava mais e de um passado do qual tentava fugir.

Estou contando tudo isso porque imagino que eu não era o único com esse sentimento. Parece que muitos fãs de rock da minha geração passaram exatamente pela mesma mudança de opinião a respeito do Pearl Jam, mais ou menos na mesma época. Essa banda foi tão essencial para as experiências de milhões de adolescentes que, assim que essas pessoas viraram adultas, subitamente tornou-se insuportável ouvir Pearl Jam.

Isso é sem dúvida bem injusto com a banda, cujo único crime foi fazer músicas extremamente populares que definiram a era em que foram lançadas. Mas, de qualquer maneira, havia um certo estigma em relação a eles.

Que estigma era esse exatamente? Eis um trecho da resenha escrita pelo *Pitchfork* para a coletânea *Rearviewmirror (Greatest Hits 1991 – 2003)*, publicada quando o disco foi lançado, em 2004:

> Após habilidosamente darem as costas para a fama no mesmo momento em que boa parte do público parecia prestes a fazer o mesmo com eles, o Pearl Jam cultivou o apoio inabalável de uma legião de fãs devotos durante uma série de discos de estúdio que os ouvintes mais casuais provavelmente já esqueceram – *No Code*, *Yield*, *Binaural* e *Riot Act* –, assim como o lançamento quase cômico de todos os shows que fizeram em 2000, uma ação que, dependendo do seu nível de cinismo, parecia um "obrigado" ou um "vá se foder" acidental para seus seguidores mais cegos. Musicalmente, o Pearl Jam deu uma leve apimentada em seu som ao longo de uma década, acrescentando alguns toques orientais e alguns petiscos de garage rock à sua típica dieta de arroz com feijão. Quando o Creed tornou-se uma instituição permanente nas rádios de rock do fim dos anos 1990, a banda da Flórida soava tanto como o Pearl Jam quanto o próprio Pearl Jam.

Essa opinião é reducionista e até um pouco maldosa? Sem dúvida. Mas também articula de forma impiedosa o que já era um consenso entre muitos críticos musicais e ouvintes casuais quando o ápice comercial do Pearl Jam chegou ao fim.

Olhando em retrospecto, os detratores sentiam-se empoderados para culpar o Pearl Jam por todas as bandas terríveis – Creed, Nickelback, Days of the New – que os copiaram. Suas melhores canções foram criticadas por serem sérias, dramáticas e sinceras demais. Eddie Vedder foi acusado de ter um vocal insuportável e exagerado. Tiraram sarro de seu ativismo político. Acima de tudo, o Pearl Jam passou a ser visto como uma relíquia dos anos 1990, como uma antiga camisa de flanela ou uma fita VHS cheia de episódios de *Minha vida de cão*. Eles eram um pouco... *constrangedores*.

Mas isso vai muito além do Pearl Jam. A hostilidade com a qual a imprensa e até vários antigos fãs trataram a banda parece ser inerente às neuroses específicas da geração X. Você não ouve muitos baby boomers correndo para atacar Bruce Springsteen, os Rolling Stones ou Bob Dylan, assim como os fãs leais desses artistas nunca seriam descritos como "seguidores cegos". Até os ídolos boomers que não eram tão bem-vistos pela crítica de sua época, como o Queen ou o Kiss, tendem a se beneficiar de um revisionismo generoso algumas décadas depois.

Os millennials e os zoomers são similarmente leais aos artistas favoritos de sua infância – seja Taylor Swift, Blink-182 ou Limp Bizkit –, mesmo após eles terem parado de produzir discos de sucesso ou até mesmo músicas boas. Enquanto isso, se apressam em julgar os artistas favoritos das gerações anteriores com base nos padrões modernos do politicamente correto, o que, claro, faz os queridinhos *deles* parecerem mais virtuosos.

Mas a geração X não protege tanto o seu território. Rapidamente demos as costas ao Pearl Jam quando ficamos um pouco mais velhos e começamos a revirar as coleções de discos de nossos pais. É apenas uma evidência anedótica, mas, novamente, suspeito que não tenha acontecido apenas comigo. Conheço vários amigos que, quando adolescentes, foram apresentados ao Neil Young pelo Pearl Jam – e eles ainda ouvem Neil Young, porém *não ouvem* Pearl Jam. Ou talvez estejam tentando se convencer a gostar do mais recente fenômeno que seus filhos ou colegas de trabalho mais jovens estão curtindo. Qualquer coisa, *exceto* sua própria música, que eles juraram que deixariam para trás após o ensino médio.

É fato que existem pessoas da geração X que *apenas* escutam as músicas que curtiam no ensino médio, o que também não é legal. (Esse é o problema de falar sobre generalidades geracionais – é fácil encontrar exceções à regra.) Falando por experiência própria, a questão é que eu amo explorar músicas de eras e culturas diferentes. Descobrir coisas novas deveria fazer parte do processo evolutivo de envelhecer. Mas acho que é bem verdade que minha geração não defende tanto seus próprios heróis como outras gerações fazem.

Isso se deve, em parte, à demografia – há 12 milhões de boomers e 18 milhões de millennials a mais que pessoas da geração X. Como somos minoria, nossos marcos geracionais são mais suscetíveis à marginalização nas mãos de pessoas de fora, sem conhecimento próprio ou compreensão intuitiva de por que essas coisas importaram tanto durante um período.

Poucos conceitos da geração X envelheceram pior do que "se vender", uma possibilidade que assombrava Eddie Vedder e que agora não tem praticamente nenhuma relevância para artistas no mundo moderno. Hoje, é entendimento comum que vender uma música para um comercial pode ser a única forma de um artista ganhar algum dinheiro de verdade. E criticá-lo por lucrar com uma propaganda de fast-food é antipático, visto como uma conduta irritantemente repressora. Portanto, analisar as virtudes de uma banda como o Pearl Jam pelas lentes da retrospectiva inevitavelmente os deixará com cara de chorões ou temperamentais.

Mas, nos anos 1990, a aversão à ideia de "se vender" significava que você queria se desprender daquela cultura mainstream que era frequentemente corrupta, estúpida e tóxica. Isso sinalizava um desejo de existir em um espaço que se importava com arte, conversas estimulantes e empatia. Não era uma posição moral infeliz. Era um gesto idealista feito por quem sentia dificuldade em encontrar pessoas com pontos de vista similares em um mundo sufocante cheio de redes de TV e rádios comerciais corporativas. A questão não era tanto "se vender", mas "*não comprar*".

Esse contexto praticamente não existe mais, uma vez que os guardiões de nossas narrativas culturais nunca tiveram qualquer afinidade real pelos artistas que mudaram tanto nossa vida nos anos 1990. O resultado é que bandas como o Pearl Jam acabaram reduzidas a caricaturas geracionais ultrapassadas.

Uma pesquisa da Pew Research descobriu que as pessoas da geração X são menos propensas que os boomers ou millennials a definir sua faixa etária como "especial", o que parece ser um resultado direto daqueles números populacionais desequilibrados e do discurso histórico distorcido. Ter menos pessoas em sua geração *deveria* torná-la *mais* especial, mas, ao mesmo tempo, são menores as chances de ouvir sua geração descrita na mídia como especial. Citando o Radiohead, outra famosa banda da geração X, estamos travados, *desejando* ser especiais.

Mas você não precisa de uma pesquisa para descobrir que a geração X tem uma tendência autodestrutiva de se ver como um fracasso ou como insignificante perante o restante da história. Essa ideia foi incutida na nossa cabeça nos anos 1990 pelos boomers, que se recusavam a abandonar seus mecanismos de poder cultural, optando por enfiar os anos 1960 goela abaixo da geração X. (Nunca esqueça que houve apenas um festival Woodstock nos anos 1960 e dois nos anos 1990.) E isso foi reiterado por gerações mais jovens que não tinham os mesmos problemas que nós a respeito da nostalgia, pois eles nunca veneraram a ideia de "matar seus ídolos", como os punks e os semideuses do indie pregavam. Os jovens simplesmente não tinham essa culpa e essa necessidade de minimizar o passado. Como eles também são uma maioria em relação aos boomers *e* a nós, podiam apagar marcos culturais antigos e inserir seus próprios símbolos. Eles tiveram sucesso onde a geração X fracassou – afinal, fracassar é o que fazemos de melhor.

E muitos de nós ajudaram nesse processo! Até eu passei pelo meu período de enjeitar minha própria herança do rock alternativo. Por anos, senti pouca conexão com o grunge com o qual tinha crescido. Vendi meus CDs antigos e me livrei de minhas camisetas de shows. Fingi que o único rock dos anos 1990 de que eu gostava era aquele feito por músicos indie incontestáveis, como Pavement, Liz Phair, Sleater-Kinney e Neutral Milk Hotel. E tentei esquecer a música que, na verdade, eu achava que mudaria o mundo.

Onde o Pearl Jam se encaixava nisso, a rara banda dos anos 1990 que sobreviveu à década e continuou ativa no século XXI? Às vezes, eles pareciam um grupo sem nação. A geração X, em sua maioria, os abandonadara, enquanto o próximo grupo de jovens estava prestes a acolher outra onda de estrelas musicais.

A patologia da minha geração é que odiamos a nós mesmos e tudo aquilo em que nos enxergamos. E poucas coisas dos anos 1990 parecem mais universalmente *nós* do que o Pearl Jam.

Quero voltar àquele trecho do *Pitchfork*, especialmente esta parte: "o lançamento quase cômico de todos os shows que fizeram em 2000, uma ação que, dependendo do seu nível de cinismo, parecia um 'obrigado' ou um 'vá se foder' acidental para seus seguidores mais cegos".

Mais uma vez, isso resume como muitas pessoas da mídia viam a decisão do Pearl Jam de vender por conta própria as gravações de 72 shows da turnê de divulgação de seu sexto álbum, *Binaural*. Essa ação era retratada (com estranha hostilidade) como se fosse uma piada boba e um modo sorrateiro de lucrar. Em uma entrevista para o *San Francisco Chronicle*, em 2000, Jeff Ament foi acusado, num tom decididamente rude, de ambas as infrações. "Você não acha que uma pessoa tem de ser meio louca para ouvir todas essas gravações?", foi uma das perguntas. "Quantas versões de 'Even Flow' o ouvinte médio precisa ter?", veio em seguida. Então, a gota d'água: "Muitas pessoas acham que vocês estão apenas explorando os fãs jovens", que não é exatamente uma pergunta, mas um ataque barato.

É estranho, covarde ou ganancioso lançar 72 discos ao vivo da mesma turnê?[40] Se ainda estivéssemos em 1991, a resposta seria "sim". Mas, no ano 2000, as perspectivas sobre esse tema já estavam mudando. Soa dissimulado

40. O único show da turnê *Binaural* que não foi lançado foi o de Roskilde, na Dinamarca, por motivos óbvios [ver capítulo 12].

perguntar se o ouvinte "médio" gostaria de ter acesso a dezenas de versões da mesma música. No novo século, a mídia mal estava preparada para acomodar apenas os ouvintes "médios". Na verdade, a tecnologia transformara até ouvintes casuais em consumidores obcecados, constantemente inserindo canções em todos os cantos de nossa vida, pois se tornara fácil demais fazer isso.

O que o Pearl Jam fez em 2000 é agora normal na internet – se você segue uma banda com fãs fervorosos, há uma boa chance de conseguir acessar vários de seus shows (ou mesmo *todos os shows que eles já fizeram*) em troca de uma mensalidade. A única diferença é que a tecnologia da época forçou o Pearl Jam a lançar seus shows em CDs ao invés de disponibilizá-los em uma plataforma de streaming como o Nugs.net (que o Pearl Jam e tantas outras bandas usam hoje). De qualquer forma, as gravações da turnê *Binaural* ainda podem parecer mais um caso de autoindulgência extrema do que uma premonição genial. Fora de alguns blogs de fãs em cantos obscuros da internet, essas gravações nunca foram consideradas uma obra completa... até agora.

Aqui está minha opinião mais controversa sobre o Pearl Jam (que pode não parecer controversa, dependendo do quão obcecado pela banda você seja): aqueles 72 CDs do ano 2000, quando agrupados, representam minha coleção favorita de músicas do Pearl Jam. Eu gosto daqueles discos mais do que qualquer álbum de estúdio deles. E sinto que eles representam o que há de melhor na banda, mais do que qualquer um dos hits pelos quais são conhecidos. Eu digo que o Pearl Jam é uma das maiores bandas dos Estados Unidos justamente por causa daqueles 72 discos ao vivo.

Se você apenas gosta do Pearl Jam (mas não ama), isso provavelmente soará insano. (Nem vou imaginar como os agnósticos da banda reagirão.) Mas duvido que eu teria voltado a ser um fã obcecado se eles não tivessem decidido lançar gravações profissionais de alta qualidade de quase tudo que tocaram ao vivo naquele ano. Ouvir aqueles discos reconectou totalmente meu cérebro em termos de como eu ouvia o Pearl Jam e recalibrou o que eu mais valorizava neles. Eu até argumentaria que o Pearl Jam que você ouve naqueles CDs nem é o mesmo grupo da década de 1990. Eles efetivamente se recriaram naquela turnê e tornaram-se a banda que têm sido desde então.

A jornada que começou naquela noite em Red Rocks – quando eles se debateram em público para tentar encontrar uma identidade que fosse além da onipresente banda raivosa de hard rock da MTV – chega a seu ápice aqui.

O Pearl Jam já era uma banda nova quando os vi em 1998. Matt Cameron tornou-se integrante na véspera da turnê estadunidense que divulgava *Yield*, após Jack Irons se esgotar com a pressão de tocar em uma das bandas de rock mais estressadas do mundo. O que era inicialmente um trabalho rápido, que Cameron presumiu ser temporário – ele ainda tinha esperança de que o Soundgarden voltaria –, acabou sendo uma solução permanente para os problemas que o Pearl Jam aturou no começo de sua carreira.

Cameron é, de longe, o baterista mais duradouro na história do Pearl Jam, embora eu ainda o veja como o cara do Soundgarden. Mas nesse momento, porém, não havia dúvida de que o incrivelmente sensato Cameron já devia ter se juntado ao Pearl Jam havia muito tempo. Não à toa, o empresário da banda, Kelly Curtis, referiu-se à turnê *Yield* como "a primeira sem drama de nossa vida". A consistência e a tranquilidade do novo baterista fizeram o grupo sossegar. Ao mesmo tempo, Cameron valorizava o que ele chamava de "profissionalismo pragmático" no Pearl Jam, em contraste à natureza mais volátil de sua antiga banda.

A palavra "pragmático" foi usada por Cameron como um elogio ao Pearl Jam. Mas essa mesma palavra também já havia funcionado como crítica à banda. Em sua carreira pós-anos 1990, eles foram descritos (citando a resenha pouco elogiosa, de nota 4,6/10, feita pelo *Pitchfork* para o disco *Backspacer*, de 2009) como "a própria definição do pragmatismo anônimo, parecendo fazer apenas o mínimo necessário para ir de um disco chato e sem criatividade para o próximo". Nesse contexto, "pragmático" é a antítese do rock sexy, sedutor e empolgante. É visto como um trabalho de "mão na massa" e entediante que representa o oposto do que esse tipo de música *deveria* ser.

Mas para Cameron – e, presumo, para os outros integrantes do Pearl Jam – trabalhar duro era uma forma de recuperar o controle de suas vidas e carreiras.

Era fácil esquecer que, quando o Pearl Jam estava no topo do mundo do rock, era relativamente difícil vê-los ao vivo. Ao invés disso, sua imagem foi moldada pela MTV, pelas rádios e pelas revistas – todas instituições com seus próprios interesses. Para alguém que não confiava nas autoridades, como Eddie Vedder, isso não teria como dar certo. Não é possível confiar em nenhuma dessas pessoas. Mas você pode confiar em sua própria disposição de tocar por mais de duas horas com um setlist diferente a cada noite.

Eu comecei a comprar as gravações da turnê *Binaural* no começo dos anos 2010, quando meu interesse pelo Pearl Jam renasceu. Dava para achá-las em lojas de CDs usados por apenas alguns dólares, então foi barato. O que eu ouvi naqueles discos me intrigou. A música não tinha a mesma intensidade dos anos 1990, quando fazia lembrar uma "luta contra Mike Tyson". Eddie Vedder não estava se pendurando na estrutura do palco e se jogando na plateia; estava preso à sua guitarra. Stone Gossard e Mike McCready não ficavam pulando de um lado para o outro no palco; estavam entrelaçando seus riffs como espertos veteranos. Com Cameron firmemente instalado na seção rítmica, eles não tinham a mesma explosão imprudente da era Dave Abbruzzese ou o tribalismo selvagem da fase Jack Irons. Cameron se fundia ao baixo ágil de Jeff Ament, tocando sua bateria como um assassino, acertando notas com uma precisão fria e letal.

Aos poucos, fui colecionando mais dessas gravações. Essa encarnação da banda tinha um repertório grande o suficiente – englobando seis álbuns e vários covers inusitados – para tornar interessante a audição de tantos shows. E, quanto mais eu ouvia, mais as nuances de suas performances soavam melhores. As habilidades do Pearl Jam ficavam mais óbvias a cada novo show que eu absorvia. Comecei, inclusive, a perceber que alguns elementos que pareciam ser meros detalhes eram, na verdade, fundamentais. Uma das minhas faixas favoritas de *Binaural*, "Insignificance", parecia ser tocada com uma intensidade um pouco maior a cada nova apresentação. A jam no meio de "Rearviewmirror" foi se tornando gradualmente mais longa e expansiva. Os solos de guitarra de McCready em "Even Flow" eram selvagens, com variações sutis mas perceptivelmente diferentes a cada vez.

Com o passar do tempo, fiquei obcecado em rastrear como o Pearl Jam mudava e evoluía durante a turnê. Isso os fazia parecer uma entidade viva e pulsante, de uma forma que seus álbuns de estúdio, já tão familiares, nunca conseguiriam. E é assim que esse tipo específico de escuta profunda funciona: você se sente como se estivesse vivendo com a banda, como se os seguisse na turnê. É uma sensação poderosa e, acima de tudo, íntima.

O Pearl Jam nunca foi íntimo nos anos 1990. Sua onipresença – fosse por meio do próprio Pearl Jam ou de suas imitações – acabou afastando muitos ouvintes casuais. Mas ouvir essas gravações reduziu sua escala na minha mente, novamente humanizando a banda. Eles não eram mais os trovadores do grunge que haviam definido um momento específico da história. Agora, apenas pareciam uma banda excelente que trabalhava duro e conseguia se reinventar, tanto de maneiras grandes quanto pequenas, a cada novo show.

Eu costumava fazer esse tipo de audição com bandas como Grateful Dead e Phish, apesar de meus amigos dessa cena não entenderem como a mesma coisa poderia funcionar com o Pearl Jam, pois eles improvisam um pouco, mas não tanto quanto esses grupos. Superficialmente, toda versão de "Rearviewmirror" soa igual… a menos que você ouça *muitas* versões. Quando você coloca para tocar uma gravação de um show do Pearl Jam, você escuta a atmosfera tanto quanto a música. Às vezes, o que ocorre entre as canções importa até mais. Conforme eu analisava a turnê *Binaural*, certos momentos se destacavam. Alguns eram consistentes ao longo dos shows, como o modo como Eddie, toda vez que apresentava "Thin Air", comentava o quanto gostava dela e o fato de Stone Gossard tê-la composto. Ou como ele sempre mencionava, na introdução do meu cover favorito desses shows – a surpreendente "Timeless Melody", dos La's[41] –, que Matt Cameron tinha lhe mostrado a música no início da turnê, antes de uma apresentação na Espanha.

---

41. O Pearl Jam estreou "Timeless Melody" num show em Manchester, na Inglaterra. Os La's são mais lembrados pela adorável "There She Goes", posteriormente tocada pelo Sixpence None the Richer. Ao apresentar a canção, Vedder falou mal de duas pessoas bem famosas de Manchester, Liam e Noel Gallagher, do Oasis, que citavam o cantor e compositor dos La's, Lee Mavers, como uma de suas principais influências.

QUANDO VOCÊ COLOCA PARA TOCAR UMA GRAVAÇÃO DE UM SHOW DO PEARL JAM, VOCÊ ESCUTA A ATMOSFERA TANTO QUANTO A MÚSICA. ÀS VEZES, O QUE OCORRE ENTRE AS CANÇÕES IMPORTA ATÉ MAIS.

Outros episódios eram bem específicos de alguns shows, como o fã que entregou uma gaita a Eddie, em Paris. Ou o dueto duvidoso do vocalista com um fã na canção "Smile", em Antioch, Tennessee. Ou a parte em que a bateria de Matt quebrou antes de "Last Kiss", em Barcelona. Ou o show que mal contou com uma plateia em Katowice, na Polônia, parecendo ter sido tocado no quintal de algum polonês. Ou o show gélido que a banda teve de se esforçar para concluir no Alpine Valley Music Theatre, em Wisconsin.

Com audições detalhadas, tudo parece carregado de significado. Uma conversa fiada no palco ou uma mudança minúscula em um solo de guitarra parece algo especial, como se fosse seu, um segredo precioso que só você e seus amigos nerds conhecem.

É difícil escolher um show favorito desse ano, mas o que eu mais revisito é o de 21 de outubro de 2000, em Phoenix. Para os fãs mais hardcore, pode parecer uma escolha aleatória – não tem a mesma reputação que o segundo show em Katowice ou o terceiro em Jones Beach, Nova York. Mas acho que é por isso que eu gosto dele. Parece que é o *meu* show da turnê *Binaural*. (Embora eu imagine que qualquer pessoa que tenha ido a esse show poderia dizer o mesmo para si.)

Não sei se consigo explicar exatamente por que gosto tanto desse show, sobretudo para o tipo de pessoa que nunca consideraria ouvir dezenas de shows de uma mesma turnê. As distinções parecerão mínimas para ouvidos destreinados. Mesmo assim, defendo que a versão de "Insignificance" desse show é a mais explosiva de toda a turnê. Também vem dele a minha performance favorita de "Timeless Melody", que parece ainda mais notável quando o Pearl Jam a toca no sudoeste dos Estados Unidos. E amo quando Eddie apresenta "Even Flow" com um de seus melhores títulos falsos, "Gutter Punks and Whiskey".[42]

Se algum fã casual do Pearl Jam conhece essa apresentação, é graças ao excelente DVD *Touring Band 2000*, que abre com a performance de "Long

42. Uma piada típica de Eddie nessa turnê era criar títulos falsos para "Even Flow", incluindo "I Save Cigarette Butts for a Poor Girl" (25/5/2000), "Don't Let the Sun Go Down on Your Grievance" (29/5/2000), "Paralyzed Big Baby" (9/8/2000) e "Buried Alive" (14/10/2000).

Road" justamente desse show. Se a banda já tocou essa música de maneira mais linda, eu desconheço. Já escutei essa versão específica de "Long Road" tantas vezes que, é bem provável, eu seria irremediavelmente tendencioso a seu favor, independentemente da circunstância..

Ao contrário das versões instáveis que eles tocaram em 1995, quando a canção ainda era novidade, essa "Long Road" é espessa, com três guitarras ao mesmo tempo, mixadas tão altas quanto os vocais de Vedder. Ele, por sua vez, não está tentando ofuscar a banda; canta com voz suave, quase como se estivesse nos bastidores, compartilhando-a como uma confissão sincera durante uma pausa para o cigarro antes do show. Só que, na verdade, ele está confortável o suficiente para ser real e vulnerável diante de 15 mil pessoas.

"Long Road" tornou-se uma das melhores faixas de abertura do Pearl Jam, pois ela funciona como um sinal de compromisso da banda com sua plateia. "*Will I walk the long road? Cannot stay/ There's no need to say goodbye*" ["Caminharei pela longa estrada? Não posso ficar/ Não há necessidade de se despedir"]. Ou seja: o que você está prestes a ver é efêmero, assim como todas as coisas boas da vida. Vamos apreciar o momento enquanto podemos e torcer para que o amanhã também seja bom.

Para uma banda "pragmática", isso chega perto de uma resposta para a grande questão cósmica: por que estamos aqui? Para o Pearl Jam, a resposta é simples: estamos aqui para viver, para apreciar a vida e para ajudar os outros a apreciarem sua própria vida. Você faz seu trabalho, o faz bem, aí o faz novamente na noite seguinte.

CAPÍTULO 12

"CROWN OF THORNS"

(22/10/2000, Las Vegas)

Roskilde – A turnê do Who em 1979 – Andrew Wood – Por que ficar junto pode ser melhor que parar

Meu amor pela turnê de 2000 do Pearl Jam vem com um grande e trágico asterisco: Roskilde.

Para muitas pessoas, uma das piores tragédias na história do rock automaticamente desqualificaria essa turnê do posto de destaque na carreira do Pearl Jam. Se você quer defender a ideia de que estavam passando por um renascimento, também precisa lidar com o evento que quase encerrou a carreira da banda. Essas não são ideias mutuamente excludentes; elas estão interligadas, e uma complica profundamente a outra.

Mesmo após tantos anos, é difícil saber exatamente qual é a lição a ser aprendida com Roskilde. Para o Pearl Jam, o desastre que acabou matando nove pessoas – todos homens, entre 17 e 26 anos, oriundos da Alemanha,

Holanda, Suécia, Dinamarca e Austrália – teve uma espécie de lado positivo, pois acabou fazendo os integrantes da banda reafirmarem seus compromissos uns com os outros e com os fãs. Depois de tantas situações nos anos 1990 que quase acabaram com o Pearl Jam, ali estava um desastre real, um caso de vida ou morte, que fez as preocupações sobre a mercantilização do grunge e a exposição exagerada na MTV parecerem triviais. Isso os fortaleceu a longo prazo. Dessa forma, dá até para se enganar e acreditar que algo bom surgiu de Roskilde.

No entanto, usar esse argumento como uma racionalização de uma tragédia sem sentido não é muito satisfatório. Suspeito que os próprios integrantes da banda admitiriam isso. A verdade perturbadora de Roskilde é que, quanto mais você aprende sobre esse dia, menos compreensível ele fica. Ao contrário da tragédia no Riverfront Coliseum, em Cincinnati, antes de um show do Who em 1979 – no qual 11 pessoas, a maioria adolescentes, foram esmagadas até a morte enquanto uma grande multidão invadia o local –, Roskilde não oferecia um aprendizado fácil ou uma solução exequível. Em Cincinnati, o problema foi um sistema em que os assentos não eram demarcados, e quem chegasse primeiro é que pegaria os mais bem localizados. Era uma estratégia para vender mais ingressos, fazendo as pessoas competirem pelos melhores lugares, claramente uma prática corrupta e nada segura. Três semanas depois do desastre no Riverfront Coliseum, o governo local baniu essa forma de comercialização em shows futuros.

Em Roskilde, porém, não havia uma ligação óbvia entre causa e consequência, nenhuma ação que pudesse ser tomada para fazer com que as pessoas sentissem que as mortes estavam sendo reparadas por uma resposta preventiva. Em Cincinnati, desde 1976, já havia pedidos para reconsiderar aquela forma de venda de ingressos; era uma tragédia anunciada. Roskilde, por sua vez, tinha uma excelente reputação como um festival seguro e bem administrado. Estabelecido em 1971 numa cidade de porte médio que deu o nome ao festival, localizada cerca de 30 quilômetros a oeste de Copenhague, na Dinamarca, o Roskilde foi conduzido como uma organização sem fins lucrativos durante a maior parte de sua existência, com uma ênfase no mesmo idealismo hippie de seus fundadores. É um local onde a maioria dos vendedores oferece comida orgânica e medidas são adotadas para encorajar a reciclagem e o transporte público para ida e volta do festival. É, na maioria dos aspectos, a antítese do golpe grotesco, sem alma, ganancioso e corporativo que define a maioria dos grandes festivais de música.

No ano em que o Pearl Jam se apresentou, a capacidade do festival tinha sido voluntariamente reduzida, de 90 mil para 70 mil pessoas, a fim de diminuir o potencial de superlotação. No campo adjacente ao palco em que o Pearl Jam tocou, os organizadores tinham instalado barras de metal, projetadas para evitar empurrões violentos da plateia. Apesar de não vender mais milhões de cópias de discos àquelas alturas, o Pearl Jam continuava um grande chamariz para públicos ao vivo, sobretudo por não tocar em festivais com tanta frequência. Mesmo assim, não havia motivos para prever problemas em Roskilde.

No entanto, uma confluência de fatores infelizes conspirou contra eles na noite de 30 de junho de 2000. Antes de o Pearl Jam subir ao palco, às 22h30min, uma chuva torrencial deixou o chão do local liso e instável. Embora o número total de pessoas no festival fosse menor que no ano anterior, cerca de 50 mil corpos se espremiam para ver o Pearl Jam – praticamente 75% da plateia. Além disso, o som estava particularmente tenebroso para as pessoas posicionadas mais longe do palco, o que as fez empurrar as que estavam mais à frente, na tentativa de chegar mais perto, para ver e ouvir melhor.

De acordo com relatos de testemunhas compilados em um angustiante artigo da *Rolling Stone*, parecia um show normal de festival, enquanto o Pearl Jam abria com uma série de músicas aceleradas: "Corduroy" e "Breakerfall", seguidas de "Hail Hail" e "Animal". No entanto, a situação do público mais próximo do palco era cada vez mais claustrofóbica, e isso antes mesmo do início do show. Após mais ou menos meia hora, alguns fãs sentiram que precisavam empurrar pessoas a seu redor para poder sair dali e se proteger.

Enquanto isso, o pessoal do fundo continuou empurrando para tentar ir mais para a frente, às vezes apoiando as mãos nos ombros de estranhos à sua frente, tentando escalá-los. Pouco a pouco, fãs do Pearl Jam começaram a literalmente andar por cima do corpo de outros fãs do Pearl Jam. Uma jovem de 18 anos relatou ao jornal dinamarquês *Politiken* que viu suas amigas perto do palco ficando de pé em cima de algumas pessoas que tinham caído, pois "elas acharam que eram sacos". Mas, mesmo quando perceberam seu erro, não conseguiam mais descer, porque não havia para onde ir.

Outra integrante da plateia, identificada apenas como "Charlotte", contou ao *Politiken* uma história desconcertante sobre ter visto um homem no chão com cinco pessoas de pé em cima dele. Ela implorou para que elas se movessem, mas não tinha como. "Não tenho memória do rosto dele, nada assim, mas lembro que ele estava olhando para mim", ela disse ao jornal. "Aí acabou. Acho que ele morreu."

Aos 45 minutos do show, a segurança local fez sua primeira tentativa de alertar a banda sobre o caos que só aumentava. Mas Vedder só recebeu o recado 15 minutos depois, pausando a apresentação após o Pearl Jam tocar sua 12ª música da noite, "Daughter".

"O que acontecerá nos próximos cinco minutos não tem nada a ver com a música", ele disse à plateia. "Mas é importante. Imagine que eu sou seu amigo e que você precisa dar um passo para trás para não me machucar. Todos vocês têm amigos aqui na frente. Vou contar até três e todos vocês darão três passos para trás. Todos que concordam, digam 'sim' agora." Quando fizeram o que Vedder pediu, ele pediu que se afastassem mais uma vez.

À medida que aquela massa de gente se afastava, revelou-se o pior pesadelo possível para qualquer banda. Mas, para o Pearl Jam, era excepcionalmente doloroso. Naquela turnê, eles tinham conseguido se reinventar por completo, concluindo um processo iniciado em meados dos anos 1990. Tendo voluntariamente se afastado do estrelato do rock comercial, optaram por cultivar um grupo de fãs apaixonados pela música e que gostavam tanto do Pearl Jam quanto os próprios integrantes da banda. Os indivíduos que tinham esperado horas para ver o Pearl Jam naquele dia haviam viajado centenas, senão milhares, de quilômetros para estar lá. Estavam dispostos a suportar o desconforto físico e mental de ficar em meio a uma plateia particularmente lotada pela promessa de receber um show de rock transcendental. Eles acreditavam na música; eram o tipo de fã que qualquer banda ficaria honrada de ter. Agora, nove deles estavam mortos.

Aparentemente escrita por Vedder enquanto a banda continuava atordoada em um hotel em Copenhague, a declaração do Pearl Jam foi divulgada algumas horas depois, logo após a 1h da madrugada. Seu tom apropriadamente expressava dor e honestidade:

> Isto é tão doloroso [...] Acho que estamos esperando alguém nos acordar e dizer que foi só um pesadelo terrível [...] E não há palavras para expressar nossa angústia em relação aos pais e aos entes queridos dessas vidas preciosas que foram perdidas. Ainda não nos disseram exatamente o que aconteceu, mas pareceu aleatório e nauseantemente rápido [...] não faz sentido. Quando você concorda em tocar num festival de tamanha escala e reputação, é impossível imaginar uma situação tão devastadora. Nossa vida nunca mais será a mesma, mas sabemos que não é nada comparado ao luto das famílias e dos amigos dos envolvidos. É tão trágico [...] não há palavras.

É irônico – se é que *irônico* pode ser usado aqui – que o Pearl Jam e o Who tenham se unido dessa forma tão específica e particularmente terrível,[43] apesar de o desastre do Who ter sido ainda pior, pelo menos em termos de pressão da mídia. O Pearl Jam estava na Europa, longe de casa e anos depois do ápice de sua fama; o Who estava encurralado no meio dos Estados Unidos, na turnê de um de seus discos de maior sucesso comercial, *Who Are You*.

O incidente em Cincinnati também ocorreu apenas um ano após a morte de Keith Moon, o que não impediu o Who de seguir adiante com um novo baterista, Kenney Jones. E eles continuaram tocando depois da tragédia do Riverfront Coliseum – tendo, espantosamente, feito um show na noite seguinte, em Buffalo, com Roger Daltrey dedicando a performance aos mortos de Cincinnati. Então fizeram mais nove apresentações em 14 dias, antes de retornarem à Inglaterra, uma semana antes do Natal.

---

43. Em 2021, algo similar aconteceu no festival Astroworld, em Houston, no qual oito pessoas morreram e dezenas se feriram. O fato de isso ter ocorrido 21 anos após Roskilde – que aconteceu 21 anos após a tragédia do Who em Cincinnati – é uma coincidência profundamente estranha e perturbadora.

Em sua biografia crítica do Who, *Before I Get Old*, o escritor de rock Dave Marsh responsabiliza a banda por ter aceitado o "golpe ganancioso" de vender assentos sem marcação – um argumento que fica fácil de assimilar tendo em vista a aparente frieza deles em resposta aos eventos de Cincinnati. Não é que as mortes não tenham afetado o Who; décadas depois, quando pediam a Daltrey e Townshend que relatassem o ocorrido, eles ainda pareciam atormentados por aquela noite. Townshend ficou particularmente perturbado pelo fato de o Who ter continuado tocando enquanto corpos eram carregados para fora da arena, pois a gestão da banda tinha optado por não parar o show, nem informar os músicos do incidente.

Após Roskilde, Townshend rapidamente interveio para aconselhar Vedder mais uma vez. Sua mensagem foi simples: *Não vá embora*. O guitarrista ficou eternamente arrependido pelo fato de o Who não ter ficado em Cincinatti para expressar seu luto à comunidade local. Vedder, obviamente, estava disposto a ouvir seu herói e não repetir seu erro, encarando o terror de Roskilde de frente ao invés de fugir dele.

O Pearl Jam merece ser responsabilizado pelo que ocorreu? Qualquer pessoa que já tenha ouvido gravações ao vivo do grupo dos anos 1990 tem noção dos diversos casos em que Eddie Vedder parou o show para pedir à plateia que desse um passo para trás, ou então disse aos seguranças para deixarem os jovens na primeira fileira em paz. Eles não eram indiferentes com a segurança dos fãs.

Após Roskilde, Vedder expressou seu arrependimento de tocar em um festival de rock e prometeu não fazer mais isso. Ainda que tenha voltado atrás nessa promessa, o Pearl Jam passaria a redobrar seus esforços ao avaliar os procedimentos de segurança em qualquer festival de que participassem. Eles agora investigam o nível de preparo dos socorristas no local, as políticas de venda de álcool, os tipos de barreiras para a plateia e os canais de comunicação usados entre a segurança e a banda para garantir que shows possam ser interrompidos imediatamente no caso de uma emergência. Foi a versão do Pearl Jam de mudar a política da venda de assentos; essas ações os faziam crer que tinham feito *alguma coisa* para tornar a perda da vida humana um pouco menos insignificante.

Mas mesmo que o Pearl Jam não tivesse nenhuma culpa legal ou moral pelo ocorrido em Roskilde, ainda havia o fato de que nove pessoas tinham ido a seu show e não haviam sobrevivido. Lidar com isso significava mais do que apenas criar um plano melhor para tocar em festivais. Era necessário fazer algumas perguntas desconfortáveis e existenciais:

Por que ainda estamos fazendo isso?

E ainda vale a pena?

Quatro meses após Roskilde, o Pearl Jam celebrou o décimo aniversário de seu primeiro show com uma apresentação em Las Vegas. Do palco, Vedder agradeceu a alguns de seus benfeitores mais importantes, incluindo o produtor Brendan O'Brien, que estava lá para tocar teclado, assim como o empresário Kelly Curtis e funcionários leais da gravadora, como Michael Goldstone e Michelle Anthony. Ele então prestou uma homenagem a cada um de seus companheiros de banda, culminando com a dupla poderosa que deu origem ao Pearl Jam, Stone Gossard e Jeff Ament.

Na sequência, Vedder apresentou uma música que o Pearl Jam nunca tinha tocado ao vivo: "Crown of Thorns", do Mother Love Bone.

Em *Pearl Jam Twenty*, Ament estabelece uma ligação entre Roskilde e a morte do cantor do Mother Love Bone, Andrew Wood. Em ambos os casos, ele sentiu por algum tempo que talvez não voltasse a tocar música. Em ambos os casos, ele decidiu continuar no rock'n'roll. Mas de que modo? Entender como o Pearl Jam lidou com a morte de Andrew Wood é importante para compreender como eles enfrentaram Roskilde.

Wood tem uma posição curiosa na história do Pearl Jam – ele é uma nota de rodapé, mas também uma espécie de parteira, aparentemente secundário, mas, ainda assim, indiscutivelmente essencial. Se ele não tivesse morrido devido a uma overdose de drogas em 19 de março de 1990, aos 24 anos, o Pearl Jam não existiria. Sua morte foi uma cruel reviravolta do destino, porém fortuita, para todos da banda. Mesmo passando por tragédias novas nos anos seguintes, o Pearl Jam sempre seria moldado por essa tragédia *original*.

Como líder de banda, Wood era a antítese de Eddie Vedder. Um *showman* nato que idolatrava Elton John, Freddie Mercury e o Kiss. Nas poucas entrevistas com Wood que existem, sempre em vídeos granulados, ele abertamente almeja o estrelato que Vedder viria a recusar. Enquanto Vedder usava seu cabelo castanho e sua cara fechada para esconder seus belos traços, Wood era um loiro autoconsciente e espalhafatoso que usava maquiagem, glitter e uma quantidade insana de lenços de seda para obter a atenção dos outros.

No documentário *Malfunkshun: The Andrew Wood Story*,[44] lançado em 2005, Wood é retratado como dono de uma personalidade marcante, transbordando carisma e ambição. Seu admirador mais eloquente é seu antigo colega de quarto, Chris Cornell, que descreve Wood como um compositor prolífico que não tinha nenhuma inibição quando se tratava de buscar seu sonho grandioso, quase até ridículo, de tocar rock em estádios. "Ele foi o único *rock star* que eu conheci", Cornell endossa.

O outro lado da história de Wood é que ele veio de uma família altamente disfuncional e lidou com essa dor usando heroína. Ele também estava preso a uma banda que não parecia alinhada com sua visão musical. Em *Malfunkshun*, Gossard descreve o Mother Love Bone como "um grupo difícil para ele ficar", pois era "cheio de pessoas que estavam tentando criar um nicho para si próprias. Havia muita competição, muita tensão".

Francamente, não parece tão diferente dos primeiros dias do Pearl Jam. Só que Vedder era o oposto de um viciado – seu foco, sua vontade e sua energia criativa faziam dele o líder confiante que Wood não estava preparado para ser, pelo menos não com 20 e poucos anos. Além disso, Gossard e Ament tendiam a ser mais compatíveis com alguém como Vedder, que preferia uma

44. Malfunkshun era a banda de Andrew Wood antes do Mother Love Bone, formada com seu irmão, Kevin Wood.

abordagem do rock com jeans e camisa de flanela, muito diferente do visual excessivamente extravagante e glam de Wood.

Antes do Mother Love Bone, Gossard e Ament haviam tocado no Green River, a seminal banda proto-grunge dos anos 1980 que contava ainda com o guitarrista Bruce Fairweather (que também faria parte do Mother Love Bone) e dois futuros integrantes do Mudhoney, Mark Arm e Steve Turner. O Green River até chegou a fazer uma referência ao glam rock num cover de "Queen Bitch", de David Bowie, mas era essencialmente uma banda de garagem incendiária, mais apropriada para o beco atrás do Madison Square Garden do que para o grande palco de uma arena. A famosa história que explica o fim do Green River diz respeito ao show de abertura que a banda fez para o Jane's Addiction em Los Angeles, perto de sua separação. Ament e Gossard ficaram impressionados ao ver os roqueiros bombásticos e neopsicodélicos da lateral do palco; era exatamente o tipo de "punk rock para estádios" que eles queriam fazer. Já Arm achou o Jane's Addiction uma piada. Naquele momento, Ament soube que seu futuro musical estava em outro lugar.

Ament e Gossard encontraram em Wood um cantor que estava mais próximo da postura e da personalidade à la "deus do rock exuberante" de Perry Farrell, vocalista do Jane's Addiction. Como líder de sua banda anterior, Malfunkshun, Wood fazia aquelas mesmas poses com uma dose de ironia, simultaneamente celebrando e debochando dos clichês do rock. Mas, com o Mother Love Bone, ele descartou a ironia e abraçou esses estereótipos com uma intensa convicção.

Em teoria, não parece uma mudança tão brusca em relação ao que Eddie Vedder fez com Ament e Gossard. Mas, na prática, o Mother Love Bone era uma banda promissora com ótimas partes individuais que nunca se encaixaram bem. Quando Eddie chegou a Seattle, sua química instantânea com a banda acelerou sua rápida ascensão criativa e comercial. Desde o início, o Pearl Jam teve uma fluência que o Mother Love Bone nunca teve. É como Kim Thayil, guitarrista do Soundgarden, posteriormente disse sobre a banda antiga de Gossard e Ament: "Parecia forçado – como se eles estivessem tentando demais".

Ao ouvir o único álbum do Mother Love Bone, *Apple* – lançado quatro meses após a morte de Wood –, dá para notar traços dos riffs icônicos que Gossard escreveria para *Ten* em canções como a que abre o álbum, "This Is Shangrila", e a surreal, porém grandiosa, "Stardog Champion". Mas enquanto a voz e as letras de Eddie Vedder dão ao Pearl Jam uma sensibilidade "refrescante" dos anos 1990, o Mother Love Bone, com Wood no comando, parece mais uma banda de hair metal para intelectuais, como o Enuff Z'Nuff ou, talvez, um Cinderella mais subversivo.

As letras de Wood são tiradas diretamente das fantasias da "vida na estrada" que ocupavam os discos clássicos do Kiss nos anos 1970. "*Said, I've been around the world/ Wrote a million songs, it's all a bore to me*" ["Então, já rodei o mundo/ Compus um milhão de músicas, é tudo um tédio para mim"], ele reclama em "This Is Shangrila", logo antes de cantar "*sleeping in the gutter*" ["dormindo na sarjeta"] com uma pronúncia deliciosamente arrogante, imitando um sotaque inglês.

Se o Jane's Addiction foi um modelo para o Mother Love Bone, então *Apple* pode ser ouvido como uma emulação um tanto rasa de *Nothing's Shocking*, o álbum que revelou a banda de Farrell em 1988. *Apple* exibe uma certa apropriação da decadência temática e dos híbridos punk-metal daquele disco, mas nunca é tão excitante ou substancial quanto ele. Embora o Pearl Jam não soe muito similar ao Jane's Addiction, eles conseguiram pegar aquela estética "punk rock para estádios" de *Nothing's Shocking* e da obra-prima *Ritual de lo Habitual*, de 1990, e levá-la adiante.[45] O Mother Love Bone capturou a fachada do Jane's Addiction, mas foi o Pearl Jam quem achou sua alma.

Vamos imaginar que Wood não tivesse morrido e o Mother Love Bone tivesse saído em turnê divulgando *Apple*, entrando depois em estúdio em 1991 para gravar um segundo álbum. Nessa hipótese, o Pearl Jam não teria gravado

45. O Jane's Addiction se separou em 1991, no fim de uma dolorosa turnê de 13 meses divulgando *Ritual de lo Habitual*, período marcado por brigas internas e pelo abuso de drogas. O Pearl Jam estava começando justamente nessa época. Eles conseguiram, de certa forma, assumir o espaço cultural que o Jane's Addiction tinha desperdiçado.

Ten porque não existiria Pearl Jam. Mas o Nirvana ainda lançaria *Nevermind*, o Soundgarden ainda lançaria *Badmotorfinger*, o Red Hot Chili Peppers ainda lançaria *Blood Sugar Sex Magik*, mantendo normalmente, de certa forma, o fluxo da revolução do rock alternativo nos anos 1990.

Será que o Mother Love Bone tinha o perfil para acompanhar aquela revolução? Cornell certa vez observou com perspicácia que o Mother Love Bone era como uma ponte entre o hard rock comercial dos anos 1980 e *Nevermind* – quando Wood morreu, essa ponte veio abaixo. (O Jane's Addiction era outra ponte entre esses mundos, que se desfez na mesma época.) Mas, se não tivesse morrido, será que Wood conseguiria evoluir e entrar para o rock alternativo, ou continuaria soando como o resquício de uma era instantaneamente ultrapassada?

Parece injusto julgar os talentos de Wood como cantor e compositor, tendo em vista que era tão jovem e inexperiente quando morreu. Presumindo que ele superasse seus vícios nesse cenário hipotético, certamente ele teria aprimorado suas habilidades em discos seguintes. Mas é difícil imaginá-lo compondo canções raivosas de grunge. Simplesmente não combina com a sua personalidade uma música como "Alive" ou "Black", mesmo que Gossard as tivesse convertido para o Mother Love Bone. Com base na modesta produção que deixou para trás, ele parecia estar indo muito mais na direção de compor uma obra-prima grandiosa e sem limites como "November Rain".

A melhor canção de *Apple* é "Crown of Thorns", um épico na mesma linha de "November Rain", especialmente quando se ouve a versão com o preâmbulo ao piano de "Chloe Dancer", conforme aparece no EP *Shine*, de 1989. (Essa é a versão que milhões de pessoas ouviram pela primeira vez na trilha sonora de *Vida de solteiro*.) É interessante que, quando o Pearl Jam tocou "Crown of Thorns" pela primeira vez em Las Vegas – e muitas vezes depois – eles removeram a parte de "Chloe Dancer". Ela fica fora do alcance vocal de Vedder, assim como além dos limites aceitáveis de grandiosidade da banda. Gossard e Ament finalmente estavam colocando rédeas em seu ex-cantor pródigo, 20 anos depois.

No fim das contas, "Crown of Thorns" é um epitáfio apropriado para Wood, tanto estética quanto tematicamente – é a melhor canção que ele compôs e também a mais profética. É sobre tornar-se um mártir, começando pela imagem da crucificação [a "coroa de espinhos"] do título. Na letra, Wood relata a história do Mr. Faded Glory ["Sr. Glória Apagada"], um homem que "*must someday fall*" ["algum dia deve cair"]. Ele fala sobre como "*death will rest your soul away*" ["a morte vai descansar sua alma"]. O refrão situa "*my kind of love*" ["meu tipo de amor"] como "*the kind that moves on*" ["o tipo que segue em frente"]. Ele só consegue alcançar seu destino ao partir.

Por um lado, é um sentimento francamente perturbador, expresso por um homem atormentado por demônios dos quais não conseguia se livrar. Por outro, canções sobre mártires nunca são sobre a pessoa martirizada. São sobre aquelas que ficam para trás e precisam de algo em que acreditar. São essas pessoas que projetam um significado, até uma esperança, na vida de quem já partiu. Elas fazem isso porque estão vivas – e quando se está vivo, às vezes é preciso pensar na morte para se convencer de que a vida vale a pena.

Se Andrew Wood não tivesse morrido, o Pearl Jam não existiria. Mas, se o Pearl Jam não existisse, muito menos pessoas saberiam sobre Andrew Wood ou passariam a amar "Crown of Thorns". Wood não poderia ser mais diferente de Vedder como artista, mas foi a voz de Vedder que colocou Wood nas mesmas arenas e estádios onde ele queria tanto se apresentar. Isso não salvou a vida dele, mas tornou seu legado mais significativo.

O fardo do Pearl Jam como uma banda de sobreviventes é que eles precisaram lidar com tragédias durante toda sua existência. E eles merecem crédito por nunca tentarem enterrar seus mortos; ao invés disso, os mortos andam ao lado deles, enquanto a banda segue em frente. Tocar "Crown of Thorns" leva Andrew Wood em frente. E eles também levaram as vítimas de Roskilde em frente, como em um show em Berlim, dez anos depois, no qual Vedder pausou a apresentação para pedir, com lágrimas nos olhos, um momento de silêncio em memória do pior dia da vida da banda.

"Não é como se estivéssemos pensando *mais* sobre isso hoje", Eddie falou para a plateia, exatamente uma década após o desastre de Roskilde, "porque, na verdade, é algo em que pensamos *todos* os dias".

Sim, pessoas morrerão. E muitas delas morrerão jovens demais, seja Andrew Wood, seja as vítimas de Roskilde. E o peso dessas mortes ocasionalmente será mais do que você consegue tolerar. Você pode até sentir vontade de parar. Não há nada de errado em parar. Todos precisamos cuidar de nós mesmos.

Mas, se você não parar, os que você perdeu não vão desaparecer. Eles serão chamados ao palco, todas as noites, em suas canções e suas memórias. Eles andarão com você novamente, desde que você consiga dar o primeiro passo.

CAPÍTULO 13

"BU$HLEAGUER"

(30/4/2003, Uniondale, Nova York)

Vaiando fans – "Have You Forgotten?", de Darryl Worley – Tony Orlando and Dawn – O solo de sax de Kenny G em "Voices That Care" – *Binaural* – O jeito Blake de Tchad Blake – *Riot Act*

Quase dez anos após o lançamento de seu segundo álbum, o Pearl Jam voltou ao modo *Vs.* em uma arena em Long Island durante uma das eras mais sombrias e insanas da história moderna dos Estados Unidos.

O fato de eles terem feito isso com uma de suas músicas menos ilustres não deveria diminuir o impacto do gesto. É verdade que "Bu$hleaguer", a 12ª faixa de seu sétimo disco, *Riot Act*, soa como algo que Tom Waits teria composto enquanto ainda estava limpando a garganta antes da primeira xícara de café pela manhã. E me sinto confiante em dizer que os próprios integrantes do Pearl Jam devem saber disso, o que explicaria por que a música não é tocada ao vivo desde 2007.

Como uma canção de orientação política, "Bu$hleaguer" é o equivalente ao álbum *Living with War*, de Neil Young – seu ataque político no momento perfeito, mas de qualidade musical suspeita. Algumas canções de protesto permanecem atemporais, mesmo depois que as circunstâncias que as inspiraram desaparecem na história. Neil quase nunca toca nada de *Living with War* em seus shows, mas todo mundo sempre espera que "Ohio" apareça no setlist. A questão é que "Bu$hleaguer" não está no mesmo nível de "Ohio".

Mas em 30 de abril de 2003, no Nassau Coliseum, em Uniondale, Nova York, nada disso vem ao caso. Nessa noite, "Bu$hleaguer" é a maior provocação da carreira do Pearl Jam. Na verdade, a provocação mesmo vem da forma como "Bu$hleaguer" é executada. Eles a guardam para o bis, quando a plateia espera ouvir "Baba O'Riley", "Yellow Ledbetter" ou "Rockin' in the Free World". Em vez disso, Eddie Vedder aparece vestindo um paletó prateado brilhante, segurando uma garrafa de champanhe e usando uma máscara com o rosto de George W. Bush. Ele remove a máscara na hora de cantar e o que sai de sua boca é uma torrente de veneno em tom irônico.

Essa atitude não é inédita nesse show cada vez mais controverso. Durante a parte principal do setlist, Eddie toca "I Am a Patriot", de Steven Van Zandt, um anti-hino sobre rejeitar a ideologia em favor da liberdade. "*And I ain't no Democrat so I ain't no Republican*" ["E eu não sou democrata, então não sou republicano"], diz um verso memorável. A resposta do público é morna. Seria porque eles não gostam do conteúdo da letra ou porque não conhecem a canção? De qualquer forma, a irritação de Vedder fica óbvia.

"Vocês estão bem?", ele pergunta. A tensão aumenta. Algumas canções depois, ele canta um verso específico de "Not For You" – "*Where the fuck did they come from?*" ["De onde diabos eles vieram?"] – com ainda mais raiva que o normal.

Agora, durante o bis, Eddie acusa o presidente de ser um golpista. Ele critica suas habilidades de liderança. Diz que ele nasceu dentro do gol, mas acha que é artilheiro. Em teoria, não é *tão* crítico assim. Não é tão direto ou agressivo quanto dizer "vamos fazer um impeachment", como Neil defendeu em *Living with War*. Mas, a partir do instante em que Eddie surge com a máscara, a hostilidade no lugar fica palpável. Ele não está só criticando George W. Bush. Ele está menosprezando o presidente, colocando-o no seu lugar bem no momento em que ficou historicamente popular entre os cidadãos. O que significa que ele *também* está tirando sarro das pessoas que são tolas o suficiente para apoiar um vigarista que, apenas um mês antes, tinha levado o país a uma guerra pela segunda vez em 18 meses.

Não estou dizendo que Eddie estava *realmente* debochando de seu público naquela noite em Uniondale, mas parece que é assim que eles entenderam "Bu$hleaguer". E responderam com uma chuva de vaias e xingamentos bem irritados.

"Vocês não gostaram dessa", Eddie fala lentamente, sem abrir mão do sarcasmo. "Eu não entendo. Talvez vocês gostem dele porque ele vai reduzir os impostos. Talvez vocês gostem dele porque ele é um cara autêntico, que tem a ver com vocês, porque ele é praticamente de casa."

Eles então passam a gritar "U.S.A.!". Gritam repetidamente, como se tivéssemos acabado de derrotar os russos nos Jogos Olímpicos de 1980 mais uma vez. Eddie sabe que está perdendo a plateia. Atrás da bateria, Matt Cameron se pergunta se conseguirão sair de lá vivos.

Eddie decide mudar a estratégia. O Eddie sarcástico desaparece e é substituído pelo Eddie sincero.

"Estamos juntos. U.S.A. Só acho que todos nós aqui deveríamos poder nos expressar sobre como nosso país é representado. E ele não nos deu esse poder. É só isso que estou dizendo. Amamos este país. Estou em um palco, na frente de uma plateia enorme. E eu trabalhava na porra de uma farmácia. Eu amo este país, tá bom?"

Alguém na plateia grita: "Toca rock, porra!". Essa pessoa claramente não reconhece um verdadeiro momento rock'n'roll, mesmo quando ele está bem na frente da porra da cara dela. Irritar os próprios fãs é a coisa mais rock'n'roll que existe.

"Isso é bom, é um debate aberto e honesto, e é assim que deveria ser", Eddie continua. Sua voz está surpreendentemente calma, mas dá para imaginar que ele está fervendo debaixo daquele exterior amável de *frontman* do rock. "Se vocês não disserem nada, não sabem o que vai acontecer. Porque estamos à beira de algo que pode mudar o mundo. E, se não participarmos da direção que as coisas vão tomar, já que somos a maior potência mundial, vocês precisam estar envolvidos e garantir que a direção seja boa, certo? De um jeito ou de outro, sejam ativos. Isso é bom."

Depois disso, o Pearl Jam toca duas canções de protesto: "Know Your Rights", do Clash, e "Rockin' in the Free World", de Neil Young. Se você quiser, pode simplesmente interpretar essas canções como "rock, porra!". No entanto, para os integrantes da banda, que estão tensos e abalados após a reação a "Bu$hleaguer", são expressões de fúria. Esse bis não é a típica "festa" animada de encerramento. É um momento pesado.

Não foi a primeira vez na turnê que "Bu$hleaguer" irritou as pessoas. Também houve problemas no início daquele mês, quando foi tocada em Denver e Oklahoma City. Nessas cidades, entretanto, as pessoas simplesmente optaram por ir embora em silêncio. Além do mais, tratava-se de um público da região central do país. Já em Nassau, no estado de Nova York, esperavam que a plateia ficasse do seu lado. Mas se enganaram. O Pearl Jam chegou para se pronunciar contra um presidente viciado em guerras e seus fãs responderam gritando "U.S.A.!".

Ao fim de "Rockin' in the Free World", Eddie já estava de saco cheio. "U.S.A.!", ele grita de volta para o público. "U.S.A.!", ele grita outra vez.

Posteriormente, ele refletiria sobre esse momento, debatendo a respeito da utilidade das músicas de protesto e se perguntando se adianta pregar para já convertidos. Mas isso não veio ao caso em Nassau. Mais danoso que pregar para convertidos foi perceber que pessoas de sua própria tribo podiam amar a música e simplesmente ignorar sua mensagem. Ou, ainda pior, tentar gritar para fazê-la se calar. Para o Pearl Jam, talvez aquela não fosse a paróquia deles no fim das contas.

Obviamente, o Pearl Jam não é a primeira banda a ter de lidar com esse problema. Muitos de seus heróis – Bruce, Neil, Who – também encararam a mesma realidade difícil quando entraram no mundo do rock de arena.

Não há como colocar 15 mil pessoas no mesmo local e esperar que todas elas concordem politicamente só porque gostam da mesma banda. É um exercício peculiar que todos fazemos em algum momento com a arte que amamos – você encontra a parte com a qual se identifica e ignora (ou, pelo menos, tolera) o resto. Para muitos fãs do Pearl Jam em 2003, "Bu$hleaguer" precisava ser tolerada ou mentalmente removida da situação.

Mas mesmo que a conjuntura desse show não fosse inédita, certamente pareceu única. A primeira etapa da turnê de divulgação de *Riot Act*, que começou em 1º de abril, em Denver, e terminou em State College, Pensilvânia, em 3 de maio, coincidiu quase exatamente com a primeira fase da desastrosa campanha militar dos Estados Unidos no Iraque. Os ataques aéreos iniciaram-se em 19 de março, seguidos de 26 dias de combate. Esse estágio inicial foi concluído em 1º de maio, apenas um dia após o show em Nassau, com o discurso "Missão cumprida" do presidente Bush, feito a bordo do USS Abraham Lincoln e exibido em rede nacional.

Olhando esse período em retrospecto, é fácil fazer um balanço de tudo o que deu errado e deduzir que a tragédia cumulativa de todas as decisões ruins e equivocadas já era nítida para a maioria dos estadunidenses sensatos à época. Mas não foi bem assim. Logo após a invasão, uma pesquisa da empresa Gallup descobriu que 72% dos cidadãos do país eram a favor da guerra contra o Iraque, e apenas 25% eram contra. A aprovação do presidente Bush apresentava números similares.

Esse apoio foi amplificado e reforçado pela cultura popular. Durante sete semanas entre abril e maio de 2003, a canção número um nos Estados Unidos era "Have You Forgotten", de Darryl Worley, a faixa mais detestável a ser tocada o dia inteiro nas rádios do país no começo do século XXI. Na letra, Worley liga o 11 de Setembro à necessidade de entrar em guerra e ainda zomba dos céticos. "*I hear people saying we don't need this war/ I say there's some things worth fighting for*" ["Algumas pessoas dizem que não precisamos desta guerra/ Mas eu digo que tem algumas coisas pelas quais vale a pena lutar"], ele canta.

Um músico medíocre e simplório, que depois posaria nu para a revista *Playgirl* assim que sua carreira fazendo propaganda pró-guerra começou a decair, Worley se fez de desentendido quando repórteres o questionaram sobre lançar uma canção como "Have You Forgotten" pouco antes da guerra no Iraque. Ele não estava promovendo especificamente *aquela* guerra, ele insistiu. Apenas queria que os estadunidenses defendessem as cores da bandeira. Como se qualquer pessoa que interpretasse "Have You Forgotten" como uma convocação militar *literal* estivesse indo além de seu significado real.

As estações de rádio corporativas iam nessa mesma linha, agindo sem culpa e sem responsabilidade. Como disse um DJ de uma emissora em San Diego: "O público está tão empolgado discutindo o significado da música, mas acho que ainda não estão pegando bem os detalhes. Estou certo de que vamos entender mais conforme a tocarmos mais. Acho que, neste momento, todo mundo está vendo os caras ruins no mesmo saco".

Foi com esse contexto que o Pearl Jam teve de lidar enquanto fazia uma turnê pelos Estados Unidos na sombra da guerra. De qualquer forma, vale fazer uma análise mais extensa da cultura do país e da própria geração do Pearl Jam para entender como as coisas progrediram até chegar a essa situação extremamente complicada em que a maioria dos cidadãos estadunidenses estava "vendo os caras ruins no mesmo saco".

Quando a geração X alcançou a maioridade nos anos 1980 e 1990, já estava preparada havia anos para a invasão do Iraque em 2003 por dois fatores principais. O primeiro era uma aversão reacionária à política de protesto hippie tão típica dos baby boomers. Como já abordei isso, gostaria de discutir o segundo fator: filmes sobre a Guerra do Vietnã.

Se você fez parte da geração que ficava sozinha em casa durante o dia e tinha acesso a filmes por meio da TV a cabo e das locadoras de vídeo, inevitavelmente foi afetado de alguma forma pelos filmes sobre a Guerra do Vietnã. *Apocalypse Now*, *O franco atirador*, *Amargo regresso*, *Platoon*, *Nascido para matar*, *Nascido em 4 de Julho* – a Guerra do Vietnã enquanto gênero foi base para algumas das obras cinematográficas mais prestigiadas desde o fim dos anos 1970 até o começo dos anos 1990. Esses filmes eram uma extensão da mesma política de protestos hippie que o Nirvana ironizou no começo de "Territorial

Pissings", do álbum *Nevermind.*[46] Mas enquanto os protestos hippie tiveram uma influência passiva na geração X, nos afastando de atos maiores de resistência e nos levando a uma apatia cínica, os filmes sobre a Guerra do Vietnã tiveram uma influência agressiva.

A exemplo de Darryl Worley, cineastas como Francis Ford Coppola, Michael Cimino e Oliver Stone usaram a cultura pop para defender aqueles que travam guerras. Para deixar bem claro, não estou equiparando esses diretores a Worley enquanto artistas; amo praticamente todos os filmes que acabei de listar. O que estou dizendo é que o gênero dos filmes sobre a Guerra do Vietnã sempre tenta fazer os soldados parecerem vítimas dignas de nossa pena. Esses filmes nunca são sobre *sistemas*; são sobre as *pessoas usadas* pelos sistemas. O público não precisa confrontar as forças ocultas que levam os governos a entrar em guerra, os zumbis administrativos que fazem apresentações de PowerPoint justificando assassinar milhões de pessoas. O que vemos são atores encarando o inferno na Terra – Robert DeNiro lamentando a morte de seus amigos em *O franco atirador*, Jon Voight perdendo a capacidade de andar em *Amargo regresso*; Matthew Modine lamentando a morte de seus amigos em *Nascido para matar*; Tom Cruise perdendo a capacidade de andar em *Nascido em 4 de Julho*; e assim por diante.

Na minha infância, tudo o que eu sabia sobre a Guerra do Vietnã era que as pessoas que haviam lutado lá eram maltratadas por hippies quando voltavam para casa. Aprendi isso com os filmes sobre o período. Minha geração inteira aprendeu. Isso chegou a influenciar até a franquia essencial dos filmes de ação dos anos 1980, *Rambo*, na qual um veterano do Vietnã chamado John Rambo, interpretado por Sylvester Stallone, é obrigado a novamente se tornar uma máquina de guerra porque seus compatriotas insensíveis não o receberam de volta em casa. No terceiro ano, eu tinha uma lancheira de

46. Na famosa abertura da canção, o baixista Krist Novoselic canta, ironicamente, o refrão de "Get Together", dos Youngbloods, um hit que definiu a era *flower power* dos anos 1960: *"Come on people now, smile on your brother, everybody get together and try to love one another right now"* ["Vamos lá, pessoal, sorria para seu irmão, todo mundo se juntando e tentando amar uns aos outros agora"].

Rambo 2: A missão, que trazia uma imagem do musculoso Stallone segurando uma metralhadora enorme. Parecia que ele carregava um tanque nos braços. Era para isso que crianças como eu olhavam, todo dia, enquanto comiam seus Doritos durante o recreio.

Até os títulos sérios sobre a Guerra do Vietnã lançados naquela época tinham um verniz de empolgação típico dos filmes blockbuster. Eram, em essência, filmes rock'n'roll, e foram instantaneamente inseridos na cultura pop. Ver florestas sendo bombardeadas com napalm em *Apocalypse Now* fazia você amar a canção "The End", do The Doors. Uma cena em que soldados estadunidenses exploram uma prostituta vietnamita em *Nascido para matar* foi transformada em uma sample cômica no refrão de "Me So Horny", do 2 Live Crew. Tudo se resumia a entretenimento, e não a protesto.

Quando os Estados Unidos entraram em guerra com o Iraque pela primeira vez, em 1990, houve um esforço coordenado para proteger os sentimentos dos soldados e, ao mesmo tempo, exibir imagens empolgantes na CNN. A frase "*Support the Troops*" ["Apoie as tropas"] tornou-se onipresente. Um antigo sucesso de Tony Orlando and Dawn, "Tie a Yellow Ribbon Round the Ole Oak Tree", de 1973, foi ressuscitado, inspirando estadunidenses a usarem fitinhas amarelas como uma espécie de "nota promissória" aos combatentes, para usar as palavras de um artigo do *New York Times* de 1991. "Meu irmão estava preocupado, achando que voltar para casa seria ruim, como foi na Guerra do Vietnã", uma pessoa com uma fitinha amarela declarou no *Times*. "Eu disse: 'De jeito nenhum'."

Em março de 1991, uma canção de soft rock ao estilo "We Are the World" chamada "Voices That Care" levou adiante esse tom conciliador. Dois dos compositores da música, Peter Cetera e David Foster, tinham sido as forças criativas por trás de uma série de baladas de sucesso da banda Chicago nos anos 1980, incluindo futuros clássicos cafonas de casamentos como "You're the Inspiration" e "Hard for Me to Say I'm Sorry". Eles usaram esse mesmo toque mágico, com uma sentimentalidade de arrasar corações, para criar "Voices That Care", recrutando um batalhão de estrelas para gravá-la. A balada contava com muitos dos vocalistas mais populares do período: Garth

Brooks, Celine Dion, Will Smith, Michael Bolton, Bobby Brown e Matthew e Gunnar Nelson, da banda de pop metal Nelson. Mark Knopfler tocou um solo de guitarra. Kenny G tocou um solo de sax. De alguma forma, só chegou à 11ª posição nas paradas pop, talvez porque a guerra já tivesse acabado antes de o single ser lançado.[47]

Quando algum amigo, parente ou vizinho volta da guerra, apoiá-lo é obviamente um ato tão bom e virtuoso que não há como alguém se opor. O problema era que o slogan "Apoie as tropas" estava sendo habilmente usado para blindar de críticas os políticos e governos que colocavam tais soldados em risco. É uma tática barata e extremamente eficaz de relações públicas. O apoio para a primeira guerra no Iraque, na década de 1990, foi ainda maior que o apoio para a segunda guerra no Iraque, na década de 2000, chegando a 80%.

Nos anos 1990, a resposta apropriada à guerra era usar uma fitinha amarela e não se envolver emocionalmente com os detalhes do combate. Foi isso que aprendemos. Então, quando a banda de rock mais popular dos anos 1990 decidiu ir contra isso, a geração do Pearl Jam se rebelou contra eles.

É claro que o Pearl Jam não indispôs parte de seus fãs apenas com sua política no começo dos anos 2000. Eles também o fizeram com sua música.

Tenho grande carinho por *Binaural*, de 2000, e *Riot Act*, de 2002, a era "ditch" da discografia do Pearl Jam. Mas não chega a surpreender o fato de boa parte do público não ter se identificado com esses álbuns. Não acho que eles foram subestimados e jamais diria que deveriam ter vendido tão bem quanto os discos lançados pelo Pearl Jam na década de 1990. Na verdade, eles foram *feitos* para ficar na "vala". E o que gosto neles é justamente seu "aspecto vala", por assim dizer.

47. É interessante notar que duas das melhores canções antiguerra daquela época vieram de bandas de hard rock: "One", do Metallica, e "Civil War", do Guns N' Roses. Os fãs dessas bandas que faziam parte da classe trabalhadora também eram os jovens com a maior chance de serem enviados à guerra.

A reclamação típica a respeito de *Binaural* – o primeiro álbum do Pearl Jam que não conquistou um disco de platina ao ser lançado, em 16 de maio de 2000 – é que a produção é péssima. Não vou contradizer a sabedoria convencional. Eu só comecei a gostar desse disco depois que me apaixonei por suas versões ao vivo nas gravações piratas dos shows do ano 2000. É verdade que *todas* as canções do Pearl Jam soam melhor ao vivo que no estúdio, mas a transformação fica mais evidente em *Binaural*, o disco com o som mais frustrantemente abafado da carreira da banda.

Eu passei anos tentando entender o objetivo das técnicas de gravação binaural. Talvez eu devesse contratar Tchad Blake – o produtor de *Binaural*, cujo primeiro nome é uma metáfora para sua abordagem musical complicada – para me explicar isso. Pelo que entendo, a ideia é usar dois microfones para criar a impressão sonora de que você está cercado pela música, um efeito 3D que replica a sensação de estar no mesmo ambiente que os músicos. Mas não é isso que você sente ao ouvir *Binaural*. Na verdade, você sente o *oposto*. É como se os músicos estivessem tocando no andar de cima de seu apartamento. E você tivesse uma toalha molhada em volta da cabeça. E estivesse gripado. O som de *Binaural* é assim.

Essa crítica já foi feita por muitos fãs do Pearl Jam. Mas não estou interessado em culpar Tchad Blake mais uma vez pelos problemas de *Binaural*. Embora o Pearl Jam também tenha culpado Blake (de maneira implícita) ao voltar correndo para Brendan O'Brien na última hora e lhe pedir para remixar as músicas mais pesadas. No entanto, são os próprios integrantes da banda que devem ser responsabilizados por fazer um disco tão sem graça a partir de um material que, de outra forma, seria forte.

Nos anos 1990, os membros do Pearl Jam gravavam os álbuns rapidamente porque eram impulsionados por fortes ventos criativos e pela energia da cultura. Mas essa incrível força centrífuga escondia suas deficiências enquanto músicos de estúdio. Mesmo em seus melhores momentos, o Pearl Jam nunca concebeu seus discos além de apenas ir ao estúdio e gravar suas canções mais recentes. Nunca houve uma ideia central que impulsionasse seu trabalho, nada além de "está na hora de fazer outro álbum".

Em *Binaural*, aqueles ventos criativos já haviam diminuído significativamente. Mas o Pearl Jam ainda tinha o hábito de fazer um álbum novo a cada dois anos. Naquele exato momento, eles precisavam de um *motivo* para fazê-lo, e ainda não tinham um. A inquietude em Seattle no fim de 1999 – onde os protestos da Organização Mundial do Comércio coincidiram com as sessões de *Binaural* – não teve uma influência relevante no disco para além de "Grievance", canção de melodia afiada, porém liricamente vaga. Como a maioria das grandes bandas de rock no momento de gravar seu sexto álbum, o Pearl Jam já estava praticamente cansado de si próprio.

Isso se manifestou no bloqueio criativo de Eddie Vedder, que foi tão sufocante que acrescentaram ao álbum uma faixa oculta chamada "Writer's Block" – que consistia apenas de sons de uma máquina de escrever, como Jack Nicholson martelando impotentemente em *O iluminado*. Também havia a questão de que Mike McCready, a vela de ignição musical da banda, tinha retornado à reabilitação por conta de um vício em remédios. Mas, até então, ninguém tinha parado para perguntar: "Qual é o *objetivo* deste disco?". Talvez porque perguntar isso traria outra pergunta desconfortável: "Se não há objetivo, isso significa que deveríamos parar?".

O Pearl Jam acabou encontrando o objetivo de *Binaural* durante sua turnê de 2000. Mas o fato de que essas canções floresceram ao vivo faz o disco parecer, na melhor das hipóteses, apenas um meio para atingir um fim.

Em relação a seu outro disco da "vala", *Riot Act*, desafiarei o senso comum: para mim, é o disco mais subestimado deles e o último verdadeiramente admirável. No entanto, quando ele foi lançado, em 12 de novembro de 2002, fez todos, exceto os fãs mais dedicados, dispensarem a banda de vez. A resenha do *New York Times* foi a mais hábil em capturar o consenso sobre *Riot Act*, comentando que "não há nenhum single pegajoso nem o mínimo eco de qualquer outra coisa que esteja acontecendo na música pop agora". No fim do texto, o *Times* conclui que *Riot Act* "soa como algo feito para entrar silenciosamente no mercado, cativando apenas os fiéis e deixando o resto da população em paz". Isso pode não ser necessariamente uma crítica – para mim, parece uma observação precisa –, mas cria uma imagem ambivalente de uma banda que já tinha conquistado o mundo, e agora estava trabalhando em uma escala bem menor.

Riot Act vendeu ainda menos que *Binaural*, e quase não chegou a disco de ouro. Mas eu diria que seu som é mais satisfatório que o de *Binaural* – produzido por Adam Kasper, que já havia trabalhado bastante com o Soundgarden, *Riot Act* voltou a ter o som de uma banda vigorosa ao vivo que vai ao estúdio para demonstrar sua força. Pode não resolver os típicos problemas conceituais do Pearl Jam, mas os traumas recentes aparecem para dar à banda o senso de propósito que não tiveram em *Binaural*.

Enquanto *Binaural* soa abafado por conta de uma abordagem malsucedida no estúdio, *Riot Act* soa entorpecido. Assim como *Yield*, é um disco sobre torpor; mais especificamente, o luto e o transtorno de estresse pós-traumático causado pelo desastre de Roskilde, pelos atentados do 11 de Setembro e pela camada de decepção e perda da inocência trazida pelo fim dos anos 1990 e pelo retorno da dinastia republicana dos Bush, que parecia ter sido derrotada no começo da carreira do Pearl Jam.

O Pearl Jam não mais condizia com a cultura estadunidense do início dos anos 2000 por várias razões. Mas a insistência em confrontar seu luto de forma pública e sincera era, de longe, o aspecto menos atraente deles. Em *Riot Act*, eles adotam a ideia de que a única forma de superar a dor é senti-la. "I Am Mine" e "Love Boat Captain" contêm as referências mais diretas a Roskilde – "*Lost nine friends we'll never know/ Two years ago today*" ["Hoje faz dois anos que perdemos nove amigos que nunca conheceremos"], ele canta na segunda –, mas o disco como um todo tem um ar de velório. Quando Eddie Vedder ergue a voz, nunca é um grito triunfante. É uma súplica que entala na garganta.

No contexto de *Riot Act*, "Bu$hleaguer" é quase um alívio cômico. Uma piada suja que levemente alivia a tristeza. Mas, no palco, o Pearl Jam estava renovando seu compromisso nada divertido de se importar com seu som mais do que qualquer um de seus colegas na indústria.

CAPÍTULO 14
"GUARANTEED"

(do disco *Into the Wild*, de Eddie Vedder)

Rearviewmirror: Greatest Hits (1991–2003) – Outro paralelo com o Who – Chris McCandless – *Na natureza selvagem* – O amadurecimento de Eddie Vedder

Citando meu esquete favorito da série *Kids in the Hall*,[48] coletâneas são para donas de casa e menininhas. Mas isso é uma bobagem machista. Na verdade, coletâneas são para cumprir obrigações contratuais.

É uma situação mutuamente benéfica para todos os envolvidos. Para a gravadora, uma coletânea com os maiores sucessos de uma banda é um produto barato de produzir e que provavelmente dará um alto retorno financeiro. Para o artista, pode representar uma liberdade das exigências de um pedaço de

48. Estou me referindo ao clássico esquete do "fã do The Doors", no qual Bruce McCulloch interpreta um atendente de uma loja de discos que ensina Kevin McDonald a ser um seguidor do "Rei Lagarto".

papel que ele assinou muitos anos antes. Mas, como salientaram incontáveis músicas country ultranacionalistas nos anos 2000, a liberdade não vem de graça. Uma coletânea pode não exigir trabalho – se você tiver a sorte de não ser convencido a enfiar uma música recentemente gravada entre as faixas só para fazer os fãs hardcore se obrigarem a comprar o disco.[49] Mas as implicações artísticas de uma coletânea podem desmoralizar o artista, sobretudo se a maioria das pessoas da banda ainda nem tiver chegado aos 40 anos de idade.

Para o Pearl Jam, sua era de "coletânea de melhores sucessos" começou em 16 de novembro de 2004, com o lançamento de *Rearviewmirror: Greatest Hits (1991–2003)*. Ao avaliar suas 33 faixas, não há nenhuma surpresa: o Pearl Jam realmente tem três dúzias de músicas que são reconhecíveis o suficiente para o típico ouvinte de rock entender como "hits". Eles até deixaram de fora algumas mais famosas: "Porch", Release", "Blood", "Indifference", "Last Exit". Previsivelmente, 19 das 33 canções vêm dos três primeiros anos da carreira de estúdio do Pearl Jam – cinco de *Ten*, as duas canções de *Vida de solteiro*, seis de *Vs.* e seis de *Vitalogy*.

Talvez menos previsível tenha sido a escolha de apenas cinco faixas lançadas após 2000. Em muitas coletâneas, músicas de discos recentes tendem a ser favorecidas para dar uma falsa impressão de que a banda em questão não está em decadência, nem comercial nem criativa, depois que a fama e a glória de seus primeiros álbuns claramente se dissiparam. Mas *Rearviewmirror* não se incomoda com isso. É uma representação direta do trabalho mais famoso e mais amado do Pearl Jam.

Isso garante que, como experiência auditiva, *Rearviewmirror* seja surpreendentemente consistente e – caso não conheça os álbuns – bem satisfatório. Se tudo o que você soubesse sobre o Pearl Jam viesse desse disco, você presumiria que eles eram uma banda focada em agradar o público e tocar nas rádios, produzindo músicas pegajosas e duradouras. Um Tom Petty and the Heartbreakers dos anos 1990.

---

49. O único exemplo bom disso veio quando Tom Petty and the Heartbreakers gravaram "Mary Jane's Last Dance" para seu disco *Greatest Hits*, de 1993, que então se tornou *de fato* um de seus grandes hits.

Mas o Pearl Jam não era isso. (O Tom Petty and the Heartbreakers dos anos 1990 ainda era Tom Petty and the Heartbreakers.) O que *Rearviewmirror* deixa de lado são canções como "Satan's Bed", "Sometimes", "Lukin" e "Push Me Pull Me" – os ganchos de esquerda, as tangentes, as provocações, as birras e a esquisitice voluntária que permeiam os discos da banda naquela era. Como já vimos repetidas vezes, o imenso sucesso do Pearl Jam nos primeiros 12 anos de sua carreira é apenas uma parte da história. E talvez a menos interessante, na verdade. A parte mais interessante é como o Pearl Jam reagiu a esse sucesso, rebelando-se contra a imagem que *Rearviewmirror* divulga.

Então, sim, é uma exposição confiável e agradável. Mas, acima de tudo, é um álbum conveniente para qualquer pessoa que não quisesse se dar ao trabalho de ir mais fundo. E isso acaba deixando *Rearviewmirror* um pouco entediante, como um filme que foi reeditado para tirar toda a tensão e a excentricidade. Quando se trata de coletâneas do "começo" do Pearl Jam – uso "começo" aqui da mesma forma que usaria para os Rolling Stones entre 1964 e 1972 –, prefiro aquela que saiu um ano antes de *Rearviewmirror*. O disco só de ganchos de esquerda: *Lost Dogs*.

Se *Rearviewmirror* é sobre apresentar a versão do Pearl Jam mais acessível e afável para as rádios, *Lost Dogs* faz referência a seu lado mais marginalizado. É claro que o Pearl Jam nunca foi marginalizado *de verdade*, pelo menos não nos anos 1990. Mas eles se identificavam com os marginalizados, *Lost Dogs* convida o ouvinte a curtir as áreas mais obscuras de sua discografia, reunindo lados B, faixas bônus, contribuições para coletâneas de caridade de surfe e faixas de trilhas sonoras para filmes sobre motoristas de Chicago e detentos no corredor da morte. É claro que o Pearl Jam não consegue deixar de fazer alguns hits, mesmo em *Lost Dogs*. Algumas de suas músicas mais conhecidas estavam destinadas a serem enterradas, mas depois ficaram famosas de qualquer maneira: "Dirty Frank", "Footsteps", "Hard to Imagine", "Yellow Ledbetter" e "Last Kiss", o cover da música originalmente lançada por J. Frank Wilson and the Cavaliers em 1964, que conseguiu, de algum modo, em 1999, tornar-se o single de maior sucesso do Pearl Jam. As duas últimas faixas estão tanto em

Rearviewmirror quanto em *Lost Dogs* – esses cães realmente subiram do canil até a cobertura e voltaram.[50]

Ao contrário de *Rearviewmirror*, *Lost Dogs* está repleto de faixas do começo do século XXI. Há seis músicas da era *Binaural*, o suficiente para montar um EP de sobras de seu disco mais difícil. Não tenho certeza se trocaria qualquer coisa daquele disco pelas sobras incluídas em *Lost Dogs* – estando certos ou errados, acho que eles escolheram o material adequado para expressar o clima sombrio e opaco de *Binaural*. Já as sobras são soltas e meio doidas. A sinuosa "Sad" é a melhor de todas. Também sou fã da faixa bobinha típica de festas na praia "Hitchhiker", assim como da *muito* boba "Sweet Lew", em homenagem ao jogador de basquete Kareem Abdul-Jabbar. Eu nunca usei a palavra "boba" para descrever o Pearl Jam até agora – e não a usarei mais. Mas acho que é apropriada para ser usada duas vezes em uma frase, a fim de descrever as músicas que ficaram de fora de *Binaural* e apareceram em *Lost Dogs*.

Se não tenho nenhum problema com a ideia de que essas faixas provavelmente não dariam certo em *Binaural*, preciso registrar uma queixa formal ao RH do Pearl Jam sobre a decisão de não incluir dois lados B do single "I Am Mine" – "Down" e "Undone" – em *Riot Act*. Compostos por Eddie Vedder, ambos são rocks melódicos de andamento médio que figuram entre as canções mais belas e agradáveis feitas pelo Pearl Jam nesse período. As guitarras oscilantes de "Down" são o mais perto que a banda chegou de reproduzir um R.E.M. da era *Lifes Rich Pageants*, enquanto "Undone" é rápida e pegajosa, ao estilo *Yield*. Além de essas músicas possivelmente levantarem o clima de um disco deprimente, também poderiam ter sido lançadas como singles, vendendo *Riot Act* para um público mais amplo.

Não estou dizendo que *Riot Act* teria sido um sucesso global nessa hipótese. No entanto, a decisão de enterrar suas músicas mais imediatas, numa época em que músicas imediatas do Pearl Jam não eram exatamente comuns, parece ser de uma perversidade ainda pior do que a decisão de tornar

---

50. Estranhamente, a versão de "Yellow Ledbetter" em *Lost Dogs* tem três segundos a menos.

"Yellow Ledbetter" um lado B no início dos anos 1990. Na época, o Pearl Jam tinha hits de sobra. Eles precisavam *se esforçar* para não fazer um hit. Já no começo dos anos 2000, uma canção como "Undone" poderia ter dado a eles o impulso de que precisavam.

Não parece se tratar de uma autossabotagem consciente. Parece ter a ver com um mal que acometeria cada vez mais a banda nos anos pós-"*greatest hits*": o Pearl Jam simplesmente não sabe fazer álbuns.

Não estou dizendo que o Pearl Jam não fez álbuns ótimos. (Espero que já esteja óbvio que não estou afirmando isso.) O que quero dizer é que a excelência dos discos do Pearl Jam não tem relação com seu conhecimento de como fazer discos ótimos do Pearl Jam. Eles fizeram álbuns muito bons nos anos 1990 porque seus compositores estavam produzindo material fantástico e porque seus músicos estavam tocando extremamente bem. Ótimas músicas acrescidas de ótimos instrumentistas é uma receita que quase sempre superará quaisquer deficiências quanto à abordagem criativa na hora de fazer um álbum. Discos como *Vs.* e *Vitalogy* funcionam porque as canções, a energia e a execução são incontestáveis. Esses aspectos são tão fortes que se sobrepõem à fraqueza predominante daqueles primeiros álbuns – seu som monocromático e pouco inventivo.

O que é mais estranho nessa história é que o Pearl Jam recorreu a Brendan O'Brien como produtor na mesma época que o Stone Temple Pilots. No entanto, embora o Pearl Jam seja uma banda superior ao Stone Temple Pilots, os álbuns que eles gravaram com O'Brien não são tão dinâmicos quanto os que o produtor fez com o STP. Ainda acho que, no geral, os discos do Pearl Jam são melhores, mas, em termos de prazer sonoro, os do STP têm um som mais colorido e vibrante, enquanto os do Pearl Jam soam meio cinzentos.

Isso traz mais um paralelo com o Who, uma banda lendária de rock'n'roll no palco, mas que sofria para encontrar o mesmo som vigoroso no estúdio. Ao longo dos anos, esse problema ficaria mais evidente para o Pearl Jam, à medida que suas composições começaram a oscilar e sua reticência em gravar discos aumentou. Eles viriam a depender mais de sua experiência musical, uma evolução significativa em relação ao que faziam em meados dos anos 1990, quando jams caóticas e desordenadas (e divertidas) transformavam-se em canções. O resultado disso é que seus discos começaram a soar ainda mais sem graça.

Em 1980, Pete Townshend foi pressionado pelo jornalista Greil Marcus a responder se o Who ainda estava "fazendo sua música evoluir" de uma forma artística. É uma pergunta clássica de críticos de rock: *O que vocês estão fazendo* [coça o queixo como um intelectual] *para lidar com as mudanças profundas no cenário musical* [pausa dramática] *e com o espaço que o rock ocupa nesse cenário?*

A resposta dele foi a seguinte:

> Nós certamente abrimos mão de nossa posição idealista no que diz respeito à nossa responsabilidade com a evolução do rock. Não paramos de nos importar com a direção do gênero; só acho que percebemos que não somos mais capazes de fazer muita coisa no que tange a fazer o gênero evoluir. Sendo sincero, acho que, se tivermos uma chance de fazer o rock evoluir, essa chance surgiria na estrada, e não em um disco.

Na ocasião, Townshend devia ter uns 34 ou 35 anos – não tão velho para um *rock star* nos padrões atuais, mas, em 1980, as pessoas nunca tinham visto *rock stars* de 30 e poucos anos. Greil Marcus o estava alfinetando porque Pete era considerado um ancião para os padrões do rock. Além disso, o Who já tinha 15 anos de carreira no estúdio. Keith Moon estava morto desde 1978. Não é uma analogia perfeita com os integrantes do Pearl Jam, mas seria justo dizer que Townshend, em 1980, estava mais ou menos na mesma posição que Eddie Vedder no começo dos anos 2000.

Imagino que seja possível ver a resposta de Townshend como uma mera desculpa. Talvez o venerável Greil Marcus – o crítico de rock mais professoral e (digo isso como alguém que o respeita de verdade) pretensioso de todos os tempos[51] – tenha interpretado a fala de Townshend como se ele estivesse simplesmente dando de ombros e aceitando sua posição de banda das antigas. Mas acho que ele apenas está sendo honesto com si próprio – afinal,

---

51. *Mystery Train*, que ele lançou em 1975, é o melhor livro já escrito sobre o rock, ponto.

1980 não era 1971. Um disco novo do Who não mudaria o mundo. Mais importante: fazer discos do Who naquele ponto não parecia lhe dar muito prazer. Mas ele ainda se sentia conectado à plateia quando estava no palco. Tocar músicas do Who para fãs do Who ainda tinha o potencial de ser algo transformador. E para Townshend, naquele momento, era onde o Who tinha a chance de fazer seu melhor.

O Pearl Jam adotaria a mesma atitude no restante de sua carreira. Nesse sentido, *Rearviewmirror* era mais do que uma mera obrigação contratual. Ele realmente encerra uma parte específica da trajetória da banda. A era "greatest hits" foi o período em que o Pearl Jam realmente teve hits. E, depois disso, parou de ter.

Lost Dogs e *Rearviewmirror* marcaram o fim do contrato do Pearl Jam com a Epic Records. Agora, estavam livres. E eles reagiram a isso da mesma forma que muitas outras bandas na mesma situação: reduziram o ritmo. Reduziram *bastante*. Não tanto quanto o R.E.M., que se separou após o término de seu contrato com a Warner Bros. em 2011. Mas eles optaram por se esforçar consideravelmente menos para ser o Pearl Jam e consideravelmente mais para serem pessoas funcionais fora de sua banda de rock.

A matemática é simples. Há um espaço de quatro anos entre *Riot Act* e o disco seguinte, *Pearl Jam*, o primeiro e único lançamento da banda pelo J Records, selo de Clive Davis que ficou ativo por pouco tempo. Entre meados dos anos 2000 e o começo dos anos 2020, saíram apenas quatro discos de estúdio do Pearl Jam, em comparação aos sete lançados entre 1991 e 2002. No século XXI, o tempo entre álbuns novos cresceu tanto que cada lançamento era inevitavelmente rotulado como um "retorno" ou uma "nova era", uma reintrodução contínua da banda ao público em geral, e o resultado contraintuitivo foi fazer o Pearl Jam parecer ainda mais afastado do mundo da música contemporânea.

Mesmo que o Pearl Jam pretenda corrigir isso em sua era "terceira idade", aumentando drasticamente a frequência de lançamentos, é provável que nunca cheguem ao nível de produtividade de sua primeira década. E por que fariam isso? A vida é mais do que só gravar discos. Toda banda de rock que conquista o mundo acaba tendo essa revelação. Você chega ao topo da montanha e então não há mais para onde ir, exceto descer a montanha. Aí você volta para casa e relaxa um pouco no sofá, pois acabou de escalar uma maldita montanha, e escalar uma maldita montanha é exaustivo, física e mentalmente. Esse arco já foi repetido muitas vezes. E agora era a vez do Pearl Jam. Casamentos, filhos, projetos paralelos – era isso que ocuparia mais tempo da vida deles dali em diante.

Para Eddie Vedder, os anos 2000 incluíram um espectro completo de amor, perda e redenção. Em 2000, ele se divorciou de sua primeira esposa, Beth Liebling. Felizmente, ele é um *rock star* bonito e atraente, então logo começou a namorar uma modelo chamada Jill McCormick, com quem teve duas filhas – Olivia, em 2004, e Harper, em 2008 – antes de se casarem, em 2010. Em algum momento, ele se mudou para Maui. Você já tentou trabalhar em Maui?

O resultado dessas mudanças na vida de Vedder é que ele se tornou um adulto nos anos 2000, o que afetaria suas composições nos discos seguintes do Pearl Jam. Suas canções mais famosas têm um ponto de vista adolescente, no qual protagonistas jovens sofrem para lidar com eventos significativos e transformadores, carregando as emoções mais intensas e os maiores riscos possíveis. Ao contrário do que muitos acreditam, ele nem sempre escreveu sobre si próprio; na verdade, muitas de suas melhores canções são sobre personagens pelos quais sentia empatia. Mas sua própria juventude, a fase mais sombria e alienada de sua vida, estava ficando cada vez mais distante. Apesar disso, nas circunstâncias perfeitas, ele ainda conseguia acessar aquela parte de sua criatividade. Só que parecia que "as circunstâncias perfeitas", nesse caso, incluíam "estar fora do Pearl Jam".

Meu disco favorito relacionado ao Pearl Jam em sua era pós-"greatest hits" é a trilha sonora que Eddie Vedder gravou para o filme *Na natureza selvagem*, dirigido por Sean Penn e lançado em 2007. Baseado no best-seller de 1996 escrito por Jon Krakauer, *Na natureza selvagem* conta a história de Chris McCandless, um rapaz brilhante e privilegiado de 24 anos que toma a decisão radical de abandonar sua vida pós-faculdade para viver como um andarilho, viajando anonimamente pelos Estados Unidos sob o nome "Alexander Supertramp". A aposta de McCandless foi alimentada por seu desgosto com a sociedade moderna e, especialmente, com o materialismo; ele exibiu esse desdém ao abandonar seu carro no Arizona e queimar o dinheiro que estava em sua carteira.

Sua odisseia acaba o levando ao Alasca, onde ele decide encarar "a natureza selvagem" e viver dos frutos da terra. Sendo um jovem inclinado a assumir riscos, McCandless optou por fazer isso sem um mapa ou qualquer conhecimento da região. Seu único recurso era um livro sobre plantas comestíveis. No início, ele tem uma existência encantada, encontrando, já na primeira semana, um ônibus abandonado com uma cama e um fogão à lenha. Mas sua sorte vira após um tempo – uma das plantas que ele comia diariamente para sobreviver era, na verdade, venenosa. Após 113 dias vivendo por conta própria em meio à natureza do Alasca, McCandless morreu de inanição.

Sean Penn deu a Vedder uma edição de *Na natureza selvagem* e, alguns dias depois, mostrou-lhe uma versão preliminar do filme.[52] Não é nenhuma surpresa que Vedder tenha se interessado pelo material. McCandless poderia ter sido um dos solitários idealistas sobre quem Vedder escreveu em *Ten* e *Vs.* Ele faz lembrar os personagens de "Porch" e "Rearviewmirror", que, assim como McCandless, aceleraram um carro para fugir de suas vidas difíceis. Mas Chris foi além disso. Ele se livrou do carro e apagou sua antiga identidade do mundo. E fez isso *na vida real*, durante a primavera, o verão e o outono de 1992, bem quando o Pearl Jam estava atingindo o ápice de sua fama.[53]

Ao falar sobre McCandless em entrevistas posteriores, a admiração de Vedder ficou óbvia, assim como sua empatia imediata. "No livro, o que eu

52. Penn originalmente contatou Vedder para compor uma canção para o filme *Os últimos passos de um homem*, de 1995. A música, "Dead Man", acabou sendo rejeitada para o filme, mas apareceu em *Lost Dogs*.

53. Não se sabe ao certo se Chris McCandless – assim como muitos outros rapazes de 24 anos em 1992 – era fã do Pearl Jam. Mas ele parecia gostar do Who, já que batizou o local onde vivia de "The Magic Bus".

logo descobri foi que eu tinha uma compreensão além das páginas, coisas que poderiam explicar as ações e reações extremas de Chris McCandless", ele disse. "Fomos criados de formas similares e passamos por eventos similares em nossa vida."

Algumas dessas semelhanças foram ocultadas no livro de Krakauer a pedido de Carine McCandless, que por fim detalhou mais o histórico de seu irmão no documentário *Return to the Wild – The Chris McCandles Story*, exibido pela PBS em 2014. De acordo com esse material, o pai rico de McCandless, um cientista de foguetes da Nasa, era um tirano abusivo que teve uma vida dupla durante vários anos, com outra esposa e filhos. Como aconteceu com Vedder na infância, os segredos sórdidos da família McCandless levaram Chris a sentir raiva da hipocrisia adulta, conforme escreve sua irmã. E, também como Vedder, McCandless reagiu a essa duplicidade de uma forma que os críticos acharam melodramática e egocêntrica, enquanto os apoiadores se identificaram com a ação como inspiradora.

Como há longos trechos sem diálogos em *Na natureza selvagem*, durante os quais McCandless (interpretado por Emile Hirsch) anda sozinho pela imensidão do Alasca, Penn esperava que Vedder pudesse ser a voz musical do personagem, comunicando sua essência por meio de canções. (Penn viria a admitir mais tarde que ele pensou em chamar Vedder porque Hirsch parecia uma versão mais jovem dele.) Entrar na mente desse rapaz foi muito fácil para Vedder, apesar de já ter quase o dobro da idade que McCandless tinha quando morreu. "Foi tão fácil que chegou a ser desconfortável", Vedder disse, com uma risada intrigada, à *Billboard*, "porque pensei que eu já tivesse amadurecido. Acho que tudo isso estava bem debaixo da superfície para mim, quase aparecendo."

Em outra entrevista, Vedder descreveu ao jornalista Charlie Rose, em termos quase metafísicos, o quão rapidamente compôs as canções de *Na natureza selvagem*. "Eu simplesmente estava dentro daquilo", ele disse. "O que aconteceu foi que duas ou três semanas se passaram, aí eu meio que acordei e já estava pronto. Não lembro muito bem o que houve."

Em termos práticos, *Na natureza selvagem* já estava dentro da área de expertise de Vedder. Isso permitiu que ele compusesse do ponto de vista de um personagem forte que se assemelhava ao prototípico protagonista de Eddie Vedder. Os temas do filme tinham tudo a ver com os assuntos que Vedder amava: o desejo de escapar; uma desconfiança do covarde mundo corporativo; o valor de questionar a autoridade; o desejo de obter transcendência espiritual; a batalha eterna para superar os demônios da infância. Chris McCandless era o tipo de mártir que Vedder tendia a romantizar. Ele sentia uma simpatia instintiva por ele. Talvez até o invejasse um pouco.

Na natureza selvagem também acabou fornecendo uma solução musical para os problemas comuns da era pós-"*greatest hits*" de Eddie Vedder. O projeto exigia que ele trabalhasse rapidamente e que compusesse dentro de alguns parâmetros específicos. Sean Penn lhe deu um personagem sobre quem poderia escrever e um contexto cinematográfico ao qual tinha de se encaixar. E Vedder gostou disso. Ele *precisava* disso.

"Em quase todos os aspectos desse processo, as coisas foram simplificadas", Vedder mencionou. "Havia menos escolhas. A história estava lá, as cenas estavam lá. Se houve algo que aprendi com meu próprio processo criativo, é que talvez haja muitas escolhas sobre o que escrever. A quantidade de temas que existe no mundo hoje; talvez isso seja caótico para mim. Mas esse processo retirou todas as escolhas."

O álbum *Into the Wild*[54] fica mais próximo das faixas caseiras e menos polidas de *Lost Dogs* do que dos hits de *Rearviewmirror*. Não quero superestimar a virtude de trabalhar rápido nem contestar o valor da demora para aprimorar uma obra de arte delicada e complexa. Certamente, há exemplos do início da carreira do Pearl Jam em que mais tempo teria resultado em experimentos mais coesos ao invés de feitos pela metade. (Ou, quem sabe, tivessem voltado atrás na ideia de colocar uma faixa como "Bugs" em um álbum.)

Mas, quando eu escuto *Into the Wild*, o que me surpreende é o senso de urgência, que é mais forte do que em qualquer outro disco do Pearl Jam após *Yield*. É o mais perto que Vedder chegou de fazer seu próprio *Nebraska*, e eu

54. Título original do filme de Sean Penn e, por tabela, do álbum de Vedder. [N. T.]

CHRIS MCCANDLESS ERA O TIPO DE MÁRTIR QUE VEDDER TENDIA A ROMANTIZAR. ELE SENTIA UMA SIMPATIA INSTINTIVA POR ELE. TALVEZ ATÉ O INVEJASSE UM POUCO.

gostaria que ele tivesse feito mais três ou quatro discos na mesma linha. O fato agridoce é que *Into the Wild* soa mais como uma despedida de Vedder à fase de sua carreira em que ele escrevia como se estivesse dentro da mente de jovens sonhadores e românticos como Chris McCandless.

Para mim, a canção mais emocionante de *Into the Wild* é a última faixa, "Guaranteed". A melodia é uma das melhores de Vedder, um veículo brilhante para seu toque delicado no violão, que poderia muito bem estar em um disco de Simon & Garfunkel. A letra funciona como o adeus de McCandless ao mundo, e é tão sábia e pacífica quanto as palavras que ele usou, de fato, para se despedir.[55] Vedder canta sobre sentir o vento no cabelo, sem uma estrada sob os pés. Então vem um de seus versos mais adoráveis: "*Late at night I hear the trees, they're singing with the dead*" ["Tarde da noite, eu escuto as árvores, elas estão cantando com os mortos"].

Vedder não está lamentando a morte de McCandless nessa canção. Ele o está deixando ir. E, com isso, deixando ir uma parte de si próprio.

55. "Eu tive uma vida feliz e agradeço ao Senhor. Adeus, e que Deus abençoe a todos!"

CAPÍTULO 15

"UNEMPLOYABLE"

(de *Pearl Jam*)

O Pearl Jam contrata um tecladista – The Grateful Dead – Jammers vs. Jamily – Aquela música do Foo Fighters sobre ser o melhor – *Tattoo You* vs. *Voodoo Lounge*

Eles se conheceram na praia. Um dos caras era do Havaí, tinha quase 50 anos e ganhava a vida tocando teclado em bandas de blues e reggae. O outro cara era Eddie Vedder.

Só que o primeiro cara não sabia disso. Ou, pelo menos, não reconhecia a importância de esse outro cara ser "Eddie Vedder". E isso, é claro, realmente interessou Eddie Vedder. Assim como Neil Young na canção "On the Beach", Eddie precisa de uma multidão de pessoas, mas não consegue encará-las no dia a dia. Eddie podia encarar aquele cara porque ele não tinha ideia de quem Eddie Vedder era.

A história contada por Boom Gaspar – o extraoficial sexto integrante da banda, que começou a tocar com eles ao vivo em 2002 – sobre como ele conheceu Vedder parece saída de um filme. Só que esse filme nunca seria feito, porque é implausível demais. Aparentemente, Boom conheceu Eddie porque eles costumavam surfar na mesma área. Por mais de seis meses, eles surfaram perto um do outro, sem interagir. Mesmo após serem apresentados por um amigo em comum – "Ed, este é Boom; Boom, este é Ed" –, nunca falaram sobre suas carreiras.

Finalmente, depois de quase um ano como amigos surfistas, Gaspar perguntou a Vedder em que banda ele estava.

"É só uma banda de Seattle", Eddie disse.

"Bem, qual é o nome?", Boom interrogou.

"Pearl Jam."

"O quê? Que banda é essa?"

Uma parte de mim tem certa dificuldade em acreditar nessa história. Inclusive, às vezes, fico imaginando se Boom Gaspar já não conhecia Eddie Vedder e o Pearl Jam tão bem que se fez de desentendido, supondo que essa seria a melhor forma de cair nas graças de Eddie. Pense a respeito: se você fosse um músico no baixo escalão da indústria musical havaiana e se interessasse em possivelmente tocar com uma das bandas de rock mais famosas do mundo, sua melhor tentativa de garantir um emprego seria *fingir desinteresse* em seu suposto futuro patrão. Uma pessoa da geração X seria especialmente vulnerável a esse tipo de psicologia reversa, que é praticada por alguns dos mais habilidosos mestres da sedução no mundo. *Se você fingir que não se importa, será tratado como se fosse importante.*

Mas isso é apenas uma especulação sem fundamento. Todas as provas disponíveis apontam que Boom Gaspar realmente era ingênuo e que Eddie Vedder realmente ficou encantado. E é por isso que as fotos de banda do Pearl Jam passaram a ocasionalmente incluir um homem que parece ser o Hell's Angel mais amigável do mundo, ali no canto.

O motivo pelo qual eu amo essa anedota é que a história da origem de Boom Gaspar é a coisa mais Grateful Dead do Pearl Jam.

O Dead era bem conhecido pelos vários tecladistas que teve durante sua história de 33 anos – e quase todos morreram de formas horríveis e deprimentes. Ron "Pigpen" McKerman faleceu aos 27 após anos de consumo exagerado de álcool. Keith Godchaux morreu em decorrência de uma lesão séria na cabeça, sofrida num acidente de carro em seu aniversário de 32 anos. Brent Mydland se foi em consequência de uma overdose de cocaína com morfina aos 37 anos. Vince Welnick se matou aos 55 anos, depois de uma década de problemas de saúde mental, acabando por cortar a própria garganta em seu pátio. Tom Constanten e Bruce Hornsby são os únicos que saíram vivos do Dead. (Rezo para não trazer má sorte a eles com este parágrafo.)

Por mais que o Pearl Jam tenha um passado complexo com seus bateristas, a banda mantém Boom desde o começo dos anos 2000. A cada dez anos, mais ou menos, Eddie Vedder vai surfar e volta com uma descoberta musical que muda sua vida. Nos anos 1990, foi "Momma-Son". Nos anos 2000, foi um tecladista.

Nos primeiros 16 anos de existência da banda, quase ninguém comparava o Pearl Jam ao Grateful Dead. Embora tivessem até a palavra "jam" no nome, os críticos não os contextualizavam como uma banda de jams. De vez em quando, porém, os integrantes do grupo faziam uma referência ao Dead. No verão de 1995, eles tocaram no Soldier Field, dias após o Grateful Dead fazer seu último show com Jerry Garcia no mesmo estádio. E essa apresentação em particular acabou sendo a mais longa do Pearl Jam até aquele ponto – 30 músicas em 155 minutos. Mas, fora Eddie fazendo uma piada sobre fumar os baseados que sobraram do Dead, não parecia haver muita afinidade entre as duas bandas.[56]

Tudo isso mudou em 2006, ano em que o Pearl Jam cortejou a mídia de modo mais contundente, como não faziam desde a era *Ten*. O propósito disso era promover seu álbum homônimo (conhecido como o "disco do abacate", ou

56. Eddie também fez uma referência ao Dead no show em Red Rocks, sobre o qual escrevi no primeiro capítulo. Mas, novamente, parecia mais uma piada do que um reconhecimento do Dead como uma influência real.

simplesmente "Abacate"), o oitavo na carreira da banda e o primeiro na J Records, a então nova gravadora de Clive Davis. Mas boa parte da atenção da mídia não estava focada no álbum. Na verdade, ela estava mais interessada no grupo de fãs devotos que o Pearl Jam tinha cultivado desde seu ápice comercial na década de 1990. Agora, os veículos de mídia se apressavam em comparar o Pearl Jam à banda cult mais popular da história do rock.

Por exemplo, aqui está o *lead* de um artigo de 2006 na *Entertainment Weekly*:

> Admita: você meio que achava que o Pearl Jam tinha acabado. Após *Yield*, de 1998, a banda que já esteve no topo do rock alternativo acabou lentamente se afastando dos olhos do público, lançando dois discos esquecíveis – *Binaural*, de 2000, e *Riot Act*, de 2002 – que venderam mal em comparação ao sucesso do começo da banda. Mas, mesmo enquanto sua popularidade comercial decaía, o Pearl Jam silenciosamente construía um grupo de seguidores fanáticos e dedicados. Agora, a banda lota arenas por duas, às vezes três noites seguidas, graças a milhares de fãs intensamente devotos que se chamam de Jamily e viajam centenas de quilômetros para cantar todas as letras junto com a banda. Passados 16 anos do início de sua carreira, o Pearl Jam inesperadamente transformou-se em um Grateful Dead moderno, e isso pode ser sua salvação. "Você realmente não espera que aconteça uma coisa assim", disse o líder Eddie Vedder. "Mas acho que é o melhor elogio que se pode receber."

Não esqueça que isso foi escrito para um público que provavelmente não ligava para uma música nova do Pearl Jam desde "Better Man". E, sendo bem justo, isso descreve pelo menos 80% dos fãs de rock em 2006. É bem provável que muitas dessas pessoas achassem mesmo que o Pearl Jam já tinha acabado. Portanto, devem ter ficado um tanto surpresas ao saber que havia um grupo de gente que supostamente se chamava de "Jamily" e seguia o Pearl Jam pelo país.[57]

57. Pelo que sei, "Jamily" não é um nome frequentemente usado entre fãs do Pearl Jam. Uma matéria dessa época na *Relix* se refere aos fãs do Pearl Jam como "Jammers", que não soa *tão* ridículo quanto "Jamily", mas ainda é bem ridículo.

Esse frenesi na mídia coincidiu com uma pequena, mas significativa, mudança de rumo na forma como o Pearl Jam conduzia sua carreira. Em 2005, eles fizeram sua primeira turnê sem um álbum para divulgar, uma prática incomum para bandas de rock que fazem hits para as rádios, mas bem comum para bandas de jam ou de rock clássico que fazem turnês apenas com base na qualidade de sua discografia. Para o Pearl Jam, já era um indício de como seria o "daqui pra frente" de sua carreira, em que as novas turnês seriam muito mais numerosas que os novos álbuns.

A parte mais interessante do artigo da *EW* é o relato de como o Pearl Jam se esforçou para estudar o modelo de negócios do Grateful Dead enquanto fazia a transição dos caóticos anos 1990 para o mais estável e sensato século XXI. "Apenas fomos lá e passamos um tempo no escritório deles, vendo como faziam as coisas", o empresário Kelly Curtis disse à revista. "Era bem raiz, bem legal."

O Dead foi uma grande influência para o Ten Club, o fã-clube do Pearl Jam que foi de uma operação básica, improvisada e realizada por meio dos correios nos anos 1990 a um hub online centralizado para os seguidores nos anos 2000. Em 2003, o Pearl Jam expandiu seu sistema de vender ingressos pelos correios, permitindo aos fãs comprar duas entradas para quantos shows quisessem, outra ideia emprestada do Dead.

O Pearl Jam estava agora decidido a cultivar e fortalecer o relacionamento com os fãs, além de fazer da qualidade e da variedade dos shows o ponto principal de sua marca. Em 1993, o Grateful Dead começou a série documental *Dick's Picks*, lançando discos com gravações de shows inteiros num formato que imitava a aparência e o som da quantidade volumosa de gravações ao vivo que fãs do Dead já compartilhavam havia tempos. Sete anos depois, o Pearl Jam foi ainda além, lançando discos com todos os shows de sua turnê de 2000.

Mas se o Pearl Jam tinha de fato "se tornado um Grateful Dead moderno", como a *Entertainment Weekly* propôs, era de esperar que eles *soassem* como o Grateful Dead, ou pelo menos agissem como uma banda de jam de verdade. Quando você lê qualquer artigo sobre o Pearl Jam dessa época, é fascinante como alguns jornalistas pareciam crer que o Pearl Jam tinha realmente virado esse tipo de grupo. Considerando que críticos musicais tendem a ser avessos a bandas de jam, isso não foi um bom presságio para o Pearl Jam.

"Os integrantes até acrescentaram um toque de estética de banda de jam a seu típico som", o *Washington Post* concluiu na resenha de um show do Pearl Jam próximo a Washington, D.C., em 2006. Na opinião do autor, isso "significava um número excessivo de solos extensos do guitarrista Mike McCready, que é quase tão prolixo com seu instrumento quanto o outro guitarrista da banda, Stone Gossard, é econômico com o seu".

Acredito firmemente que é impossível existir "um número excessivo de solos extensos" de Mike McCready, mas, tirando isso, o crítico do *Washington Post* não estava totalmente errado. Quando se trata de jams no Pearl Jam, McCready faz a maioria do trabalho. Até em "Crazy Mary", o cover de Victoria Williams que é tradicionalmente a vitrine de Boom Gaspar para solos prolongados em seu órgão B-3, McCready intervém ocasionalmente com alguns sons escaldantes na guitarra. Eddie Vedder pode ser o líder do Pearl Jam, mas McCready é seu equivalente musical mais próximo de Jerry Garcia.[58]

Mas o Pearl Jam é realmente uma banda de jam? Para responder a essa pergunta, eu gostaria de pegar emprestados alguns termos do mundo das jams: as tipo 1 e as tipo 2. As jams tipo 1 são aquelas em que uma banda toca sobre uma progressão de acordes ou tonalidade preestabelecidos. Já as jams tipo 2 se afastam da canção e improvisam na progressão de acordes, na tonalidade e nos ritmos. Na maioria das vezes, o Pearl Jam não toca jams do tipo 1 nem do tipo 2. Eles geralmente se limitam a réplicas diretas de seus discos, tocando-as mais alto e com mais energia. Há muitas canções do Pearl Jam que eu *gostaria* que fossem estendidas no palco – imagine se as jams de guitarra ao fim de "Corduroy" ou "MFC" prosseguissem, como em "Down By the River", ou se McCready tivesse ainda mais espaço para explorar a parte central de "Red Mosquito" ou "Nothing As It Seems".

A jam tipo 1 mais frequente nos palcos do Pearl Jam ocorre ao longo de um de seus hits radiofônicos mais resistentes, "Even Flow". Em praticamente

58. Vale ressaltar que o nome do meio de Eddie Vedder é Jerome, então, tecnicamente, ele é um "Jerry".

todos os shows já feitos pelo Pearl Jam, essa música é uma desculpa para McCready atacar por vários minutos, enquanto Gossard diligentemente repete o riff famoso. (Certamente, essa foi a canção que inspirou o crítico do *Washington Post* a reclamar dos solos gloriosos.)

Já as jams tipo 2 são muito improváveis num show do Pearl Jam. E, quando ocorrem, nunca duram tanto quanto durariam em um show do Dead ou do Phish. Mas se o Pearl Jam quiser *realmente* fazer uma dessas jams, é mais provável que aconteça durante seu hino *carpe diem*, "Porch". Na turnê de 2006, eles fizeram algumas das improvisações mais longas e experimentais do clássico de *Ten* até então, incluindo uma versão incrivelmente selvagem em Albany, Nova York, que durou 12 minutos, com McCready passando a maior parte do tempo solando sobre um fundo musical agitado, criado pela combinação da polirritmia de Matt Cameron com as rudes melodias de Stone Gossard na direção oposta.

Quando você escuta a versão de "Porch" em Albany, o Pearl Jam novamente soa como uma banda que cria pontes. Mas, dessa vez, estão ligando os mundos do punk e da música hippie mais "viajante" à qual o punk supostamente deveria se opor. Para uma banda da geração X, foi uma evolução sutilmente revolucionária. Como um fã de música que era adolescente nos anos 1990, fui condicionado a acreditar que ou você gostava de música indie/punk/alternativa, ou gostava das coisas de hippie. Não havia meio-termo.

Sinto que minha experiência aqui é um tanto comum – em minha adolescência, eu odiava o Grateful Dead, apesar de não conhecer sua música direito, porque astros do rock alternativo como Kurt Cobain fizeram questão de me mandar odiar o Dead. Se eu tivesse estudado mais a respeito, teria aprendido que o Grateful Dead chegou à fama construindo lentamente uma base de seguidores por meio de seus shows e suas respectivas gravações piratas. A filosofia deles era, em essência, o "faça você mesmo" – exatamente a ideologia almejada pelo punk e pelo indie. De algum modo, isso não estava tão claro para jovens como eu nos anos 1990. Mas, uma década depois, esse binário punk *versus* hippie – como praticamente todos os binários da geração X – começou a ruir. E ex-adolescentes do rock alternativo como eu passaram a virar "Deadheads" [ou seja, fãs do Grateful Dead] após os 20 ou 30 anos de idade.

Quando o Pearl Jam faz essa ponte entre o punk e o hippie em suas apresentações ao vivo, isso geralmente resulta em sua melhor e mais empolgante música. Mas, na maior parte do tempo, a banda tende a ficar apenas com o "rock inspirado pelo punk". Eles fazem um volume suficiente de jams para deixar o som interessante – e isso também vale para o fato de nunca tocarem o mesmo setlist duas vezes –, mas não vão tão longe quanto alguns de nós, "Jammers" ou "Jamily", gostaríamos.

Ao tentar usar o Grateful Dead como exemplo para explicar a conexão do Pearl Jam com os fãs, a mídia deixou passar uma referência muito mais apropriada: Bruce Springsteen. Assim como os Deadheads, os admiradores de Springsteen o seguem em turnês e obsessivamente colecionam gravações de seus shows. Isso é mantido por diversos grupos de fãs e publicações online que servem especialmente aos "Boss-heads" mais dedicados. E, como o Pearl Jam, Bruce Springsteen sempre movimentou mais interesse por seus shows do que por seus discos, mesmo quando a venda de seus álbuns atingia números astronômicos.[59]

O que todos esses artistas compartilham é um forte senso de identidade, combinado a uma falta de interesse em seguir as modas passageiras do mundo pop. Quando você assiste a um show do Pearl Jam, de Bruce Springsteen ou de qualquer que seja a encarnação atual do Dead, você vivencia o que essas pessoas fazem de verdade. Você não busca uma versão "atualizada" ou modernizada disso. Parte do que as pessoas amam nesses artistas é o quão *diferentes* eles são da cultura pop moderna. Muito do que vemos e ouvimos escapa de nossa memória assim que acaba. Mas algumas coisas – para citar o Grateful Dead – foram feitas para durar.

Por que acompanhar os tempos se você pode *sair* do tempo? Em meados dos anos 2000, esse era o melhor caminho para o Pearl Jam.

---

59. Há também as histórias que Springsteen costuma contar no palco, algo que Vedder imitou desde o começo da carreira do Pearl Jam. Enquanto isso, o máximo que é dito em um show do Grateful Dead é quando Bob Weir fala: "Todo mundo dá um passo para trás!".

AO TENTAR USAR O GRATEFUL DEAD COMO EXEMPLO PARA EXPLICAR A CONEXÃO DO PEARL JAM COM OS FÃS, A MÍDIA DEIXOU PASSAR UMA REFERÊNCIA MUITO MAIS APROPRIADA: BRUCE SPRINGSTEEN.

A ironia de todas as comparações com o Grateful Dead é que elas surgiram na esteira do disco mais manifestamente "rock" do Pearl Jam em mais de uma década. Lançado em 2 de maio de 2006, *Pearl Jam* foi feito para chegar diretamente ao coração das rádios de rock moderno como nenhum de seus discos havia feito desde *Ten*. As canções eram curtas, impactantes e cheias de riffs. Poderiam até entrar na categoria "grunge", no sentido mais clássico da palavra. Era como se fizessem um álbum para o mesmo público de fãs casuais que eles tinham afastado depois de *Vitalogy*.

Não que fosse uma escolha particularmente esquisita. Tendo em vista que eles estavam em um novo selo, investindo em um "recomeço" para sua carreira, até parece lógico. Mas o som roqueiro e estridente do "disco do abacate" e a atitude de contracultura de seus shows resultaram em uma certa dissonância cognitiva.

Para Vedder, o objetivo de reatar os laços com a grande mídia era transmitir o conteúdo político do novo álbum para o maior número possível de pessoas. Aquela era a pior época dos anos George W. Bush, com os Estados Unidos presos a duas guerras caras e infrutíferas, no Iraque e no Afeganistão. A narrativa de várias das músicas do álbum se baseia em personagens que estão lutando uma guerra ou sofrendo para lidar com uma em seu lar.

Muitas das canções foram compostas por Vedder, que chegou a cogitar a ideia de um disco conceitual, em que a sequência das faixas acompanharia a trajetória da vida de um soldado. Mas, no fim, ele decidiu que o álbum funcionava melhor com outra ordem para as músicas e sem uma história predominante que unisse todas elas. Ainda assim, é possível ouvir o disco e imaginar o garoto de "Severed Hand" tornando-se o soldado de "Army Reserve", que então sofre o destino do guerreiro em "World Wide Suicide".[60]

---

60. O "disco do abacate" é um primo musical distante de *American Idiot*, o emblemático álbum do Green Day lançado em 2004, que se estabeleceu como o disco conceitual definidor da era. No livro *Pearl Jam Twenty*, Vedder disse que ele intencionalmente evitou ouvir *American Idiot* durante a criação de *Pearl Jam*, para não se influenciar.

Isso, é claro, se você estiver prestando atenção nas letras. "Abacate", porém, não dá tanta ênfase às palavras. Ele é, antes de tudo, um disco sobre apresentar a música do Pearl Jam em sua forma mais agressiva. Em seus melhores momentos, ele evoca o poder dos shows da banda com mais eficácia do que qualquer disco desde *Vs.* O problema é que a sutileza que eles desenvolveram nas turnês do início dos anos 2000 parece ter sumido. *Pearl Jam* reduz sua música aos elementos mais básicos e crus, de maneiras que são visceralmente excitantes, mas não tão interessantes. É como um cachorro da raça whippet em forma musical – você fica eufórico por um instante, mas a sensação logo passa.

Já em termos de diversão a curto prazo, "Abacate" cumpre sua função. O single de estreia, "World Wide Suicide", foi seu primeiro verdadeiro hit nas rádios desde o feliz acaso "Last Kiss". Ele ficou na primeira posição por três semanas nas paradas de Música Alternativa da *Billboard* e teve até um sucesso surpreendente na Hot 100, atingindo o 41º lugar. Mais impressionante que o desempenho de "World Wide Suicide" nas paradas, no entanto, é a forma como ela soa igual a uma banda que está *tentando* fazer um hit, o que certamente não era o caso de "Last Kiss" ou de vários dos singles do Pearl Jam no começo dos anos 2000.

"Acho que, dois ou três anos atrás, você nem podia colocar uma canção chamada 'World Wide Suicide' nas rádios, ainda mais com a palavra 'soldado' nela", Vedder comentou sobre o lançamento da música. Mas, novamente, isso pressupõe que a maioria dos ouvintes prestava atenção nas letras ou se importava com o fato de a banda ter se inspirado na vida e na morte de Pat Tillman, ex-jogador do time de futebol americano Arizona Cardinals que se alistou após o 11 de Setembro e acabou morto por fogo amigo.

No fim das contas, a performance de "World Wide Suicide" ofusca sua mensagem. Ela tem uma atitude agressiva, raivosa e intimidante que era comum nas rádios rock de 2006. O produtor do Pearl Jam na época, Adam Kasper, também foi o responsável pelos primeiros álbuns dos anos 2000 do Foo Fighters e do Queens of the Stone Age, álbuns que definiram o rock hipermasculino e focado nas gônadas daquela era. Tendo em vista o status do Nirvana no início dos anos 1990 como a alternativa underground aos hits globais do Pearl Jam, Dave Grohl passou por uma bela inversão de papéis ao se tornar um dos principais arquitetos do rock mais arroz-com-feijão e comercial naqueles novos tempos. "World Wide Suicide" foi a tentativa do Pearl Jam de compor o mesmo tipo de hit hard rock que já tinha gerado tanto lucro para o Foo Fighters no novo século. Mas sua letra tinha mais conteúdo que o maior sucesso de Grohl naquele período, "Best of You", na qual ele grita que alguma coisa é "a melhor" aproximadamente 4.563 vezes. Isso não é necessariamente uma crítica, porque eu gosto da música.[61] Se "Best of You" não for a melhor canção de todos os tempos sobre como alguma coisa é a melhor, é certamente a canção que *mais fala* sobre como alguma coisa é a melhor.

Reestabelecer seu status nas rádios com "World Wide Suicide" tinha um ponto positivo óbvio. Em 2006, o Pearl Jam já estava na ativa pela mesma quantidade de tempo que o Who quando Eddie Vedder os viu pela primeira vez, em 1980. E, assim como o Pearl Jam, o Who havia alcançado um público mais jovem com um novo hit nas rádios, "You Better You Bet". Apresentar-se aos jovens que tinham nascido mais ou menos na época em que *Ten* foi lançado era necessário não só para a sobrevivência da banda a longo prazo, como para lembrar o público sobre o lugar do Pearl Jam na história do rock.

Bandas mais jovens como Strokes e My Morning Jacket falavam, em meados dos anos 2000, sobre o quão essencial o Pearl Jam – em sua posição de veteranos – tinha sido em suas adolescências. Entretanto, esses depoimentos eram ocasionalmente tratados com ceticismo pela mesma imprensa que presumia que a maioria de seus leitores já tinha largado o Pearl Jam de vez. Certo ou errado, eles eram vistos como uma banda dos anos 1990 ao invés de uma banda *atual*. O sucesso de "World Wide Suicide" temporariamente ajudou a retificar isso, mas apenas durante o ciclo de divulgação do "Abacate".

Por que isso aconteceu? Porque o Pearl Jam de 2006 não tinha as mesmas vantagens do Who de 1980. Na época em que o jovem Eddie viu seu primeiro show do Who, o formato do rock clássico estava se infiltrando nas rádios do país pela primeira vez, garantindo um lugar permanente nas estações para a

61. Quem sou eu para discutir com Prince, que tocou "Best of You" no Super Bowl de 2007?

geração boomer de bandas de estádio. Ademais, as canções do Who que eram mais tocadas nas rádios – os hits de *Who's Next* e *Who Are You* – tinham menos de uma década de idade. Mesmo quando eles já eram "clássicos", o Who ainda podia se situar como "atual".

Em 2006, músicas do Pearl Jam já desfilavam em estações de rock clássico, mas eram majoritariamente de *Ten*, que completava 15 anos. Isso fixou para sempre a banda em um momento nostálgico para milhões de ouvintes casuais, um dilema intensificado pela quantidade muito inferior de pessoas da geração X em comparação a boomers grisalhos e millennials aparecendo por toda parte. No fim, "World Wide Suicide" não podia resolver esse problema, porque não era uma música tão boa. O mesmo pode ser dito do disco como um todo. Minha opinião sobre ele não mudou muito com o passar dos anos – ele é agradável enquanto está tocando, mas, assim que termina, tenho dificuldade de me lembrar dele.

Pearl Jam delineia a diferença entre um disco de retorno e um disco "nós voltamos!". Um disco de retorno genuinamente reestabelece uma banda antiga ao produzir canções que podem ficar no mesmo nível de seus maiores hits. *Tattoo You*, dos Rolling Stones, é um disco de retorno – ele contém canções como "Start Me Up" e "Waiting on a Friend", que se tornaram sucessos comerciais e até hoje estão entre as favoritas dos fãs. Já um disco "nós voltamos!" tenta lembrar os ouvintes do que eles gostavam em uma banda antiga, incentivando-os a reinvestigar os discos antigos ou comprar um ingresso para um show sem se dedicar totalmente às novas canções. *Voodoo Lounge*, também dos Rolling Stones, é um disco "nós voltamos!" – tem muitas músicas que soam como clássicos dos Stones, mas não se equiparam a eles. Você apenas fica com vontade de ouvir *Sticky Fingers* ou *Some Girls* mais uma vez.

"Abacate" é um disco "nós voltamos!". Ele faz um bom trabalho em demonstrar a vitalidade e a destreza do Pearl Jam enquanto banda ao vivo, mas não entrega nenhuma música memorável.

Na verdade, há uma exceção: minha música favorita de "Abacate", o tributo relativamente sutil e afável aos perdedores, "Unemployable". Ela é uma das poucas faixas do álbum que não faz questão de exibir como o disco é pesado. A maneira como ela passa dos versos hesitantes ao refrão crescente é graciosa e até gentil, embora a falta de objetivo e de riscos da canção tenha um subtexto tenso e silencioso que espelha a letra.

O sujeito da canção é um operário comum que acabou de ser demitido do emprego por destruir o armário de seu local de trabalho. Agora, ele apenas fuma cigarros no sofá de casa, com 30 contas vencidas o ameaçando. A situação em "Unemployable" é tão intensa quanto o cenário de qualquer música do Pearl Jam; esse cara está diante de uma encruzilhada de vida ou morte. Mas ele é uma homem de meia-idade, não um adolescente desiludido ou um idealista de 20 e poucos anos, como tantos personagens das primeiras canções da banda. Ele é o tipo de pessoa que cresceu com o Pearl Jam e agora, 15 anos depois, está animado para ouvir um disco como "Abacate"... se ele conseguir sobreviver a este dia terrível.

Boa parte de "Abacate" parecia ser sobre apagar os anos que ocorreram entre *Ten* e 2006. Mas "Unemployable" é o tipo de canção que apenas um Pearl Jam mais velho e sábio poderia ter composto, e é por isso que ela fica na minha memória. "World Wide Suicide" foi inspirada em um herói americano, cuja história foi além de sua vida, enquanto "Unemployable" é sobre um trabalhador anônimo que apenas luta para sobreviver. E isso parecia estar mais alinhado com a situação da banda à medida que eles aceitavam seu próprio status de trabalhadores.[62]

Eu sei que o fim de "Unemployable" é sombrio – os últimos versos são "*near death/ here to die/ scared of life*" ["perto da morte/ aqui para morrer/ com medo da vida"] –, mas gosto de imaginar um destino mais positivo para o personagem da música. Talvez ele faça um novo amigo. Talvez eles passem um tempo na praia. Talvez os problemas dele sejam resolvidos quando o amigo o convida para tocar em sua banda de rock. Parece improvável. Mas todos sabemos que não é impossível.

62. É a única canção do Pearl Jam que eu compararia a uma canção do Pavement.

CAPÍTULO 16

"SIRENS"

(de *Lightning Bolt*)

O casamento da minha irmã – *Backspacer* – O Pearl Jam completa 20 anos – Baladas que me fazem chorar

No verão de 2014, minha irmã me pediu para celebrar seu casamento. Mas, ao invés de focar no que precisava fazer, eu me distraí com a trilha sonora. Enquanto ela e o noivo andavam pelo corredor, uma canção familiar, porém surpreendente, tocava em um alto-falante próximo. Era a faixa delicada que o casal tinha escolhido para o momento, uma música dedilhada no violão, cantada por um cara com uma voz grave que se considera "*a lucky man to count on both hands the ones I love*" ["um homem sortudo por precisar de ambas as mãos para contar aqueles que amo"]. Uma ode humilde sobre gratidão e devoção, totalmente apropriada para o momento. Mas, mesmo assim, fiquei surpreso.

Por que diabos minha irmã tinha escolhido uma canção do Pearl Jam para seu casamento?

A música em questão era "Just Breathe", a mais popular do álbum *Backspacer*, lançado em 2009. Provavelmente é a faixa mais conhecida do Pearl Jam no século XXI. Em 2021 [ano em que o livro foi escrito], já foi tocada no Spotify mais vezes do que qualquer outra canção do Pearl Jam lançada desde 2000. Fico atônito ao descobrir que ela é mais popular na plataforma do que duas outras grandes baladas do século anterior, "Daughter" e "Better Man". Até ganhou versões cover de vários artistas, como Willie Nelson e Miley Cyrus, uma raridade para uma canção do Pearl Jam.

Aí temos a evidência anedótica que foi o casamento da minha irmã. Ela nasceu em 1990, cerca de um ano e meio antes do lançamento de *Ten*. (E exatamente 13 dias antes da morte de Andrew Wood.) Posso dizer com certeza que ela não sabe quase nada sobre o Pearl Jam. Se eu mostrasse "Alive" ou "Jeremy" para ela, sua reação seria um olhar sem expressão. Mas ela conhecia "Just Breathe" – não necessariamente como uma faixa do Pearl Jam, mas como uma *música de casamento*.

O compositor, Eddie Vedder, certamente não vislumbrava essa possibilidade quando a apresentou nas sessões de gravação de *Backspacer*. Tendo chegado apenas com uma estrofe e um refrão, Vedder pretendia colocá-la no fim do álbum, como um breve posfácio, da mesma forma que Paul McCartney conclui *Abbey Road*, dos Beatles, com a encantadora, porém pouco desenvolvida, "Her Majesty". Mas Brendan O'Brien insistiu em dar a "Just Breathe" o tratamento de estrela – instrumentos de cordas piegas, um tom de baixo aveludado ao estilo "Wichita Lineman" e um arranjo tão sentimental que desafia os ouvintes a não chorar. O objetivo era, nas palavras de O'Brien, fazer "a canção mais linda da carreira do Pearl Jam".

O Pearl Jam certamente fez belas canções antes de "Just Breathe" – "Release", "Nothingman", "Immortality", "Elderly Woman Behind the Counter in a Small Town", "Wishlist", "Thumbing My Way". Mas "Just Breathe" é linda de uma maneira *pop*. Não há nada de rock'n'roll nela, nem remotamente. Ela convida o tipo de pessoa sem qualquer conexão com a banda, como minha irmã, a integrá-la a um dos momentos mais importantes de sua vida. Não importa quem é o Pearl Jam no contexto de "Just Breathe", assim como um bilhão de pessoas adora "Good Riddance (Time of Your Life)" sem ligar para outras canções do Green Day. "Just Breathe" tem uma identidade totalmente separada da banda.

Também é o tipo de canção que você nem imaginaria o Pearl Jam cogitando em colocar em um de seus discos dos anos 1990. Ela não é apenas uma balada romântica, ou uma música lenta emotiva. É abertamente, declaradamente sentimental. É tão descolada quanto sua tia-avó Gertrudes.

Uma década antes de "Just Breathe", o Pearl Jam tinha muitas dúvidas quanto a sua credibilidade. Agora, estavam *voluntariamente* criando a música mais bonita de sua discografia. Você poderia aceitar isso como prova de que o Pearl Jam – assim como praticamente todas as bandas de rock antigas que já existiram no decorrer de várias décadas – ficou mais sem graça à medida que envelheceu.

Você também poderia, como eu, não se incomodar com isso, por reconhecer que todos nós ficamos mais sem graça conforme envelhecemos. Ficar sem graça é um privilégio.

Na virada dos anos 2000 para os anos 2010, época em que o Pearl Jam celebrou seu 20º aniversário, em 2011, estava claro que um novo sentimento de contentamento despreocupado já tinha se estabelecido na banda. O tumulto dos anos 1990 era uma memória distante. Os integrantes do Pearl Jam viviam ótimas vidas e (finalmente) pareciam não ter problemas em aproveitá-las abertamente.

Esses são os anos de "rock de pai" do Pearl Jam, um período em que chegaram a fazer um cover do hit infantil "Let It Go", da trilha sonora do filme *Frozen*, em um show, para agradar a filha de Eddie Vedder.[63] Eles também começaram a fazer grandes apresentações em estádios de beisebol a cada dois anos,

63. Isso ocorreu em um show em Milão, em 20 de junho de 2014, como parte de uma versão estendida de "Daughter".

e até usaram a temporada dos Chicago Cubs na World Series de 2016 como tema central de seu documentário *Let's Play Two*, de 2017, algo que só um pai faria. Minha cena favorita do filme é quando a banda está passando um tempo no telhado do Murphy's Bleachers, o icônico bar de Wrigleyville. Então eles começam a tocar "Dirty Work", do Steely Dan, uma escolha apropriada para um grupo de caras de meia-idade que agora parecem conselheiros financeiros em boa forma, amigos que se encontram no fim de semana para tomar cerveja, andar de mountain bike e, de vez em quando, fazer uma jam.[64]

Essas novidades inevitavelmente fizeram o Pearl Jam parecer menos descolado em sua meia-idade, embora dificilmente uma banda de rock de meia-idade possa evitar o status "ficar menos descolado". Se você estudar a história do rock, há alguns fatos comuns que sempre ocorrem quando uma banda entra em sua segunda ou terceira década. O que se percebe é que a cor do cabelo dos integrantes fica estranhamente mais escura, um típico sinal de que alguma tintura entrou em ação para esconder os fios grisalhos. No palco, o andamento das músicas começa a ficar um pouco mais lento. E o vocalista soa meio desgastado, como se estivesse perdendo o fôlego. Em algum momento, um representante da gravadora sugerirá a contratação de Don Was ou Rick Rubin para produzir um disco de "retorno". A ideia será "atualizar" o som da banda com baterias eletrônicas e sintetizadores, ou "voltar totalmente ao som raiz", com guitarra e gaita, para soar como se você estivesse tocando em seu leito de morte. Ou, se a situação estiver realmente desesperadora, compositores profissionais como Glen Ballard ou Desmond Child serão chamados para te ajudar a fazer um hit. Mas a pessoa mais importante da equipe será o personal trainer, responsável por ajudar a equipe de roqueiros cansados de 48 anos a parecerem rapazes relativamente joviais de apenas 37.

O Pearl Jam evitou muitas dessas armadilhas. Mas sua trajetória não é tão incomum para uma banda que continua ativa enquanto seus integrantes

64. O maior choque dessa cena é que Eddie Vedder aparentemente não sabe que "Dirty Work" é uma canção do Steely Dan. Espero que ele tenha comprado uma cópia de *Can't Buy a Thrill* após essa gafe vergonhosa.

passam dos 50 anos. Isso é "apagar aos poucos", nas palavras da canção de Neil Young, "My, My, Hey, Hey (Into the Black)". Qualquer pessoa que ainda queira dizer que o Pearl Jam é inferior ao Nirvana lembrará que Kurt Cobain nunca compôs uma música de casamento. Kurt queimou de uma vez. Ele tem a credibilidade que só um morto pode ter. Para Kurt, infelizmente, essa é a única vantagem de estar morto. De outro modo, estar morto é uma forma terrível de se viver.

O que separa o Pearl Jam de outras bandas de rock veteranas é sua aparente falta de vaidade quanto a envelhecer. Mick Jagger, Bono e Dave Grohl estão todos profundamente preocupados em manter um certo perfil na cultura pop. Sempre que os Rolling Stones, o U2 ou o Foo Fighers lançam um álbum, os vocalistas dessas bandas se esforçam muito para garantir que esses discos façam sucesso com ouvintes de pop. Eles estão, de certa forma, tentando enganar o público, fazendo-os esquecer que são velhos brancos que quase não têm nada em comum com jovens contemporâneos.

O Pearl Jam nunca fez isso. Eles são uma banda de rock de meia-idade que parece e age como uma banda de rock de meia-idade.[65] Isso não quer dizer que suas turnês nos anos 2010 careciam de vitalidade ou energia. Pelo contrário. O Pearl Jam trabalha muito para minimizar os efeitos adversos do envelhecimento nos shows. Eles tocam por mais tempo e com mais vontade do que nunca. E *insistem* em fazer isso. Faz parte do contrato tácito, ao estilo Springsteen, que o Pearl Jam tem com o público: se você ainda for aos shows, ainda nos apresentaremos como a banda de rock que você conhece e ama.

O Pearl Jam não finge se importar tanto com a angústia adolescente quanto se importava em meados dos anos 1990, diferente de Mick Jagger, que ainda finge estar obcecado por sexo, mesmo depois dos 80 anos, quando, na verdade, ele provavelmente prefere o prazer de apenas tirar uma boa soneca. Os caras do Pearl Jam nem parecem ter muita angústia de *meia-idade*. Quanta

65. Talvez a ação musical mais típica da meia-idade feita nesse período foi quando Eddie Vedder lançou um álbum de músicas tocadas no ukulele, apropriadamente chamado *Ukulele Songs*, em 2011.

raiva você pode sentir quando seu trabalho é tocar as músicas que compôs 30 anos atrás, ganhando milhões de dólares por show?

A essa altura, a situação do Pearl Jam é tão confortável que não chega nem perto da vida real de uma pessoa comum. Mas a pessoa comum pode se identificar com "Just Breathe". É uma canção sobre alguém que passou a ter uma bela vida em família e se sente grato por ter conseguido isso. Quando o Pearl Jam gravou *Ten*, Eddie Vedder era um cara de 20 e poucos anos que ainda estava traumatizado por nunca ter conhecido o pai biológico. Ele era um jovem quebrado, vindo de um lar quebrado. Mas na época de *Backspacer* ele já era pai, o que o acalmou. Seria uma mentira afirmar que não.[66] Ele não estava mais criticando os pais. Ele estava fazendo músicas *para* os pais.

A calma pode ser perigosa para uma banda de rock, especialmente uma que já prosperou com o drama. Mas você precisa de um pouco de calma na vida se quer evitar atear fogo a si próprio. Para o público, pode até fornecer um modelo de como viver.

Quando *Backspacer* foi lançado em 20 de setembro de 2009, o primeiro single não foi "Just Breathe", música que acabaria se tornando a mais popular da banda. Foi "The Fixer", uma agradável faixa de rock influenciada por new wave. É um padrão que você vê se repetindo durante toda a carreira do Pearl Jam: lançar um single de "rock" na frente e depois uma música "bonita" que acaba sendo a faixa definitiva do álbum. "Go" veio antes de "Daughter" no ciclo promocional de *Vs.*, enquanto "Spin the Black Circle" e "Not For You" precederam "Immortality" na era *Vitalogy*. Quando

66. Aparentemente, os problemas de Vedder com o pai foram curados por ninguém menos que Bruce Springsteen, durante a turnê Vote For Change, de 2004, em que os dois se aproximaram. "Ele me mostrou algumas verdades que ele tinha processado de uma forma saudável, coisas que, para mim, ainda eram doenças. Ele me ajudou a curar algumas coisas com as quais eu vivia fazia muito tempo." Ter Bruce Springsteen como psicólogo é um dos muitos motivos pelos quais é incrível ser Eddie Vedder.

o décimo LP do Pearl Jam, *Lightning Bolt*, saiu em 15 de outubro de 2013, o ataque quase punk de "Mind Your Manners" introduziu o disco nas rádios, mas foi a balada poderosa em andamento médio "Sirens" que chegou como uma gentil sequência.

"É uma forma antiga de raciocínio, dos anos 1980 e 1990, essa de que você precisa lançar a faixa de rock primeiro", Stone Gossard admitiu anos depois, numa entrevista. "Então acho que ainda tínhamos essa ideia de que precisávamos começar com algo pesado."

Assim como ocorreu com o disco "Abacate", as faixas "pesadas" de *Backspacer* e *Lightning Bolt* são demonstrações impressionantes de viço, transmitindo a empolgação de ver o Pearl Jam ao vivo, mesmo em idade avançada. Como canções de verdade, no entanto, não impressionam muito emocional ou musicalmente. Elas contêm bastante energia e são tocadas e cantadas com força e habilidade consideráveis. Ao mesmo tempo, parecem feitas por obrigação, agindo mais como exemplos de proeza da banda do que como declarações genuínas de propósito. São simplesmente chatas.

Nesses álbuns, as faixas lentas são consistentemente mais interessantes e urgentes, apesar dos clichês dos violões tocados suavemente e dos arranjos de cordas crescentes. Nos anos 1990, as músicas do Pearl Jam eram sobre questões de vida ou morte, entregues com a máxima agressividade, como uma pessoa que implora pela própria vida diante de uma arma apontada para a cabeça. Vinte anos depois, essa intensidade era entregue por meio dos tons sutis de homens que finalmente haviam encontrado lares nos quais podiam "apenas respirar".[67] Os primeiros trabalhos da banda eram sobre lutar por seu próprio espaço no mundo; o material posterior preocupa-se com o medo de *perder* esse espaço conquistado.

Canções como "Just Breathe", "Amongst the Waves", "Unthought Known" e "The End", de *Backspacer*, e "Sirens", "Pendulum" e "Future Days", de *Lightning Bolt*, abordam esse medo sem rodeios, tanto na forma de filosofias

---

67. Brincadeira do autor com a canção "Just Breath", que significa literalmente "apenas respire". [N. E.]

sobre a mortalidade quanto de reflexões sobre a paz que surge ao compartilhar a vida com pessoas que o amam incondicionalmente. Em "Amongst the Waves", Vedder volta ao surfe como metáfora para descrever como o amor o salvou de se afogar. "Unthought Known" usa a analogia da caminhada para abordar o mesmo tema ("*Feel the path of every day/ Which road you taking?*") ["Sinta o caminho de todos os dias/ Que estrada você vai pegar?"]. "Future Days" não usa simbolismos com esportes, mas explicitamente exalta as virtudes da vida em família. "*If I ever were to lose you/ I'd surely lose myself*" ["Se algum dia eu te perdesse/ Eu certamente me perderia"]. Ainda assim, a perda não pode ser evitada, como Vedder canta em "Pendulum": "*We are here and then we go*" ["Estamos aqui, então partimos"].

Assim como "Unemployable", essas são canções que o Pearl Jam só teria como tocar *nesse* momento da carreira, após passarem por tantas dificuldades e saírem mais fortes do outro lado. É por isso que elas soam mais poderosas que as canções "pesadas", que parecem evocações do período em que eles eram "*young and less amazed*" ["jovens e menos impressionados"], citando "Amongst the Waves". No fim, elas parecem um pouco forçadas, pois essa versão "jovem e menos impressionada" do Pearl Jam não existe mais.

Das canções do Pearl Jam sobre mortalidade, "The End" é a mais surpreendente. Ela compartilha o título com o clássico lançado pelo The Doors em 1967, na qual Jim Morrison exibe suas fantasias edipianas sobre matar o pai e transar com a mãe. Com certeza ela influenciou, quer de forma consciente ou não, as canções igualmente provocativas de "Momma-Son". Mas, na "The End" do Pearl Jam, Vedder deixa de lado o ultraje infantil, cantando com uma franqueza chocante: "*I just want to get old*" ["Eu só quero envelhecer"].

Eu só quero envelhecer. Sério? Imagine Jim Morrison (ou Kurt Cobain) cantando *isso* algum dia. A música fala sobre o conforto de um relacionamento sério e sobre o fato de que ele não durará para sempre, então deve ser afirmado e apreciado todos os dias, um tema recorrente que a conecta a "Just Breathe" e "Amongst the Waves". O último verso de "The End" dá a *Backspacer* um fim inesperadamente desconcertante: "*I'm here, but not for much longer*" ["Estou aqui, mas não por muito tempo"].

Na minha opinião, a canção mais tocante dessa época é também a mais centrada no modo "pai". Na primeira vez que ouvi "Sirens", achei que soava como uma música country contemporânea. O riff de guitarra metálico e o ritmo imponente lembravam uma balada de Tim McGraw sobre compartilhar um jantar romântico com sua esposa na caçamba de uma picape. Como reflexo, revirei os olhos. Mas, com o passar do tempo, "Sirens" me cativou. Agora, não consigo ouvi-la sem ficar com os olhos mareados.

A inspiração de Mike McCready, que compôs a parte instrumental, não veio de Tim McGraw, e sim de uma performance de Roger Waters tocando *The Wall* ao vivo no início dos anos 2010. Ele não mencionou a canção como referência específica, mas o fato é que "Sirens" se assemelha à faixa mais deslumbrante de *The Wall*, "Comfortably Numb". A ponte da canção contém o melhor trecho de letra que Waters já compôs, no qual escreve (da perspectiva do protagonista, um *rock star* drogado) sobre ver sua própria inocência desaparecer. "*The child is grown, the dream is gone*" ["A criança cresceu, o sonho sumiu"], canta o guitarrista David Gilmour, antes de fazer outro solo longo e majestoso.[68]

Ao criar a letra para a música de McCready, Vedder escreveu sobre sua própria perda da inocência, só que do ponto de vista de um marido e pai que se preocupa à noite quando ouve sirenes do lado de fora de seu quarto confortável. Em tempos longínquos, o personagem central de uma canção do Pearl Jam seria a pessoa *causando* as sirenes. Mas, em "Sirens", Eddie está meramente as ouvindo, o que o faz pensar (obviamente) sobre como a morte e a perda andam de mãos dadas com as melhores partes de estar vivo.

Na canção, ele confessa que pensar muito o sobrecarrega. Mas ele não consegue deixar de se impressionar com a capacidade que as pessoas têm de seguir em frente todos os dias, "*with death over our shoulders*" ["com a morte

68. O Pearl Jam estreou um cover ao vivo de "Comfortably Numb" em 11 de novembro de 2015, num show em Porto Alegre, no Brasil, e a tocaria mais de 20 vezes no fim dos anos 2010. Antes disso, Eddie Vedder já tinha cantado a música com seu coautor, Roger Waters, no show beneficente para vítimas do furacão Sandy, em 12 de dezembro de 2012, no Madison Square Garden. E cantou-a mais uma vez num show de Waters, em Chicago, em 2017.

sobre nossos ombros"]. É apenas quando ele se vira para a pessoa ao lado, aquela que ele ama, e "analisa" seu rosto que "*the fear goes away*" ["o medo vai embora"].

O cara da canção – vamos apenas chamá-lo de "Eddie Vedder", que se parece com o Eddie Vedder de verdade, mas não é necessariamente o Eddie Vedder de verdade – pode muito bem ser o mesmo cara de "Indifference", que pode muito bem ser o mesmo cara de "Wreck on the Highway", de Bruce Springsteen. O cara em "Indifference" tem dificuldade em sair da cama porque não vê motivo para isso; ele ainda não achou um significado ou propósito na vida. Mas, na época de "Sirens", esse mesmo cara já encontrou seu significado: sua devoção aos outros agora o deixa mais preocupado com o bem-estar deles do que com seu próprio. Como o personagem atormentado de "Wreck on the Highway", ele passa a noite sentado na cama, se perguntando como manter firme sua vida abençoada, porém efêmera, mesmo enquanto o universo conspira para destruí-la aos poucos – lentamente, mas certamente.

Músicas como "Just Breathe" e "Sirens" não são "pesadas". Elas podem, inclusive, soar bem "suaves" para alguns. Mas, na verdade, são "pesadas" na forma que mais interessa, lidando com a essência do que significa estar vivo quando se chega a um ponto em que há tanto a perder. Elas também foram lançadas num momento oportuno, caso você tenha envelhecido com o Pearl Jam – Eddie Vedder dificilmente seria o único cara no mundo a sentir empatia por "Indifference" com 20 e poucos anos e por "Sirens" com 40 e poucos. Para esses ouvintes, "Sirens" pode muito bem ser mais necessária do que "Mind Your Manners". Essa última é uma fantasia divertida e frívola, na qual você nunca precisa amadurecer e pode continuar sendo um punk jovem para sempre. A outra reconhece uma realidade compartilhada em termos que não poderiam ser mais claros.

Se você ainda não chegou aos 30, "Sirens" pode não dizer nada para você. Mas confie em mim: vai fazer sentido antes do que você imagina. E vai te acertar em cheio.

SE VOCÊ AINDA NÃO CHEGOU AOS 30, "SIRENS" PODE NÃO DIZER NADA PARA VOCÊ. MAS CONFIE EM MIM: VAI FAZER SENTIDO ANTES DO QUE VOCÊ IMAGINA.

CAPÍTULO 17

"MAYBE IT'S TIME"

(29/9/2019, Dana Point, Califórnia)

Bradley Cooper imitando Eddie Vedder – A morte de Chris Cornell – *A vida é dura: a história de Dewey Cox* – A admissão no Rock & Roll Hall of Fame – *Gigaton*

Ou você morre como herói ou vive o suficiente para se tornar o vilão. Mas há também uma terceira via. Às vezes, você pode viver o suficiente para se tornar um arquétipo. E, se isso acontece, existe uma boa chance de que a maioria de seus contemporâneos tenha falecido como jovens heróis.

Foi isso que aconteceu com Eddie Vedder no fim da década de 2010. Ele era o *rock star* que os atores literalmente estudavam para aprender a fingir ser um *rock star* nas telas. Bem, pelo menos um ator fez isso: Bradley Cooper passou vários dias com Eddie antes de filmar seu primeiro longa como diretor, o megassucesso *Nasce uma estrela*, de 2018, no qual também atua como o perturbado cantor e compositor Jackson Maine.

Cooper fez questão de seguir o caminho do método de atuação completo enquanto se preparava para comandar a quarta versão de *Nasce uma estrela*. Embora cada filme tenha sido atualizado para refletir as tendências dominantes do entretenimento da época em que foram lançados – as versões anteriores saíram em 1937, 1954 e 1976 –, a história é sempre a mesma, basicamente: um homem famoso e bem-sucedido, porém assombrado pelo alcoolismo, conhece uma mulher que não é famosa nem bem-sucedida, mas que tem o talento para se tornar uma estrela. O homem e a mulher se apaixonam, então ele começa a desmoronar à medida que ela começa sua ascensão até o topo. É claro que a história termina em tragédia para todos os envolvidos. É uma fórmula de melodrama que verdadeiramente se aplica a todas as eras.

Não se sabe ao certo que tipo de sabedoria de *rock star* Vedder forneceu a Cooper. "Garanta que sua guitarra esteja cobrindo suas bolas o tempo todo", foi um conselho que Eddie disse ter dado ao ator. Fora isso, ele preferiu não comentar mais nada sobre o que foi compartilhado. Deve haver uma cartilha entre cantores de rock, similar ao código de silêncio seguido pelos mágicos: você não revela seus truques. (Desculpe-me, suas *ilusões*.) Você deve manter o público no escuro, para que suas *ilusões* pareçam reais. Caso contrário, a plateia perceberá que o segredo de fazer um show de rock mágico depende apenas de manter o instrumento na frente de seus testículos. E, assim, a ilusão seria quebrada.

De qualquer forma, quando você assiste a *Nasce uma estrela*, fica evidente que Cooper não estava exatamente pedindo conselhos a Vedder, e sim estudando seus maneirismos e sua forma de falar. Ele não faz uma imitação de Eddie Vedder no filme, mas dá para perceber que ele está improvisando um *conceito* de Eddie Vedder, concentrando-se em sua masculinidade sentimental e seu estoicismo ferido. Como Jackson Maine, Cooper fala algumas oitavas abaixo do normal e prolonga as palavras como se estivesse mentalmente inspecionando cada sílaba com a maior atenção. Seu cabelo longo e castanho chega quase até os ombros e é frequentemente colocado atrás das orelhas, emoldurando seu rosto de cãozinho arrependido. Ele emana um carisma sutil, mas nunca se esforça demais para chamar a atenção dos outros. Ele simplesmente a exige, sendo quem ele é. Esse é Jackson Maine em *Nasce uma estrela*. E é também Eddie Vedder na vida real.

Perto do lançamento do filme, Vedder fez uma ação autorreferencial: cantou uma versão cover de uma das músicas mais famosas de seu sósia fictício, "Maybe It's Time". Ele fez isso ao menos três vezes – primeiro em Tempe, Arizona, em março de 2019, um mês após *Nasce uma estrela* ganhar um Oscar (Melhor Canção Original, pelo clássico instantâneo de karaokê, "Shallow") dos oito a que foi indicado, incluindo Melhor Filme; uma vez em Berlim, com o Pearl Jam, em junho do mesmo ano; e três meses depois, em Dana Point, Califórnia, no Ohana Festival, com Lukas Nelson, o filho de Willie, que interpreta o guitarrista solo de Jackson Maine no filme.

Composta pelo excelente cantor e compositor Jason Isbell,[69] "Maybe It's Time" fala da dificuldade de mudar e da necessidade de aceitar que algumas coisas simplesmente são inevitáveis, gostemos delas ou não. O título ["Talvez esteja na hora"] é a primeira parte de uma frase zen que se repete ao longo da canção e que se conclui com "*to let the old ways die*" ["de deixar os velhos hábitos morrerem"]. No filme, a canção também funciona como um comentário sobre os problemas profissionais de Maine, cuja carreira começa a despencar à medida que a esposa, Ally (interpretada por Lady Gaga), ascende ao superestrelato pop. "Os velhos hábitos" incluem o country rock rústico que costumava colocar Jackson em estádios e arenas, mas que agora parecia antiquado em comparação às canções de dance pop bem produzidas que Ally está cantando, sobre como uma bunda fica bonita no jeans apertado.

Duvido que Vedder tenha estendido essa leitura de "Maybe It's Time" para seu próprio status de veterano do rock alternativo numa era de fenômenos instantâneos da internet nascidos na mesma época em que *Riot Act* foi lançado. Ele certamente não estava prestes a deixar os *seus* velhos hábitos morrerem. Eu também não acho que ele tenha tocado "Maybe It's Time" apenas como uma piada em autorreferência. (Mas tenho certeza de que ele

69. Jackson Maine se assemelha a Isbell de algumas formas, pois ele também lutou contra o vício, mas felizmente está sóbrio desde o começo dos anos 2010.

achou pelo menos um pouco engraçado dedicar a canção a seu "bom amigo Jack" na Califórnia.)

"Maybe It's Time" soa muito como uma canção que Vedder *poderia* ter escrito para um disco da fase mais recente do Pearl Jam. Tem uma atmosfera similar às baladas sobre mortalidade de *Backspacer* e *Lightning Bolt*, as canções nas quais Vedder avalia um mundo incerto e expressa gratidão pelo amor incondicional e pela estabilidade fundamental fornecidos por sua família. Mas o fim de "Maybe It's Time" é mais fatalista e atormentado do que aquelas canções do Pearl Jam.

"*Nobody knows what awaits for the dead*" ["Ninguém sabe o que espera os mortos"], diz a letra. Eddie Vedder não é religioso, mas ele é um humanista convicto, e otimista o suficiente para dar a esse verso um pouquinho de esperança. Talvez não nos dirijamos ao paraíso, mas todos estamos ligados por nossa humanidade compartilhada e, dessa maneira, podemos alcançar uma espécie de imortalidade por meio da vida e das memórias daqueles que deixamos para trás. Se pensarmos assim, a ideia de não saber o que nos espera após o fim da vida não evocará mais um medo existencial. Você pode simplesmente deixar essa pergunta sem resposta desaparecer, assim como todas as outras perguntas sem respostas.

Dessa forma, Eddie Vedder é diferente de Jackson Maine. Para Jackson, a pergunta sobre o que aguarda os mortos tem uma resposta: nada. Assim como a vida também não oferece nada. E isso leva ao maior ato de autonegação.

As coisas não acabam bem para Jackson. (Se você ainda não viu *Nasce uma estrela*, talvez queira pular para outro ponto deste capítulo. Ou você pode decidir não se importar com *spoilers*, pois o fim da história fica claro com bastante antecedência, e saber o que acontece não estragará o filme.) Por um certo tempo, ele parece estar melhorando. Ele vai para a reabilitação, começa a nadar e se reconcilia com o irmão, dono de um bigode majestoso (interpretado por Sam Elliott, que frequentemente exibe um bigode majestoso). Ele volta para Ally e promete apoiar a carreira dela. Parece que ele reencontra seu rumo.

Então o empresário manipulador de Ally (Rafi Gavron) tira o seu chão. Ele o chama de um risco para a carreira dela. Ele diz que o cantor inevitavelmente voltará a seu vício. E chega perto de afirmar que o mundo seria melhor sem ele.

Na sequência, não é surpresa alguma quando Jackson vai até sua garagem, tira a caminhonete de dentro dela, volta à garagem, fecha a porta e se enforca.

Vedder disse que ficou impressionado com o filme. No *Howard Stern Show*, em 2020, ele afirmou: "Ele me pegou de jeito. Me dá arrepio só de lembrar". O que ele não comentou foi o óbvio paralelo com um *rock star* da vida real que havia se enforcado quase 17 meses antes da estreia do filme.

Ainda que Bradley Cooper tenha usado a aparência e o som de Eddie Vedder como modelo para o exterior do personagem, a alma deste está mais próxima de um amigo de Vedder, Chris Cornell. Assim como Jackson Maine, Cornell tinha um histórico de vício, mas parecia ter se reerguido. Na noite de 17 de maio de 2017, ele tocou para 5 mil pessoas no Fox Theater, em Detroit, com seus parceiros de longa data do Soundgarden, incluindo Matt Cameron, que havia iniciado uma turnê com a banda um mês após ser admitido no Rock & Roll Hall of Fame com o Pearl Jam.

Tendo em vista o que aconteceu depois, alguns fãs acharam que Cornell soava esquisito naquela noite. Sua voz estava um tanto rouca e ele parecia lento em comparação ao resto da banda. No entanto, vídeos postados online da última canção da noite – "Slaves & Bulldozers", do álbum *Badmotorfinger*, de 1991, com uma inserção de "In My Time of Dying", do Led Zeppelin – não sugerem que ele estivesse com problemas. É uma performance perfeitamente profissional e poderosa, cantada por um cara que parece ter toda a intenção de fazer o show seguinte do Soundgarden, que ocorreria dois dias depois, em Columbus, Ohio.

Mas Cornell nunca chegou a Columbus. Em vez disso, ele retornou ao seu quarto no MGM Grand Detroit. Então ligou para sua esposa, Vicky, que notou que ele estava com a fala arrastada. Preocupada que ele tivesse tomado um remédio para ansiedade cujo efeito colateral mais conhecido era provocar pensamentos suicidas, ela pediu ao segurança da banda para ver como ele estava. Após arrombarem a porta, encontraram Cornell no banheiro, com sangue escorrendo pela boca e um elástico de exercício vermelho ao redor do pescoço. Ele tinha 52 anos.

Nos dias que se seguiram à morte de Cornell, muitos falaram sobre Eddie Vedder ser o "último" dos *rock stars* dos anos 1990. "Só sobrou Eddie Vedder", declarou o *Washington Post*. "Pense nisso." Não que fosse verdade. Se Trent Reznor, Billy Corgan, Courtney Love, Liz Phair, PJ Harvey ou Thom Yorke leram essa manchete do *Washington Post*, devem ter sentido uma mistura de indignação e perplexidade.

Mas era um comentário certeiro no que dizia respeito à classe de grupos bem-sucedidos de Seattle que emergiu no começo da década de 1990. Das quatro principais bandas grunge, três delas agora tinham vocalistas falecidos. Kurt Cobain tirou a própria vida em 1994. Então Layne Staley cometeu uma forma de suicídio em câmera lenta no fim dos anos 1990, desaparecendo do Alice in Chains e dos olhos do público para se dedicar à heroína em tempo integral. Quando ele morreu, em 2002, seu corpo só foi descoberto duas semanas depois, sentado num sofá na frente de uma televisão ligada.

Então houve a morte de Cornell, que era especialmente importante para Vedder. Quando Eddie ainda era um desconhecido vindo de San Diego, Cornell foi uma das poucas pessoas da cena musical de Seattle que não encheu o saco do jovem forasteiro. Na verdade, ele fez questão de passar um tempo com o garoto tímido que tinha acabado de chegar à cidade. Eles fizeram trilhas e andaram juntos de mountain bike. Beberam cerveja barata e se divertiram. Era como se fossem amigos havia anos, apesar de Chris já desfrutar de um certo status de *rock star*. Com certeza, ele *parecia* um *rock star* na capa de *Louder Than Love*, de 1989, com o cabelo longo e impecavelmente desgrenhado e o peitoral nu, marcando a estreia do Soundgarden em uma grande gravadora.

Eles se uniram publicamente em "Hunger Strike", a grande balada composta por Cornell que ajudou a consolidar o status de *rock star* de Vedder. Em *Nasce uma estrela*, Jackson Maine chama Ally ao palco para fazer um dueto improvisado na canção mais memorável do filme, "Shallow". Nesse momento, ele é a estrela e ela é a desconhecida. Mas, a partir dali, os destinos dos dois seguirão caminhos opostos. É o primeiro passo em direção à coroação dela e à dissolução dele. "Hunger Strike" acabou sendo um momento crucial também para Eddie Vedder e Chris Cornell.

Será que Eddie Vedder alguma vez se perguntou por que ele sobreviveu e tantos de seus colegas não? Ele teve sorte? Ele descobriu algum código secreto para destravar a sobrevivência no modo *rock star*? Na situação atual, Eddie é o único cantor lendário de Seattle de sua geração que *não é* Jackson Maine. Ele está mais para Ally – a pessoa que amava Jackson Maine, mas agora é forçada a lidar com o que ele deixou para trás.

O cover de "Maybe It's Time" não é o único, nem o mais engraçado, exemplo de Eddie Vedder referenciando a si próprio. Também há sua participação no filme *A vida é dura: a história de Dewey Cox*, de 2007, que imediatamente superou seu papel em *Vida de solteiro* como o melhor exemplo de atuação na história do Pearl Jam. Ajuda muito o fato de Eddie interpretar a si próprio, fazendo algo que já fez muito bem em sua própria vida por diversas vezes.

A vida é dura: a história de Dewey Cox traz John C. Reilly no papel de Dewey Cox, um roqueiro dos anos 1950 que passa por todos os típicos problemas de artistas que algum dia apareceram na série documental *Behind the Music* – a fama sobe à cabeça, ele recorre às drogas, faz experimentos psicodélicos, sua carreira vai por água abaixo, ele se arrepende e tem um retorno profissional improvável no fim da vida. Se isso soa como uma coletânea de clichês ruins, a ideia era justamente essa. *A vida é dura* é uma paródia brilhante de biografias cinematográficas do rock, desde *Johnny & June* até *Bohemian Rhapsody*, que saiu 11 anos após *A vida é dura*, mas mesmo assim contém todas as convenções narrativas que o filme implacavelmente satiriza.

Eddie aparece perto do fim, quando Dewey está prestes a receber um prêmio pelas conquistas de sua vida. Ele é o responsável pelo discurso em homenagem a Dewey e admiravelmente pronuncia toda aquela prosa floreada sem nenhum sinal de sorriso.

"Ouvimos ele cantar sobre 'andar duro' e acho que aprendemos um pouquinho sobre como queríamos andar. No que pensamos quando pensamos em Cox?",[70] ele diz com a maior cara de pau, deixando o duplo sentido fluir sem precisar forçar. "Ele já foi chamado de andarilho, de metamorfo, de mestre-cuca, de camaleão, de criança problemática, de difícil, de indígena branco, de anão gigante."

O discurso é uma sátira absolutamente perfeita da pomposidade das premiações do gênero, algo que é engraçado mesmo que você não tenha visto um milhão de cerimônias de admissão do Rock & Roll Hall of Fame.[71] Mas, se você *já viu* um milhão de cerimônias do Rock & Roll Hall of Fame, então você sabe que Vedder fez quatro discursos no decorrer dos anos, honrando o The Doors, Neil Young, os Ramones e o R.E.M. Nenhum desses discursos chega perto de ser tão exagerado quanto o de *A vida é dura*. O mais memorável foi o discurso que ele fez para os Ramones, em 2002, no qual ele apareceu no palco com um moicano chocante. Mas o discurso em si acabou sendo um tanto divagante e, às vezes, incoerente (tudo a respeito do Pearl Jam no começo dos anos 2000 era um pouco incoerente). O discurso para o R.E.M., em 2007, foi bem melhor: Vedder eloquentemente expressou a excelência da banda e sua importância com a mesma sensibilidade afetiva que ele traz às canções mais perspicazes do Pearl Jam.

Faz sentido que Eddie tenha sido convidado a fazer isso tantas vezes. Ele é bom em fazer discursos sobre a música que ama. E sempre foi muito aberto – e generoso – sobre ser um fã e prestar homenagens. Além disso, ele e os outros integrantes do Pearl Jam aprenderam muito com a história da carreira

---

70. Em inglês, o nome "Cox" soa igual à palavra "*cocks*", que significa "pintos". [N. T.]

71. Meu trecho favorito com Vedder não é mostrado no filme. Ele só aparece na edição especial estendida que saiu em DVD. Vedder declara: "Se Elvis e Buddy Holly são o Caim e Abel do rock, se Bruce Springsteen é Zacarias, Iggy Pop é Matusalém e claramente Neil Young é o sábio profeta Ezequiel, quem seria Dewey Cox?".

de outras bandas de rock. Eles examinaram essas trajetórias de perto – primeiro como fãs, depois com o propósito de autopreservação. Eles reuniram suas próprias experiências a seu conhecimento de nerds do rock em nível pós-graduação para tentar evitar muitos dos mesmos desastres, profissionais e pessoais, que destruíram outros grupos. Não pode ser coincidência que Eddie tenha toda esse conhecimento e *também* seja um dos poucos *rock stars* entre seus colegas a sobreviver.

Quando o próprio Pearl Jam foi admitido ao Hall of Fame em 2017, eles evitaram sobretudo clichês e grandiosidade. Os cinco integrantes apareceram no palco com seu primeiro baterista, Dave Krusen, parecendo os CEOs de uma empresa de tecnologia moderna e extremamente bem-sucedida. Eles vestiam paletós escuros, com camisas escuras e sem gravatas. Agradeceram à equipe e aos empresários. Agradeceram às esposas. (Matt Cameron, por conta do nervosismo, errou o próprio sobrenome quando mencionou sua parceira, April.) E naturalmente agradeceram aos fãs. Stone Gossard se referiu a eles como "uma *Jamily* enorme e feliz", o que foi um pouco constrangedor.

Então chegou a vez de Vedder falar. Ele foi menos polido em comparação às ocasiões em que admitiu outros artistas ao Rock Hall. Deve ter sido uma experiência emocionante finalmente ser a pessoa consagrada com uma forma de semi-imortalidade. Ele se mostrou devidamente humilde e impressionado. Até chamou Dave Abbruzzese de "um baterista bom para caralho", depois de Abbruzzese fazer um escândalo na imprensa, antes do evento, por não ter sido convidado.

No caso de Vedder, o discurso se resumiu a um assunto que havia se tornado dominante nos álbuns mais recentes do Pearl Jam. E isso aconteceu um mês antes da morte de Chris Cornell, o que significava que o tema ganharia ainda mais peso à medida que os integrantes do Pearl Jam se preparavam para entrar na terceira idade.

"Sortudo e grato são duas coisas que eu sou todos os dias", ele disse. "Apenas sou grato por estar vivo."

Durante o discurso de admissão que Eddie fez para Neil Young em 1995, ele salientou algo que provavelmente ofendeu uma boa quantidade de egos que envelheciam ali na plateia. "Não sei se tem algum outro artista admitido no Rock & Roll Hall of Fame que esteja comemorando uma carreira tão vital quanto a dele é hoje", Vedder disse. "Algumas de suas melhores canções estavam em seu disco mais recente."

Poucos diriam o mesmo sobre o Pearl Jam em sua admissão. O que não é uma crítica a seus trabalhos mais recentes, mas uma observação de quão pouca música eles têm lançado. Os anos 2010 foram os menos ativos da banda no estúdio, com apenas um álbum lançado, *Lightning Bolt*. Seu sucessor só chegaria sete anos depois, o intervalo mais longo entre discos. É o mesmo tempo que o Pearl Jam levou para lançar seus quatro primeiros álbuns e ainda gravar um quinto na década de 1990.

Quando finalmente foi lançado em 27 de março de 2020, *Gigaton* parecia pequeno e anticlimático por motivos que iam muito além de qualquer disco de rock. No começo daquele mês, grande parte do mundo entrou em *lockdown* para mitigar a propagação do covid-19. Não haveria turnê para divulgar o álbum e quase nenhuma ação promocional. Houve algumas entrevistas, além de uma estranha manobra de marketing na qual fãs do Pearl Jam foram encorajados a apontar seus telefones para a lua de modo a desbloquear um trecho do single "Superblood Wolfmoon". Mas, assim como a maioria dos discos lançados naquela época, *Gigaton* apenas veio e foi embora enquanto todos precisavam lidar com uma pandemia mortal.

Bem, eu não deveria dizer "todos". Escrevi uma resenha de *Gigaton* quando ele foi lançado, então fui profissionalmente compelido a me importar com ele. E também me senti pessoalmente envolvido com o álbum, sendo alguém que tinha seguido o Pearl Jam durante dois terços da minha vida.

Vedder organizou a lista de faixas em meio a uma montanha de material que eles haviam acumulado no decorrer de vários anos. *Gigaton* soa como um resumo de todo o trabalho feito pelo Pearl Jam no século XXI, começando inevitavelmente com os rocks mecânicos ao estilo Who, como "Who Ever Said" e "Superblood Wolfmoon", que remetem às faixas similarmente aceleradas de seus três discos anteriores. O destaque dessa seção fica por conta de "Dance of the Clairvoyants", um raro aceno ao amor que Vedder tem por David Byrne e pelo Talking Heads. Em teoria, não deveria funcionar, mas na prática, de alguma forma, funciona.

A parte central do disco é mais melancólica e experimental, relembrando o que a banda fazia no começo dos anos 2000. "Take the Long Way" é um rock bem básico, apimentado por passagens psicodélicas refrescantes, enquanto a esquisita "Buckle Up" se assemelha ao prog folk excêntrico do Jethro Tull. Se *Gigaton* terminasse aí, ficaria na mesma zona "bom, mas não ótimo" de seus três discos anteriores. Mas o trio de canções que encerra o álbum – no qual a banda retorna a questões de mortalidade e conflitos existenciais, quase apocalípticos – tornou *Gigaton* surpreendentemente relevante naquele momento.

Duas dessas canções, "Retrograde" e "River Cross", apontam para o tema geral de *Gigaton* – as mudanças climáticas.[72] A terceira faixa, "Comes Then Goes", é mais pessoal, aparentemente abordando a perda de alguém amado. Vedder canta sobre buscar em vão por seu amigo. Mas ele sabe que essa pessoa se foi para sempre. Agora, só tenta entender por quê. "*Evidence in the echoes of your mind/ Leads me to believe we missed the signs*" ["Provas nos ecos de sua mente/ Me levam a crer que não vimos os sinais"], ele canta.

Ele está cantando sobre Cornell? Ele está cantando sobre todos os *rock stars* da geração X que morreram antes da hora? A única coisa que fica clara é que "Comes Then Goes" fala de um sentimento indissolúvel que também é universal. Se "Maybe It's Time" é cantada do ponto de vista de uma pessoa que acaba deixando a *si própria* morrer, então "Comes Then Goes" é uma canção para aqueles que ficaram para trás, para as pessoas cuja hora de morrer ainda não chegou.

---

72. O título e a capa do álbum fazem referência ao desaparecimento das calotas polares, que estão perdendo entre 92 e 159 gigatoneladas – uma gigatonelada equivale a um bilhão de toneladas – por ano.

Não acho que *Gigaton* seja um ótimo disco do Pearl Jam. No entanto, em março de 2020, durante uma pandemia que estava causando tanta morte e doença para milhões de pessoas, parecia um bálsamo. Eu gostava do quão normal a vida parecia enquanto o ouvia. Era bom saber que Eddie estava tendo dificuldades para processar todas aquelas perdas, assim como nós.

Após tanto tempo e tantos desastres, o Pearl Jam ainda estava lá. E simplesmente estar lá já era o suficiente.

CAPÍTULO 18

"YELLOW LEDBETTER"

(29/4/2016, Filadélfia)

O mais perfeito encerramento de show como o mais perfeito encerramento de livro

Quando Eddie Vedder acordou na manhã de 29 de abril de 2016 na Filadélfia, não planejava fazer história com o Pearl Jam. Foi só quando o local em que eles tocariam naquela noite o lembrou de que a história do Pearl Jam já tinha sido feita é que ele se sentiu devidamente inspirado.

Como ele posteriormente explicaria à plateia que estava no Wells Fargo Center para o segundo de dois shows, Vedder ficou comovido com um gesto "extremamente gentil" por parte da arena multiuso da cidade, que tinha pendurado um banner na estrutura do local em comemoração ao décimo show esgotado do Pearl Jam no Sul da Filadélfia. A banda havia passado pela cidade ao longo de quase toda a sua existência, desde 12 de julho de 1991, quando tocou no

J.C. Dobbs, um clube icônico do Sul da cidade que, em seu apogeu, trouxe os melhores artistas do rock alternativo dos anos 1990 – incluindo Nirvana, Rage Against the Machine e Green Day – antes de conquistarem o estrelato e múltiplos discos de platina. O Pearl Jam tocou lá seis semanas antes de *Ten* ser lançado. O show seria lembrado pelos fãs-historiadores da banda pelas estreias ao vivo de "Oceans" e "State of Love and Trust". Mas, na verdade, para qualquer pessoa na plateia naquela noite, *todas* as músicas soariam desconhecidas.

Mas isso já era história. Apenas seis meses antes dos dois shows do Pearl Jam no Wells Fargo Center, o J.C. Dobbs fechara as portas, encerrando 41 anos de atividade. Mais uma vez, o Pearl Jam havia sobrevivido a outra instituição do rock dos anos 1990.

Para Vedder, a importância do banner com um "10" pronto para ser erguido sobre a arena o levou a tomar uma decisão um tanto óbvia – mas que certamente seria bem recebida – para o setlist daquela noite: o Pearl Jam abriria o show tocando o álbum *Ten* na íntegra, quase um quarto de século após seu lançamento.

Enquanto essa apresentação seria lembrada como um clássico instantâneo a partir do momento em que as notícias de seu setlist surgiram na internet, tocar um disco do começo ao fim estava longe de ser uma novidade para o Pearl Jam. Em 16 de abril, cerca de duas semanas antes do chamado "show *Ten*" da Filadélfia, eles tocaram seu segundo álbum, *Vs.*, da primeira à última faixa, na Bon Secours Wellness Arena, em Greenville, Carolina do Sul. Então, no dia 10 de maio, cerca de duas semanas após a apresentação na Filadélfia, tocaram seu sexto LP, *Binaural*, no Air Canada Centre, em Toronto.

Isso fez lembrar o breve frenesi de "discos na íntegra" que rolou em 2014, durante a turnê *Lightning Bolt*, quando o Pearl Jam decidiu tocar todo o álbum *No Code* em 17 de outubro, no iWireless Center, em Moline, Illinois, e depois, em 20 de outubro, todas as faixas de *Yield*, no BMO Harris Bradley Center, em Milwaukee.[73]

---

73. Eu estava nesse show!

Observando de uma perspectiva mais ampla, as turnês de "discos na íntegra" tornaram-se quase uma norma entre muitas bandas de rock veteranas na década de 2010. Por volta da mesma época em que o Pearl Jam tocou ao vivo três de seus álbuns do início ao fim, na primavera de 2016, Bruce Springsteen e sua E Street Band fizeram uma massiva campanha internacional de shows para divulgar uma nova caixa de discos que celebrava os 36 anos de seu álbum duplo *The River*, de 1980, uma aposta que resultou na turnê de maior arrecadação daquele ano, acumulando pouco mais de 268 milhões de dólares.

Springsteen seguia os passos de Roger Waters, que também havia arrecadado centenas de milhões de dólares em turnê ao reviver seu próprio disco clássico de 1979, *The Wall*, em arenas e estádios ao redor do mundo. Em 2017, o U2 também fez um movimento similar ao tocar seu álbum de maior sucesso comercial, *The Joshua Tree* (1987), numa turnê em comemoração a seu 30º aniversário, arrecadando 317 milhões de dólares. Esse número superou os shows mais lucrativos daquele ano, inspirando-os a fazer novas apresentações em 2019, que renderam mais 73,8 milhões de dólares.

O apelo dessas turnês para o público estava na ausência de pretensão criativa. Não era esperado que os fãs massageassem o ego dos *rock stars* ao fingir se importar com um novo disco de fim de carreira que poucos queriam ouvir. Em vez disso, eles receberiam exatamente as músicas que tanto amavam, e elas viriam na mesma ordem que sempre foram consumidas. O que os puristas poderiam descrever como uma tática mercenária, feita para explorar os impulsos mais nostálgicos e primitivos da plateia, também poderia ser visto, de um ponto de vista mais pragmático, como um reconhecimento de que o rock'n'roll, antes de mais nada, é uma forma de entretenimento em massa que perde seu poder quando não alcança, nem entretém, as massas.

Até os colegas do Pearl Jam da geração X entraram nessa onda – Pixies, Public Enemy, Weezer e Bob Mould, do Sugar, saíram em turnês nos anos 2010 tocando discos na íntegra, celebrando suas obras mais populares e duradouras. Quanto ao Pearl Jam, eles nunca se dedicariam integralmente a ser uma banda de nostalgia descarada dos anos 1990. Suas performances de

"discos na íntegra" foram casuais, uma surpresa sem anúncio prévio para os fãs que tinham comprado ingressos para o que presumiam ser um show "normal" do Pearl Jam, mas acabavam recebendo um evento especial.

Jeff Ament, por sua vez, afirmou não gostar muito de turnês de "discos na íntegra". Ele disse uma vez à *Rolling Stone* que "nunca foi fã" dessa artimanha. Já fazer isso como um ato espontâneo, ao invés de uma turnê altamente orquestrada e divulgada, era diferente. Oferecia um outro tipo de apelo, que inclusive se encaixava na propensão do Pearl Jam de sempre modificar seus setlists. "Quando tocamos aqueles álbuns, estávamos no avião, indo para o show, e Ed disse: 'Ei, que tal tocarmos *No Code* hoje à noite?'", Ament disse à revista. "Então basicamente corremos para aprender as cinco músicas que não tocávamos havia uns dez anos, logo antes do show. E isso criou, tipo, uma tensão boa."

Ao optar por tocar um disco tão popular quanto *Ten* apenas uma vez, em uma cidade aleatória, ao invés de montar uma turnê completa ancorada no álbum, o Pearl Jam provavelmente – e não pela primeira nem pela centésima vez – deixou de ganhar dezenas de milhões de dólares. Mas a estratégia da banda de abrir mão de ganhos a curto prazo, para manter sua sanidade e segurança a longo prazo, provavelmente fez bem a eles nesse caso. Ao escutar a gravação do show de 2016 na Filadélfia, dá para ouvir provas de que uma turnê assim seria tanto incrível quanto… esquisita.

Pode-se dizer que praticamente todos os shows feitos pelo Pearl Jam foram tributos a *Ten*. As canções que se mantiveram essenciais em seus setlists – "Alive", "Even Flow", "Jeremy", "Black", "Porch", "Release" – correspondem a mais da metade do disco. O Pearl Jam não precisa tocar *todas* essas músicas todas as noites, mas eles não podem ficar sem tocar a *maioria* delas. Por outro lado, *Ten* contém um número significativo de faixas que, na maior parte do tempo, ficaram esquecidas nos anos 1990: "Once", "Why Go", "Deep". Ainda que não fosse tão incomum para o Pearl Jam mais velho e grisalho revisitar essas canções, elas não pareciam se encaixar tão confortavelmente com o que a banda havia se tornado. Um sentimento tão juvenil quanto "*I gotta sixteen gauge buried under my nose*" ["Estou com uma espingarda enterrada no nariz"] soava estranho saindo da boca de um Eddie Vedder que tinha passado dos 50.

Embora o Pearl Jam ainda fosse capaz de tocar os maiores hits de *Ten* em sua meia-idade, ouvir essas músicas na ordem original tocadas por *esta versão* da banda tinha algo que afetava seu impacto. No começo dos anos 1990, a ferocidade do Pearl Jam ao vivo havia sido comparada a Mike Tyson, o instável campeão peso-pesado que era mais perturbado por seus demônios interiores do que por qualquer pessoa que enfrentasse no ringue. O Pearl Jam também tinha seus demônios no começo, e a tensão decorrente do fato de eles não saberem se os venceriam ou não deu àquelas primeiras canções uma vantagem musical poderosa. Dá para ouvir essa ansiedade de vaivém entre a sobrevivência e a autodestruição nos álbuns e nas gravações de shows, culminando naquela apresentação de 20 de junho de 1995, em Red Rocks. Eles vão sair dessa ou vão se destruir? Naqueles anos, as probabilidades de ambas as alternativas pareciam, na melhor das hipóteses, iguais.

Ouvir *Ten* na Filadélfia, 25 anos depois, efetivamente modifica o significado do álbum. Aquela tensão original de "vida ou morte" tinha sumido. O refrão de "Alive" ["Vivo"] – que, no começo dos anos 1990, parecia ambivalente, como se Eddie Vedder não se importasse com sua declaração de sobrevivência – agora soava verdadeiramente triunfante. Também estava claro que o cara de "Porch" tinha conseguido escapar de sua condição, da mesma forma que os colegas de banda de Eddie já não precisavam mais se preocupar com seu cantor caindo e morrendo após se pendurar na estrutura do palco durante uma jam instrumental. Na plateia, os jovens perturbados representados por "Jeremy" agora já eram pais, assim como Eddie, o que acabou mudando o contexto da faixa final do álbum, "Release", para uma ode ao luto paternal. *Ten* foi feito por uma banda com um futuro incerto – nem sucesso nem estabilidade estavam garantidos. Mas agora o Pearl Jam vivia na melhor versão possível de seu próprio futuro. Eles tinham conseguido. Estavam seguros agora.

A antiga tensão foi substituída por uma nova: *será que eles ainda conseguem fazer isso?*

A banda que já tinha representado a rebeldia de uma geração estava ali para fornecer conforto, tranquilidade e estabilidade para aquelas mesmas pessoas, que agora tinham envelhecido, formado famílias e encarado a perspectiva da perda inevitável. A energia feroz de um show do Pearl Jam dos anos 1990 já tinha sido suplantada, havia muito tempo, por uma forma mais confiável e menos exaustiva de maestria musical, traçada para viajar por uma estrada longa, cuja extensão ninguém sabe ao certo.

Em termos musicais, cada homem fez seu papel. Jeff Ament os manteve ágeis e os impulsionou para a frente. Matt Cameron se entrosava e apoiava Ament com ritmos matematicamente precisos. No sentido contrário dessa exatidão, Mike McCready dava toques de genialidade em suas improvisações. E Stone Gossard mantinha tudo unido, com seu arsenal de riffs intensos.

Quanto a Vedder, sua função continuava sendo mais ou menos a mesma: prever o que a plateia precisava ouvir e articular isso melhor do que ela mesma poderia fazer. Dessa forma, seu momento mais crucial do show de 29 de abril de 2016 ocorre num intervalo entre músicas, durante o discurso que antecede "Release".

Descrevendo seu tributo doloroso a seu pai biológico, o falecido Edward Louis Severson Jr., como uma "canção de cura", ele mencionou todos os fãs que, no decorrer da turnê, pediram músicas para honrar seus entes queridos que já tinham partido. Foi um reconhecimento de que a música do Pearl Jam agora era um modo de os fãs lidarem com as próprias tragédias pessoais. Nesse caso específico, ele dedicou "Release" aos irmãos de Colin McGovern, um homem de 24 anos da Pensilvânia que tinha sido esfaqueado e morto apenas dois meses antes.

"Isso não vai diminuir o impacto de nenhum tipo de tragédia", ele diz, "mas às vezes ajuda a superar, seja em volume alto, sozinho ou com muitas pessoas ao redor, porque você não consegue lidar com isso, não consegue superar... você apenas precisa passar por isso."

Na verdade, isso dizia respeito a mais do que apenas uma canção, ou um show, ou uma família despedaçada. Para o Pearl Jam, a tensão do "*será que eles ainda conseguem fazer isso?*" era agora seu motor principal. Se você ama rock'n'roll, suas bandas favoritas dão continuidade à sua vida. Elas mantêm suas memórias vivas e acessíveis. Elas te conectam a seus amigos. Elas ligam quem você é a quem você era. Elas perduram, mesmo conforme o resto de sua vida vira passado.

Se, ao assistir a uma banda que você amou durante a maior parte da vida, ela ainda consegue te comover, então o tempo acaba parando. Mas apenas por um momento. E apenas se ela ainda for capaz de fazer isso. Porque um dia, não será mais.

A música que encerrou o show na Filadélfia em 29 de abril de 2016 veio das sessões de *Ten*, mas não entrou no disco. Ela acabou sendo lançada com o single "Jeremy", junto a outra faixa que também ficou de fora do álbum, "Footsteps". Mas "Yellow Ledbetter" não ficou obscura por muito tempo. O lado B mais popular e celebrado dos anos 1990 de *qualquer* banda de rock também se tornaria a melhor faixa para encerrar shows do Pearl Jam.

No encarte de *Lost Dogs*, Mike McCready é enigmático ao comentar que o riff de guitarra ascendente, inspirado pelo blues, é "levemente baseado em alguma coisa". Essa "coisa" é obviamente "Little Wing", de Jimi Hendrix, que é um modelo tão gritante para "Yellow Ledbetter" que imagino se o medo de um possível processo não teria explicado, pelo menos em parte, a ausência da canção em *Ten* (embora "Yellow Ledbetter" também seja mais solta e menos elaborada que o restante do disco). Segundo McCready, enquanto "Even Flow" precisou ser tocada umas 30 vezes antes de gravarem uma versão utilizável, a forma final de "Yellow Ledbetter" veio "provavelmente da segunda tomada", disse ele.

"Eddie começou a inventar a letra ali mesmo, e a mantivemos assim", McCready escreve no encarte de *Lost Dogs*. "Ainda não sei do que se trata nem quero saber! Eu adoro essa música. E os fãs também!"

Nas primeiras turnês, ouvir "Yellow Ledbetter" era uma raridade. No início de 1992, o Pearl Jam frequentemente fazia o bis com "Leash" ou uma versão improvisada de "I've Got a Feeling", dos Beatles. Na segunda metade do ano, os shows estavam sendo encerrados com "Rockin' in the Free World", de Neil Young. Nos anos seguintes, eles encerrariam as noites com "Baba O'Riley", do Who, ou o hino punk destruidor dos Dead Boys, "Sonic Reducer", de 1977. "Yellow Ledbetter" só começaria a ganhar espaço nos shows do Pearl Jam no fim dos anos 1990, embora nem sempre no bis. Foi só na turnê de divulgação de *Binaural*, em 2000 – quando ela foi tocada em mais da metade dos shows, e quase sempre por último, ou perto disso –, que ela finalmente adquiriu seu status de canção de encerramento definitiva dos shows do Pearl Jam.

Ainda que as versões de "Yellow Ledbetter" não variem radicalmente de um show para outro, ou mesmo de uma era para outra, é possível entender onde o Pearl Jam está dependendo da ocasião em que foi tocada. A performance de "Yellow Ledbetter" de 12 de abril de 1994, em Boston – ocorrida no mês mais tumultuado da história da banda, quando Vedder falava abertamente à mídia sobre acabar com o Pearl Jam após o suicídio de Kurt Cobain –, soa crua, lenta e dilacerada. A versão despojada do Tibetan Freedom Concert, em 1997, apenas com Eddie e Mike, é apropriadamente sóbria para o período espartano de *No Code*. Já a execução tocante e um tanto esperançosa em Virginia Beach, Virginia, em 3 de agosto de 2000 – o primeiro show após o desastre de Roskilde –, exibe o Pearl Jam em outro ponto decisivo e crucial, assim como a performance arrasadora no encerramento do show de 3 de maio de 2003 em State College, Pensilvânia, o último de sua controversa turnê em paralelo à invasão do Iraque. Vedder marcou o momento ao improvisar a letra: "*I'd like to wish this war away, and I tried, but it just, just don't happen, don't happen that way/ And my brother... they sent him off to fight for the flag. I just, I don't hope he comes home in a box or a bag*" ["Eu gostaria de fazer essa guerra sumir, e tentei, mas isso não funciona, não funciona assim/ E meu irmão, eles o mandaram lutar pela bandeira. Só espero que ele não volte para casa em uma caixa ou em um saco"].

Três anos depois, em 22 de julho de 2006, tocaram minha versão favorita de "Yellow Ledbetter" no Gorge Amphitheatre, em George, Washington. Nessa apresentação, a canção se distinguiu por McCready fazer uma referência explícita a Hendrix ao incluir trechos de "Little Wing" e "The Star Spangled Banner" – essa segunda costumava ser um acompanhamento frequente de "Yellow Ledbetter" na época.

Durante todo esse tempo, "Yellow Ledbetter" continuava misteriosa. Sobre o que exatamente Eddie estava cantando? Durante uma performance solo em 7 de agosto de 2008, no New Jersey Performing Arts Center, em Newark, Vedder finalmente tentou explicar o significado da letra de "Yellow Ledbetter".

Após uma pergunta da plateia, Vedder contou uma história que mais ou menos se encaixa com as interpretações feitas pelos fãs ao longo de quase três décadas. "Yellow Ledbetter" foi baseada em um amigo, Eddie confirmou, que recebeu uma "carta amarela" do governo dizendo que o irmão tinha morrido na primeira Guerra do Golfo. Eddie e o amigo foram caminhar e, num certo ponto, o rapaz de "aparência alternativa" parou para saudar uma bandeira dos Estados Unidos empoleirada em uma casa nas redondezas, causando a reprovação de algumas pessoas que estavam sentadas na varanda, sem entender o que estava acontecendo.

Interpretada de forma literal, essa explicação para a letra confusa e frequentemente mutante de "Yellow Ledbetter" de fato parece se encaixar com o tom geral das composições de Vedder na era *Ten*. Um jovem morre, levando à exposição da hipocrisia e da ignorância do mundo adulto. É resignado, mas acusatório; melodramático, mas incisivo; melancólico, mas com uma ponta de raiva.

Mesmo assim, a resposta improvisada de Vedder suspeitamente sugere uma explicação criada após o fato. Conforme relatos, "Yellow Ledbetter" simplesmente saiu deles, assim como todas as suas primeiras canções, antes de o Pearl Jam saber ou sequer sonhar em entender o que estavam fazendo. As explicações sempre viriam mais tarde.

Os fãs amam "solucionar" suas músicas favoritas. Analisamos letras, lemos e relemos entrevistas e exigimos clareza da bagunça sonora de discos que não conseguimos parar de ouvir, mesmo anos após evoluirmos para além de quem éramos quando adolescentes.

Este livro poderia ser interpretado como uma tentativa de "solucionar" o Pearl Jam, ou, pelo menos, explicar sua popularidade e perseverança. Mas até eu sei que não há resposta pronta para isso. Eles são tenazes. São talentosos.

Tomam boas decisões, inclusive as que pareciam más decisões na época. Em momentos cruciais, colocaram a saúde física e mental acima do estrelato. E fizeram discos clássicos, apesar de sempre se importarem mais em fazer shows excelentes, e é por isso que tocar ao vivo continua sendo o principal atrativo da banda. De alguma forma, eles ainda estão vivos, até mesmo os caras que não fazem mais parte do grupo. Certamente, têm sorte. Mas fizeram muito com sua sorte.

Acima de tudo, o Pearl Jam continua sendo uma obra em progresso. É por isso que "Yellow Ledbetter" aparece no fim deste livro, da mesma forma que conclui tantos shows da banda. Se tudo o que você tivesse fosse a musicalidade virtuosa de McCready e o vocal passional de Vedder, "Yellow Ledbetter" seria apenas a "Free Bird" do Pearl Jam – uma grande balada com um solo de guitarra alucinante que os caras mais bêbados e irritantes da plateia começam a pedir assim que a banda sobe ao palco. Mas apenas 75% de "Yellow Ledbetter" é composto de virtuosismo na guitarra e vocal passional. Os 25% restantes vêm da matéria-prima do momento em que ela é tocada. É esse percentual da música que expressa a dor pela perda de Kurt Cobain ou das vítimas de Roskilde, a fúria com a Guerra do Iraque ou a admiração com a beleza absoluta da paisagem do centro de Washington.

É uma canção que continua fundamentalmente inconclusa. E é por isso que as pessoas ainda querem ouvi-la, porque "Yellow Ledbetter" sempre soará nova enquanto o Pearl Jam continuar sobrevivendo, prosperando, explorando e vivendo.

A tensão de "*será que eles ainda conseguem fazer isso?*" é o que os mantém vivos. Mas eles merecem estar vivos? Não resta dúvida.[74]

74. No original em inglês, estas duas últimas frases ("But do they deserve to be? There is no question") são uma clara brincadeira com alguns versos de "Alive" ("Do I deserve to be? Is that the question?"). [N. E.]

AGRADECIMENTOS

Como sempre, agradeço a meu agente, Anthony Mattero, e a meu editor, Ben Schafer. E todos os elogios a Corinne Cummings por garantir que tudo esteja factualmente correto.

Sou extremamente grato ao inestimável site de fãs do Pearl Jam, Five Horizons, e às pessoas que o mantém atualizado com informações sobre shows, incluindo Caryn Rose, Jean Burns, Andrew Burns e Carl Sylvester. Também sou grato às contribuições de Jessica Letkemann e ao coletivo intelectual do podcast Live on 4 Legs: Chris Everett, John Farrar e Randy Sobel.

Valorizo muito o trabalho dos seguintes jornalistas e críticos que serviram como fontes para este livro: Kim Neely, Cameron Crowe, Jonathan Cohen, David Fricke, Brian Hiatt, Craig Marks, Robert Hilburn, Allan Jones, Greg Prato, Mark Yarm, Eric Weisbard, Whitney Pastorek e Dave Marsh.

Sou muito grato aos seguintes amigos e colegas pelos conselhos e pela inspiração: Rob Mitchum, Ian Cohen, Derek Madden, Steve Gorman, John Hendrick e Mark Rackow.

Agradeço ao Pearl Jam pela música.

Agradeço, acima de tudo, à minha família.

Leia o QR Code e conheça outros títulos do nosso catálogo

@editorabelasletras

www.belasletras.com.br

loja@belasletras.com.br

54 99927.0276

Este livro foi composto em Adobe Garamond e impresso em papel Woodfree paper creamy 68 g pela gráfica Coan em março de 2025.